Imaginer le futur à partir du passé

PETER LANG

Bruxelles • Berlin • Lausanne • New York • Oxford

Business & Innovation

Vol. 30

La création de nouvelles activités, de nouveaux modes de production et de consommation, de nouveaux biens et services, de nouveaux marchés, de nouveaux emplois, etc. repose aussi bien sur l'action héroïque des entrepreneurs que sur la stratégie des grandes entreprises qui se déploient sur une échelle mondiale. L'innovation et les affaires sont intrinsèquement liées. Trois grandes thématiques seront particulièrement privilégiées : Entrepreneuriat, entreprise, innovation et développement durable ; Innovation et réseaux ; L'Innovation dans un contexte global. Les rapports synergiques entre entrepreneuriat innovant, stratégies des firmes et politiques d'innovation constituent un axe majeur dans le changement des paradigmes technologiques et la modification des structures économiques et sociales des pays riches et moins riches. Dans la collection sont publiés en français ou en anglais des ouvrages d'économie, de management et de sociologie de l'innovation, du changement et de l'entrepreneur dans une perspective locale, nationale et internationale.

La collection bénéficie de l'appui du Réseau de Recherche sur l'Innovation.

Joelle Forest et Bertrand Bocquet (dir.)

Imaginer le futur à partir du passé

Business and Innovation
Vol. 30

Information bibliographique publiée par “Die Deutsche Bibliothek”.
“Die Deutsche Bibliothek” répertorie cette publication dans la “Deutsche National-bibliografie”; les données bibliographiques détaillées sont disponibles sur le site <http://dnb.ddb.be>.

Nous remercions le Réseau de recherche sur l’innovation qui nous a permis d’organiser le colloque JB Say du 7 et 8 décembre 2020 dont sont issus les chapitres du livre.

Publié avec le soutien du Réseau de recherche sur l'innovation (RRI) et de l'Université du Littoral Côte d'Opale (ULCO)

RÉSEAU DE RECHERCHE SUR L'INNOVATION

ISBN 978-2-87574-527-9 • ISSN 2034-5402
E-ISBN 978-2-87574-528-6(ePDF) • E-ISBN 978-2-87574-529-3 (EPUB)
• DOI 10.3726/b19169
D/2022/5678/51

Éditions scientifiques internationales
Bruxelles, 2023
1 avenue Maurice, B-1050 Bruxelles, Belgique

Cette publication a fait l’objet d'une d’une évaluation par les pairs.

www.peterlang.com

Table des matières

Introduction

Bertrand Bocquet et Joëlle Forest
Université de Lille, HT2S CNAM Paris.
INSA Lyon, S2HEP UR 4148.

Les modèles de développement des différentes parties du monde dépassent aujourd'hui largement les capacités de soutenabilité du système Terre[1]. La prise de conscience se généralise sous l'effet de connaissances accumulées par exemple sur le climat avec les travaux du GIEC[2] (Groupe d'experts intergouvernemental sur l'évolution du climat) ou sur la biodiversité avec les travaux de IPBES[3] (*Intergovernmental Science-Policy Platform on Biodiversity and Ecosystem Services*). Elle se diffuse également sous l'effet du constat bien réel du changement climatique à l'instar de l'accroissement de l'intensité et de la fréquence des catastrophes naturelles[4] (canicules, incendies meurtriers et dévastateurs, orages de grêles et inondations) aux conséquences dramatiques, tant

---

1 https://en.wikipedia.org/wiki/Earth_system_science

2 https://www.ipcc.ch/languages-2/francais/

3 L'IPBES est une organisation intergouvernementale indépendante regroupant environ 140 États. Des ONG, des associations ou d'autres organisations de la société civile participent aux travaux comme observateurs. https://ipbes.net/fr

4 L'atlas publié par l'Organisation météorologique mondiale a en effet souligné que le nombre de catastrophes d'origine météorologique, climatique ou hydrologique a bondi au cours des 50 dernières années (OMM, 2021).

du point de vue humain qu'économique[5]. Cette prise de conscience concerne toutes les organisations, quelques soient leurs domaines (industriel, commercial, agricole, scientifique, culturel, touristique etc.), et les politiques publiques à tous les échelons territoriaux, du local au mondial. Si cette prise de conscience semble relativement large, force est cependant de constater que les transitions à opérer vers des modes de vie plus soutenables restent d'une ampleur modérée dans un contexte de forte disparité entre les populations des différents pays, ou au sein même des communautés nationales (Villalba, 2016). Précisons d'ailleurs que la complexité des changements à effectuer crée de fortes incertitudes sur les chemins possibles dans lesquels s'engager (Geels et Schot, 2007 ; Theys, 2017) limitant d'autant nos actions.

Un paradoxe se fait jour au regard du constat qui précède puisque, dans le même temps, la production de connaissances dans tous les domaines scientifiques, aussi bien en sciences formelles, expérimentales, sociales et humaines, n'a jamais été aussi vaste. Or, c'est précisément là que le bat blesse car tout se passe comme s'il suffisait de générer de nouvelles connaissances pour résoudre les grands défis contemporains dans un processus d'innovation linéaire encore très présent aujourd'hui. Si la production de connaissances est un parametre de l'équation, il faut se méfier de tomber dans le mythe de l'application des sciences car ce dont nous avons besoin c'est d'innover or passer de la connaissance à l'innovation est un processus largement plus complexeque ne le laisse envisager ce mythe. Il faut aussi se défaire du solutionnisme ambiant et considérer la question du sens des innovations projetées tant à l'échelle de l'usager qu'à celle de la Société (Chouteau, Forest, Nguyen, 2021).

Par ailleurs, si on ne peut que se réjouire de la reconnaissance institutionnelle, dès 2013, de l'inscription de 10 grands défis sociétaux dans la stratégie nationale de recherche retraduit aujourd'hui dans le plan d'investissement « France 2030 », on peut cependant s'interroger sur la mise en œuvre pratique de ces orientations de la politique publique de recherche lorsque l'on constate la marginalité des structures interdisciplinaires aussi

---

5 La canicule qui a frappé la France au cours de l'été 2003 fut à l'origine de près de 15 000 décès. Les inondations de juillet 2021 en Allemagne et en Belgique ont fait plus de 200 victimes et se sont traduites par un bilan matériel colossal estimé à plus de 40 milliards de dollars de pertes économiques. Plus près de nous, les récents épisodes de grêle qui ont frappé la France ces dernières semaines ont été estimés pour les deux seules premières semaines à plus d'1,2 milliards d'euros.

bien en termes de laboratoires que de communautés universitaires. Parmi ces dernières, celles qui s'intéressent à l'analyse des intrications entre les sciences, les techniques et la société, et les innovations qui en découlent, pourraient avoir un apport plus conséquent pour éclairer des chemins possibles. Elles réunissent un grand nombre de disciplines des sciences expérimentales mais aussi des épistémologues, des historiens et des sociologues des sciences et des techniques, des éthiciens de la recherche pour n'en citer que quelques-unes. De nombreux travaux, par exemple sur l'évaluation des technologies ou sur les controverses sociotechniques, montrent que le renforcement des interactions entre sciences et société permettrait une meilleure intégration de la question de la transition écologique dans les innovations. Une telle orientation peut même aller jusqu'à la création de liens directs entre les acteurs de la recherche et le monde socio-économique, voire jusqu'aux populations concernées et leurs territoires (Bocquet, 2021). Elle se traduit notamment par des dispositifs d'innovation ouverte (fab-lab, living lab, tiers-lieux, ...) (Goyon, 2016 ; Lhoste, 2016). S'il y a bien un impératif à innover, se pose cependant la question de savoir de quelles innovations parle-t-on ? Se pose également celle de leur mode d'existence : sont-elles complètement décorrélées d'une histoire parfois longue, d'un environnement socio-économique particulier, d'une volonté politique ou culturelle ? Nous avons privilégié pour ce livre une présentation d'aspects socio-historiques dont nous pensons qu'ils sont importants pour éclairer d'un jour nouveau les transition à venir et innover en conscience.

L'innovation, clé de voûte pour résoudre les grands défis contemporains

Définit comme « la mise en œuvre d'un produit (bien ou service) ou d'un procédé (de production) nouveau ou sensiblement amélioré, d'une nouvelle méthode de commercialisation ou d'une nouvelle méthode organisationnelle dans les pratiques d'une entreprise, l'organisation du lieu de travail ou les relations extérieures » par le Manuel d'Oslo (Oslo, 2005, p. 54), l'innovation se définit d'emblée au regard du critère commun de nouveauté.

Une nouveauté qui est plébiscitée pour résoudre les grands défis contemporains évoqués précédemment. En effet, que l'on évoque ces derniers en termes de transition ou de transformation, un constat s'impose : c'est bien une demande de nouveauté dont il est question, les solutions existantes s'avérant dans l'incapacité à résoudre les problèmes identifiés.

Si l'innovation apparaît le vecteur pour aller dans une nouvelle direction, se pose la question de savoir si cette dernière a forcément une vertu méliorative ? Rien n'est moins sûr !

Nombreux sont en effet les exemples qui démontrent que la capacité de l'homme à trouver des solutions inédites ne conduit pas toujours à une amélioration (songeons ici aux fameux effets rebonds), voire peuvent conduire le monde dans la mauvaise direction, à l'opposé d'un avenir durable. On peut citer ici à titre d'illustration le cas du numérique qui, parce qu'il permettait de dématérialiser nombre d'activités humaines, était considéré comme un moyen de réduire l'impact de la croissance sur notre environnement. La réalité est toute autre, si le monde numérique semble virtuel, les nuisances, elles, sont pourtant bien réelles : la croissance de l'impact énergétique du numérique est estimée à 9 % par an et responsable de près de 4 % des émissions mondiales de CO2 en 2018 (cf. aussi le dernier rapport du GIEC).

On peut faire l'hypothèse que le constat qui précède n'est pas étranger au fait que l'innovation n'est plus articulée à un dessein social et moral (Ménissier, 2011) et milite pour que la dimension politique de l'innovation soit réhabilitée (Chouteau, Forest, Nguyen, 2021).

Plaider pour l'innovation ne relève pas de l'irresponsabilité car l'inaction n'est pas une solution. On en veut pour preuve la crise sanitaire du Covid que nous traversons et qui fort heureusement fut un terreau propice à l'innovation.

Des innovations dont il convient de préciser qu'elles n'ont pas été que techniques. Elles ont également été organisationnelles (elles ont conduit à une coopération inédite entre l'hôpital public et privé), sociales (par exemple sur Twitter, le mouvement « #PourEux » s'est donné pour mission de subvenir aux besoins essentiels des sans-abris). De la même manière, la prise de conscience de l'urgence climatique et de l'érosion de la biodiversité a conduit à de multiples innovations dont la création des innovations sociales majeures que sont le GIEC et l'IPBES évoqués précédemment.

Ces exemples montrent la vitalité des innovations qu'il est possible de créer à grande échelle et en situation d'urgence pour répondre aux grands défis contemporains.

Le constat qui précède peut paraître trivial mais il n'en est rien car il invite à s'émanciper d'une conception étriquée de l'innovation (réduite à l'innovation technique) qui ne pense le futur qu'au travers du seul prisme des développements technologiques à venir et confine au techno-optimisme dont John Kerry semble une figure emblématique « Fifty per cent of the reductions we have to make to get to net-zero by 2050 or 2045 are going to come from technologies that we don't yet have » (Kerry, 2021). Précisons par ailleurs que ces innovations n'ont pas été que high tech. Elles ont parfois relevé du registre des innovations frugales à l'instar des masques de snorkelling Easybreath de l'entreprise Décathlon transformés au plus fort de la crise en respirateur. Résoudre les grands défis contemporains implique pour tout dire d'innover y compris dans nos modes de penser l'innovation.

Innover ne veut pas dire faire table rase du passé

En la matière, il faut se défaire de l'opposition dressée entre l'innovation, tournée vers le futur, et le passé.

Les sociétés occidentales contemporaines sont effectivement marquées du sceau du « jeunisme ». La chasse aux rides est ouverte, le remplacement des séniors par les plus jeunes privilégie la consommation d'innovations devenue la règle. Bref, nous sommes dans une société qui valorise tout ce qui est nouveau par rapport à l'ancien. Une tendance qui s'est immiscée jusque dans l'histoire des techniques « l'histoire des techniques (…) traite de l'innovation et de l'émergence de nouvelles techniques. Ils ne distinguent pas ces sujets de l'étude des techniques nécessairement plus anciennes (…) et qui sont considérées par les historiens des techniques comme démodées, obsolètes (…) et donc de peu d'intérêt » (Edgerton, 1998, p. 816) et les récits d'innovation.

Mais, à trop se focaliser sur la nouveauté, ne risque-t-on pas pour reprendre les termes de Lucien Febvre d'oublier que « chaque époque à sa technique, et cette technique a le style de son époque » ? Ne risque-t-on pas d'avoir une image tronquée de l'innovation et de la technique ? Le passé n'a-t-il, pour le dire autrement, aucune valeur pour penser notre présent et, plus encore, notre futur ?

C'est précisément pour apporter des éléments de réponse à ces questions qu'a été organisé le colloque JB Say *Imaginer le futur à partir du passé* les 7 et 8 décembre 2020 à l'INSA Lyon.

En effet, le fil conducteur de ce colloque visait à questionner la relation de l'histoire des techniques à la compréhension du processus d'innovation. Par quels moyens l'histoire des techniques contribue-t-elle au développement de connaissances sur le processus d'innovation ? Quels sont les concepts clés et principaux apports de l'histoire des techniques à l'innovation ? Comment l'histoire des techniques peut-elle nous aider à imaginer le futur ? Il ne s'agissait pas, pour reprendre les termes de Benoît Godin, de répondre aux critiques adressées à l'innovation, de jouer sur les mots « on n'innove pas on restaure, on régénère » pour retourner vers un passé ou à une origine que nous aurions corrompue. Il s'agissait d'apprécier la portée heuristique de l'histoire des techniques et des biographies d'innovations pour imaginer des concepts innovants à même d'apporter une réponse aux grands défis de notre monde contemporain.

Précisons par ailleurs le parti pris dudit colloque : analyser le passé au regard de succès et d'échecs de projet d'innovations car ces derniers, aussi qualifiés de flops technologiques pour reprendre les termes de Nicolas Nova, ont une portée heuristique que l'histoire classique des techniques a longtemps négligée.

Présentation des différents textes qui composent l'ouvrage

Les différents chapitres du livre apportent des éclairages différents et complémentaires sur la contribution du passé pour penser l'innovation. Ainsi, les trois premiers textes explorent l'histoire des techniques comme un vecteur pour penser les innovations futures tandis que les deux textes suivants s'attachent à présenter l'enjeu d'exploiter le « passé » comme vecteur pour innover dans un contexte plus large, au sein d'une industrie et d'un territoire. Les deux derniers chapitres examinent des innovations passées qui n'ont pas connu le succès espéré. Ils mettent à leur manière en lumière une influence forte du temps présent représenté par des choix managériaux et de stratégies commerciales. Ils montrent une prise en compte insuffisante de la résistance au changement que l'on pourrait traduire en terme plus positif par un attachement au passé dont les auteurs nous révèlent pourtant les potentialités en termes d'innovation.

Michel Cotte nous convie, dans son chapitre consacré à un ensemble d'innovations techniques des entreprises de Marc Seguin, à considérer la figure de l'innovateur. S'il est évident que les innovations n'émergent pas ex nihilo, on constate que les Seguin apparaissent un peu comme des acteurs hors norme. Curieux, ils sont doués d'une capacité fine d'analyse d'un réel complexe et en devenir qui environne chacun de leur projet. Ils n'hésitent pas à sortir des sentiers battus. Marc Seguin est par ailleurs animé par un besoin constant d'apprendre. Au final on s'aperçoit que la capacité inébranlable d'innovation de Marc Seguin n'est pas étrangère au fait que ce dernier est doté d'une solide culture d'ingénierie et d'innovation.

Le texte d'Audrey Colonel montre sur la période 1830–2022 que l'innovation a toujours été présente dans l'industrie gantière. Deux points saillants émergent cependant de l'analyse rétrospective des innovations au sein de cette industrie. En premier lieu, la genèse des innovations, qu'elles concernent le produit ou leur procédé de production, est étroitement liée au contexte qui les voit émerger. Comprendre le mode d'existence des innovations implique donc de comprendre l'environnement dans lequel elles émergent. Mais l'histoire de la ganterie est aussi révélatrice d'une part, de la capacité de certaines entreprises à explorer de nouveaux horizons et, d'autre part, de la possibilité de trouver dans le passé les ressources nécessaires pour assurer leur futur ou encore une forme de légitimité pour s'inscrire dans une tradition.

Le texte d'Aurélie Brayet revient sur l'histoire du micro-ondes. Aujourd'hui considéré comme un objet presque banal, ce dernier a mis plus de 60 ans pour se « naturaliser » et devenir un objet du quotidien. L'auteur montre que ce qui est en cause, ce sont les imaginaires technologiques préconçus des ingénieurs et les représentations culinaires des usagers à l'œuvre dans la société qui agissent comme des freins à la diffusion de cet objet. Ce chapitre, en soulignant qu'il a fallu attendre la prise en compte anthropologique de la culture technique et culinaire des Français par les ingénieurs pour que le micro-onde se diffuse dans la cuisine, permet de s'émanciper de la conception de l'innovation réduite à l'application des sciences.

Le chapitre de Noémie Boeglin relève lui aussi du domaine culinaire. Son point de départ concerne un enjeu de taille, celui de l'alimentation humaine. Comment pourrons-nous nourrir 9 milliards de personnes en 2050 dans un contexte marqué par l'essoufflement du système de production actuel et de l'urgence climatique ? Partant d'une analyse de la relation du récit à l'innovation et, ce faisant, de la technique à l'imaginaire, l'auteur montre que les récits ouvrent sur une évolution de notre rapport à la gastronomie et contribuent à rendre acceptable des procédés techniques en les rendant familiers. Mais on constate aussi que les textes fictionnels, en s'inspirant des recherches de leur temps et en anticipant les progrès scientifiques créent un imaginaire qui, lui-même, nourrit les recherches actuelles. La fiction devient par là même le terreau des innovations contemporaines.

La contribution que propose Abdelhak El Mostain porte sur une réflexion très actuelle sur le rapport entre ruralité et transition, et ceci au prisme de la valorisation d'un patrimoine local. Cette configuration en fait un lieu particulier où la question de l'innovation est fortement liée d'une part, à des considérations historiques significatives, et d'autre part, à un nombre réduit d'acteurs clés dont les orientations peuvent être différentes notamment sur des orientations de développements futurs. En d'autres termes, comment appréhender le patrimoine local comme une ressource de transformation en dépassant sa seule valeur culturelle tout en gardant sa « qualité de producteur de sens et d'identité territoriale » ? Un travail collaboratif sur un temps long, encadré par une logique de filière et de normes de type AOC et IGP a été engagé, complété par une activité pédagogique et de tourisme. Cette innovation organisationnelle associée à la création d'une marque commune assise sur des matières premières naturelles locales n'est pas encore totalement opérationnelle mais dessine un chemin possible du renouveau d'une activité locale fort florissante en son temps.

Dans son chapitre, Marie France Vernier prend comme objet d'étude l'histoire du Shock Absorber conçu par SEB. L'auteur montre, partant d'une analyse chronologique du rôle des parties prenantes, que l'échec du Shock Absorber est emblématique des difficultés de résistances au changement rencontrées par les entreprises souhaitant améliorer leur impact environnemental. Les parties prenantes n'étant pas toutes alignées sur un aspirateur éco conçu, couplé à une communication qui finalement laissera dans l'ombre les qualités environnementales du Shock Absorber, conduiront à un échec commercial et le retrait du produit deux ans après son lancement.

De la même manière, le chapitre rédigé par Sophie Boutillier, Blandine Laperche et Didier Lebert ne porte pas sur l'histoire d'une innovation particulière mais sur un projet d'innovation non abouti. Centré sur l'étude du retard de Sanofi dans la mise au point d'un vaccin contre la Covid-19 et, partant d'une analyse en termes d'histoire industrielle, les auteurs s'appuient sur l'analyse de la capacité des entreprises à s'adapter aux changements technologiques en se fondant sur la théorie évolutionniste et sur la théorie des ressources. Ils mettent ainsi l'accent sur les choix managériaux et stratégiques de l'entreprise.

Enjeux et perspectives

Chemin faisant, les chapitres proposés soulignent l'enjeu de penser le futur à partir du passé. Mieux vaut, dans une société où l'injonction à innover est omniprésente, fonder le pilotage de l'innovation sur des modèles robustes. Force est ici de constater que l'histoire des techniques et des innovations donne des clés pour questionner la robustesse de modèles d'innovation tenus pour acquis à l'instar du paradigme selon lequel le progrès technique a toujours été commandé par le progrès des sciences au cours des siècles. Une « contrevérité » (Daumas, 1969, p. 9), pour reprendre les termes de Maurice Daumas, que ce dernier imputait à l'apport des historiens des sciences au début du XXe siècle à l'histoire des techniques alors contemporaines. L'histoire des techniques et biographies d'innovation appréhendées dans le temps long permettent d'éviter de tomber dans le piège de l'élaboration d'un modèle de compréhension de l'innovation qui occulterait les données sur lequel il se fonde (une catégorie d'innovation particulière par exemple, ou des innovations à une période de temps spécifique etc.), le mode d'extraction desdites données (pensée l'innovation à partir de l'histoire des sciences ne revient-il pas à effectuer d'emblée une partition ?). C'est précisément une analyse comparée qui permet de repérer les invariants, un exercice auquel est peu préparé l'historien des techniques plus habitué à faire parler son objet/technique qu'à se détacher de lui pour contribuer à l'élaboration d'une théorie générale de l'innovation.

On est également convié à considérer la question du sens comme la pierre angulaire de l'innovation du futur. L'innovation doit faire sens pour l'organisation qui la met en œuvre. Pour se diffuser dans la société, elle doit en outre créer du sens pour l'usager et la société car toute disjonction de sens entre le concepteur et les usagers ou la société se traduit par des échecs (Chouteau, Forest, Nguyen, 2021). La clé de voûte de l'innovation consiste donc à penser le sens de l'innovation tout au long du processus de conception, ce dernier étant l'épine dorsale du processus d'innovation pour reprendre les termes de S. Kline et N. Rosenberg (1986). On est d'ailleurs incidemment conduit à se demander s'il ne serait pas opportun d'effectuer un glissement de point de vue : du champ des Sciences, Techniques et Société vers celui des Sociétés, Techniques et

Sciences. On rejoint ce faisant les travaux qui interrogent la constitution ou le périmètre de ce champ de recherche à l'instar de David Dumoulin Kervran, Mina Kleiche-Dray, Mathieu Quet qui soulignent que la « globalisation des STS [...] laisse une place insuffisante à la diversité géographique des approches et est menée principalement à partir d'un programme de recherche euro-américano-centré » (pp. 424–425) ce qui les conduit à plaider pour l'intégration des apports des études sur les sciences depuis – et sur – les Suds. Pour notre part, c'est la science comme point de départ qui nous interroge. Ce primat n'est-il pas l'héritier de l'idéologie scientiste que l'on retrouve dans la célèbre devise de l'Exposition Universelle de Chicago de 1933 : « La science découvre, l'industrie applique et l'homme suit » ? Or, pour résoudre les grands défis contemporains n'est-il pas urgent de changer de prisme et de réhabiliter la question politique du sens de l'innovation ? Cette dernière ne devrait-elle pas être le point de départ plutôt que le point d'arrivée ?

Un tel projet ouvre nécessairement sur la question de l'inter/trans disciplinarité. Nous sommes les héritiers du découpage disciplinaire qui s'est forgé à partir de la philosophie de Descartes. Ce paradigme a permis et permet toujours de mettre à jour de nouvelles connaissances sur la nature, sur nos relations sociales ou sur nous-mêmes pour ne citer que quelques champs scientifiques. Il n'a cessé de se renforcer pour aboutir à des limites aujourd'hui reconnues de savoirs extrêmement spécialisés et cloisonnés, la division du travail à l'œuvre en science ayant pour effet « d'apporter les inconvénients de la sur-spécialisation, du cloisonnement et du morcellement du savoir » (Morin 1999, p.15). Un rééquilibrage dans les moyens apportés à la recherche est sans doute nécessaire pour penser des structures qui permettent de relier ces connaissances car, comme l'a souligné Edgar Morin « le découpage des disciplines rend incapable de saisir ce qui est tissé ensemble » (Morin, 1999, p.15). L'innovation, en tant que mode d'intervention située, n'est-elle pas le lieu du dialogue des disciplines ? L'innovation du futur ne nécessite-t-elle pas de se doter de chercheurs « indisciplinés » (Wolton, 2013) au sein de structures de recherche pérennes ?

Ce faisant, cet ouvrage se présente comme un plaidoyer pour une diffusion plus large de l'histoire des techniques au sein de notre société et de la formation. Un plaidoyer qui réactualise la nécessité de développer la culture technique qu'appelait de ses vœux De Noblet. Notre difficulté à développer la culture technique ne relève-t-elle pas de la place trop timide que nous accordons à l'histoire des techniques dans notre société ?

Bibliographie

Bocquet B. (2021) Recherche participative, éléments d'une démocratie technique délibérative, in Lamard P., Lequin Y.-C. (eds.). *Démocratie technique*. Éditions de l'Université Technologique de Belfort-Montbéliard, pp. 23–38.

Chouteau M., Forest J., Nguyen C. (eds.) (2021), *L'innovation au service de la société : l'approche P.S.I.*, ISTE Éditions (première édition *Innovation for Society : the P.S.I. Approach*, Collection Smart Innovation, WILEY Éditions, 2020).

Daumas M. (1969), L'histoire des techniques : son objet, ses limites, ses méthodes, *Revue d'histoire des sciences*, Tome 22, n° 1, pp. 5–32.

Dumoulin Kervran D., Kleiche-Dray M., Quet M. (2017), Les STS ont-elles un Sud ? Penser les sciences dans/avec les Suds, *Revue d'anthropologie des connaissances*, vol. 11, n° 3, pp. 423–454.

Edgerton D. (1998), De l'innovation aux usages. Dix thèses éclectiques sur l'histoire des techniques, *Annales*, Année 53, numéro 4–5, pp. 815–837.

Geels W.-F., Schot J. (2007) Typology of sociotechnical transition pathways, *Research Policy*, vol. 36, pp. 399–417.

Godin B. (2019), Théologie de l'innovation, Communication présentée dans le cadre des Mercredis scientifiques, Département de sociologie, Université de Montréal, 16 octobre 2019.

Goyon M. (2016), L'obsolescence déprogrammée : prendre le parti des choses pour prendre le parti des hommes – Fablabs, makers et repair cafés, *Techniques & Culture*, Suppléments au n° 65–66.

Kerry J. (2021), 50 % carbon emission cuts to come from technology 'we don't yet have, *BBC*, 16 mai 2021, https://www.bbc.com/news/av/science-environment-57134655

Kline S., Rosenberg N. (1986), An overview of innovation, in Landau R., Rosenberg N. (eds?), *The Positive Sum Strategy: Harnessing Technology for Economic Growth*, National Academy Press, Washington DC, pp. 275–305.

Lhoste É., Barbier M. (2016), FabLabs : L'institutionnalisation de Tiers-Lieux du « *soft hacking* », *Revue d'anthropologie des connaissances*, 10,1, pp. 43–69.

Manuel d'Oslo (2005), *Principes directeurs pour le recueil et l'interprétation des données sur l'innovation, 3ème édition*, Éditions OCDE.

Ménissier T. (2011), Philosophie et innovation, ou philosophie de l'innovation ?, *Klesis – Revue philosophique*, n° 18, Varia.

Nova N. (2011), *Les flops technologiques. Comprendre les échecs pour innover*, Paris. Fyp.

Morin E. (1999), *La tête bien faite. Repenser la réforme, réformer la pensée*, Paris, Seuil.

OMM. (2021), *Atlas de la mortalité et des pertes économiques dues à des phénomènes météorologiques, climatiques et hydrologiques extrêmes (1970–2019)*, OMM-N° 1267.

Theys J. (2017), Prospective et recherche pour les politiques publiques en phase de transition, *Natures Sciences Sociétés*, vol. 25, pp. 84–92

Villalba B. (2016), Sobriété : ce que les pauvres ont à nous dire. *Revue Projet*, 350, pp. 39–49.

Wolton D. (2013), Conclusion. Pour un manifeste de l'indiscipline, in Besnier J.-M., Perriault J. (eds.), *Interdisciplinarité : entre disciplines et indisciplines, Hermès, La Revue*, 67, pp. 210–222.

Éclairer la modernité : retour sur quelques situations historiques d'innovation technique, le cas des entreprises de Marc Seguin (1810–1835)

Michel Cotte
Université de Nantes

1. Introduction

Il est vrai qu'aujourd'hui la période de la révolution industrielle est souvent vue par le prisme de ses conséquences écologiques, en particulier l'usage intensif du charbon, les pollutions, etc. ; ou encore par les conséquences sociales de la mondialisation puis de la désindustrialisation de l'Europe. La notion de progrès s'est dévalorisée ; le rationalisme scientifique est interrogé ; les paradigmes de compréhension ont changé. Du coup, l'historiographie a négligé l'étude de l'innovation technique pour se centrer sur une histoire sociale critique et une histoire des représentations. Cela explique, pour partie, un noyau bibliographique relativement ancien ; mais il importe de ne pas oublier ce qui rapproche cette époque pionnière de la nôtre, celle d'un changement radical de système technique (Gille, 1980) qu'il importe de ne pas sous-estimer et qui a pour une bonne part éduqué nos comportements vis-à-vis de l'innovation et de nos rapports au monde de la technique. Nous proposons dans cet article un retour sur l'innovation au moment des débuts de la révolution industrielle par une étude de cas, celles des frères Seguin en France.

Nous présentons de manière abrégée la succession des entreprises crées par Marc Seguin (1786–1875) et ses frères, au début de la révolution industrielle en France. Celle-ci est comprise comme une période de changement radical de système technique, notamment dans le domaine des transports. Elle est initiée véritablement durant la Restauration (1815–1830), puis elle s'amplifie tout au long du XIXe siècle, par la construction de ponts nouveaux, les bateaux à vapeur, la création des chemins de fer, etc. Ces changements sont apportés par l'introduction de moyens inédits, souvent inspirés de la Grande-Bretagne, tant pour les matériaux que par l'usage de l'énergie vapeur. Bien entendu, les transitions ne s'effectuent pas partout avec la même intensité et en même temps. Les succès ne sont pas forcément complets et immédiats, mais il y a bien une nouvelle situation qui se crée, basée sur une série d'innovations de rupture. La radicalité des changements opérés, en quelques années, modifie à son tour les données économiques et sociales.

Voilà une situation qui n'est pas sans évoquer notre époque, elle aussi témoin d'un rapide changement de système sociotechnique introduit par les bouleversements du numérique. Dans le cadre des Journées Jean-Baptiste Say, c'est cette analogie situationnelle concernant bien entendu des objets techniques différents qui nous a porté à effectuer un retour sur nos recherches historiques, à propos de l'innovation et des transferts de technologies réalisés par les entreprises des frères Seguin. Nous nous efforcerons d'en comprendre le contexte, les conditions et la portée, essentiellement à partir de nos travaux de recherches passés (Cotte, 1997, 1998, 2007).

Les Seguin jouent un rôle d'introducteur de nouvelles technologies, en France, durant une période qui va de la fin de l'Empire aux premières années de la Monarchie de Juillet. Ils sont assez connus pour leurs réalisations dans le domaine des ponts suspendus et par la première ligne de chemin de fer conçue pour les machines locomotives en France, entre Lyon et Saint-Étienne, également par la chaudière tubulaire, tout en étant des acteurs innovants dans d'autres domaines comme le textile et la navigation fluviale. Il y chez eux le choix délibéré de l'innovation comme principal moteur de l'initiative entrepreneuriale.

1.1 L'intérêt d'une situation passée bien documentée

Les activités industrielles des frères Seguin sont documentées par des sources primaires bien conservées, ce qui est assez rare pour une entreprise privée de cette époque. En premier lieu le fonds des Archives départementales de l'Ardèche, qui correspond au dépôt des archives de l'entreprise, restées à peu près intactes (41J AD07 Privas, Cotte 1997), les archives personnelles de Marc Seguin (Fondation Seguin à Varagnes-Annonay), les fonds des Archives nationales (F14) et départementales (série S) consacrés aux travaux publics, enfin les fonds régionaux de diverses bibliothèques pour les opuscules imprimés.

L'examen de ces documents permet de mettre à jour les processus d'innovation et de transfert de technologie opérés, de manière assez fine, même si quelques lacunes ou incertitudes peuvent demeurer. Une telle étude historique présente une série d'avantages dans la compréhension de l'innovation, et ainsi éclairer la prospective contemporaine.

Pour une série de circonstances propre à l'époque, aux données des affaires et à la structure familiale de l'entreprise, les frères Seguin échangent une correspondance suivie, parfois quotidienne. Ils sont en effet le plus souvent éloignés les uns des autres et ils s'écrivent pour partager leurs informations, leurs idées, leur vision des objets et des processus techniques, pour commenter les perspectives économiques et sociales liées à leurs entreprises. Cette correspondance interne est un joyau archivistique caractéristique d'une époque (Cotte, 1997, préface de C.-C. Gillispie).

Outre la correspondance, les fonds contiennent des mémoires techniques, des notes, plans, livres de chantier, etc., ainsi que des pièces comptables et administratives. Ils permettent d'accéder à une histoire achevée de l'innovation, c'est-à-dire un changement technique dont on connaît non seulement les modalités mais aussi le résultat et l'influence. Le temps de l'innovation, des premières mises en place, est toujours un moment d'incertitude pour l'entrepreneur ; C'est un moment de « vérité technique » dans la réalisation du projet, dont la portée économique n'est qu'ensuite connue des acteurs, par ses résultats et ses conséquences. En d'autres termes, l'étude historique permet de mesurer la portée réelle, le bien-fondé du pari initial. L'approche rétrospective de l'innovation crée une distance qui autorise une vision d'ensemble impossible durant l'action. À condition d'éviter les jugements péremptoires, elle favorise l'objectivité, une forme de rétro-évaluation. Elle permet de comprendre les enjeux, les goulots d'étranglements, également l'acceptation sociale des changements apportés. Enfin, l'étude historique autorise une mise en perspective, des comparaisons, facilitant une compréhension systémique du phénomène d'innovation, en particulier la multiplicité des facteurs intervenants, leurs corrélations et leur hiérarchie. Étendue sur la moyenne et longue durée, cette mise en perspective peut conduire à une vision génétique de l'évolution des objets et des processus techniques (Simondon, 1958 ; Bassalla, 1988 ; Cotte, 2010).

1.2 Comprendre l'innovation dans son contexte, la France des années 1820

L'industrialisation manifestât ses premiers effets dans la vie économique britannique à compter de la seconde moitié du XVIIIe siècle, par les débuts de la sidérurgie au coke, les mines de charbon, les premières machines à vapeur fixes, la mécanisation de l'industrie cotonnière, également par la construction de routes et de canaux (Ashton, 1989 ; Landes, 2000). Il s'agit bien d'un ensemble systémique original et profondément nouveau, qui commença à se diffuser vers le continent dès la fin du XVIIIe siècle, pour la mécanisation textile ou les machines à vapeur de mines (Payen, 1985). Une polarité vers le monde britannique apparaît, mais les échanges matériels et intellectuels sont vite entravés par la Révolution française puis par les guerres napoléoniennes.

Le traité de Vienne (1814–1815) marque le retour à la paix en Europe et la fin du blocus continental. Il permet un renouveau des échanges avec la Grande-Bretagne et de nombreux voyages sont alors organisés par les ingénieurs et entrepreneurs. Des partenariats d'affaires sont mis en place. Des techniciens britanniques viennent tenter l'aventure industrielle de l'autre côté de la Manche (Cotte, 2005). Les facteurs d'un véritable décollage industriel sont alors réunis. À nouveaux les hommes, les objets et les idées circulent significativement entre la Grande-Bretagne et le Continent, la France tout particulièrement. La période de la Restauration est certes un retour sur de nombreux acquis politiques et sociaux de la Révolution, et elle est souvent jugée assez sévèrement par les historiens ; mais c'est incontestablement une période d'effervescence pour les initiatives techniques, industrielles et commerciales. Le régime de la Restauration s'effondrera d'ailleurs en 1830, à l'occasion d'une crise en grande partie d'origine économique, la première d'un type industriel en France. Les frères Seguin s'inscrivent pleinement dans ce mouvement d'initiatives techniques et industrielles et peuvent en être considérés comme des acteurs emblématiques (Fig. 1).

2. Du commerce à la production drapière

2.1 L'entreprise de négoce du drap des Seguin à Annonay

À la fin de l'Ancien Régime, Marc-François Seguin (1757–1832), le père de Marc, avait repris l'affaire de négoce de drap de son beau-père,

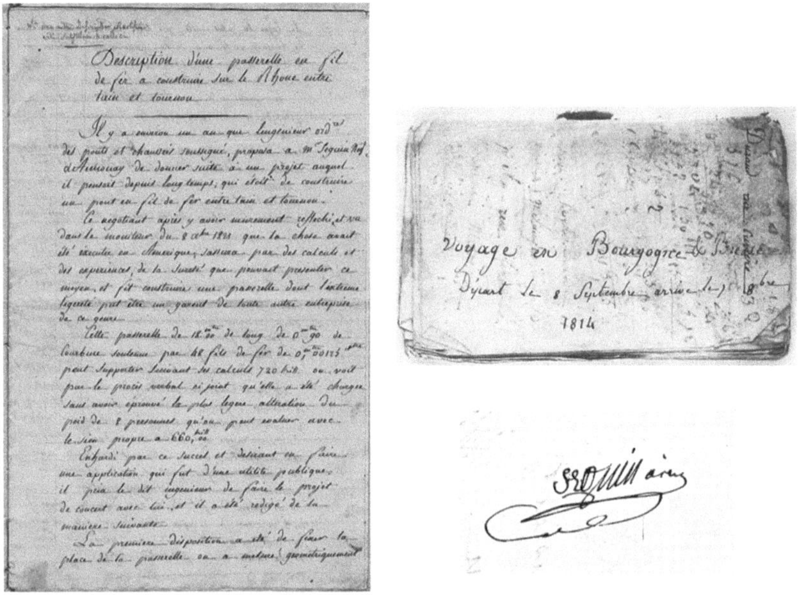

Figure 1: Documents manuscrits des entreprises des Seguin, fonds 41J, Archives départementales de l'Ardèche

dans la petite ville d'Annonay, au nord du Vivarais (département actuel de l'Ardèche). Il s'agissait alors d'une activité essentiellement commerciale, complétée de quelques opérations de sous-traitance dans le domaine du foulage, au profit du pôle drapier de Vienne, alors dominant dans la région rhodanienne. La vente du drap s'effectuait *sur banque*, c'est-à-dire dans une échoppe de la ville ; puis le père avait développé la vente à des artisans tailleurs et à des commerçants de détail par des voyages, dans l'arrière-pays du Massif central. Au début de l'Empire, les affaires s'étaient développées et des opportunités apparaissaient, tant sur le plan commercial que dans la sous-traitance technique de la draperie viennoise. Le marché du drap était alors favorisé par le blocus continental qui avait raréfié les cotonnades.

Annonay était une ville industrieuse assez connue à l'époque, notamment par son activité papetière rendue célèbre par l'invention de l'aérostation des frères Montgolfier (Gillispie, 1983). Plusieurs entreprises étaient installées sur les deux cours d'eau, au voisinage de la ville, parfois depuis longtemps, d'autres plus récentes. Elles utilisaient non seulement la force motrice hydraulique mais aussi l'excellente qualité des eaux, qualifiées de « douces », c'est-à-dire sans calcaire. Cela avait favorisé d'autres activités industrielles, la tannerie notamment et à un degré moindre la teinture textile et le foulage. Depuis la Renaissance, et peut-être même auparavant, Annonay apparaissait comme une cité dominée par ses activités industrielles et les familles d'entrepreneurs, à l'exemple des Montgolfier ou des Canson, des noms restés dans l'histoire papetière (André, 1996).

Les débuts de Marc-François Seguin, le père, dans les affaires locales furent relativement modestes, mais il était pleinement intégré dans le cercle des notables et en incontestable ascension. Il avait épousé en 1782 une Montgolfier, nièce d'Étienne et Joseph, les inventeurs. Il avait participé activement à l'approvisionnement de la ville pendant la Révolution, puis s'était distingué par ses initiatives commerciales. Il fut l'un des présidents du tribunal de commerce de la ville durant l'Empire (Fig. 2). C'est dans ce contexte qu'il demanda à son fils aîné, Marc, d'interrompre ses études pour venir le seconder dans son commerce, en 1803. Les frères de Marc entreront ensuite progressivement dans l'entreprise de drap ou dans d'autres activités jugées stratégiques pour les affaires familiales. Il s'agit de Camille (1793–1852), de Jules (1796–1868), de Paul (1797–1875) et de Charles (1798–1856).

2.2 Marc Seguin, son programme d'autoformation scientifique

Marc Seguin suivait jusque-là des études secondaires à Paris, où il fréquenta son grand-oncle Joseph Montgolfier (1740–1810). Celui-ci était alors démonstrateur au Conservatoire des arts et métiers. Marc gardera toute sa vie une grande reconnaissance à son parent, pour lui avoir transmis ses idées et inculqué l'amour de la science expérimentale. À la demande de son père, il interrompt donc son éducation parisienne et rentre travailler dans l'échoppe familiale, pour permettre d'en étendre les activités, notamment les voyages de commerce d'achat et de revente des draps de laine. Quelques années après, Marc fera lui-même ces voyages à cheval, allant jusque dans le Forez, le Beaujolais, le Languedoc. C'est là qu'il apprend la correspondance commerciale avec la maison d'Annonay, une habitude essentielle pour la bonne marche des affaires, leur suivi efficace et la connaissance du marché, ses forces, ses faiblesses, le prix des choses, les tendances du moment… En un mot connaître la *pratique*, c'est-à-dire le quotidien de la vie du commerce et le climat des affaires.

Nous pouvons un instant imaginer la frustration du jeune Marc qui, pourtant, n'abandonne pas son ambition d'études scientifiques. Il se propose de suivre un ambitieux programme d'autoformation, afin de compléter ce qu'il n'a pas encore eu la possibilité d'apprendre. Il indique lui-même avoir suivi ce programme pendant une dizaine d'années et même au-delà, s'intéressant aux mathématiques, à la mécanique, la physique, la chimie, la géologie, l'astronomie. Les archives permettent de comprendre sa méthode, par exemple pour la mécanique où il cherche à résoudre systématiquement des problèmes. Il lit beaucoup d'ouvrages et par exemple son *Cahier de laboratoire* est révélateur de ses pratiques expérimentales. Il tente systématiquement de reproduire les expériences évoquées par un manuel de référence, en l'occurrence le *Traité de chimie* de Thénard, au moment de sa parution (1813–1816). Il a pour cela équipé un laboratoire dans la maison familiale, qu'il transfère ensuite dans l'entreprise et qui deviendra un outil industriel de recherches, sans doute l'un des premiers de ce type en France. Au début de la Restauration, le laboratoire produit des recherches couronnées de résultats divers : les teintures bleues pour la laine, des essais agroalimentaires (viande séchée, sucre et fécule de pomme de terre), l'analyse de minerais, de l'eau, etc. Les exercices de mécanique le conduisent à calculer des prises d'eau et des roues à aube, pour en optimiser les rendements. Il exerça un moment une activité complémentaire d'ingénieur conseil en hydraulique industrielle. Il n'y a donc pas de rupture chez Marc Seguin entre la science et l'activité professionnelle mais, au contraire, une tentative d'intégration, la recherche d'une science applicable à des situations concrètes.

2.3 Les initiatives familiales dans le domaine de la production du drap de laine

En complément du commerce de drap, sous l'Empire, nous avons indiqué les premières activités de foulage et de teinture des Seguin. Le début des années 1810 est marqué par l'arrivée de Camille dans l'entreprise et la perspective prochaine de celle de ses jeunes frères. C'est aussi un moment où le marché du drap devient plus difficile. L'extension des tournées de commerce tend, dans un premier temps, à élargir l'assise de l'entreprise, puis une décision radicale est prise, d'intégrer la fabrication drapière dans les activités familiales. Il faut pour cela créer un site de production ; ce sera l'usine de Saint-Marc, à la sortie ouest de la ville, le long de la rivière la Cance. Le père organise, au début de l'année 1815, un voyage familial d'étude de la « science du nord », comprenant ses trois fils ainés. Ils visitent des usines de drap à Reims, Sedan, poussent jusqu'à Liège, reviennent par la Normandie, puis Paris. Ils ont observé des exemples pour installer une production drapière intégrée, de la filature au tissage, de la teinture aux apprêts. Ils ont acheté des machines à filer et à tisser à Collier, un fabricant parisien d'origine anglaise, et passé des marchés de pièces mécaniques et d'outils à Liège et à Louviers. Les machines sont des « machines pour modèle », une pratique alors répandue qui consiste à payer un droit forfaitaire de copie au moment de l'achat. L'idée est de mettre à profit leurs compétences mécaniques pour réaliser eux-mêmes leurs équipements productifs, dans une idée d'intégration industrielle ; puis de se positionner sur le marché des machines drapières dans leur espace commercial, voire au-delà. D'acheteurs de drap, ils deviennent acheteurs de laine, toujours dans le Languedoc, puis à Marseille et Bayonne pour les qualités importées. Cette démarche d'auto-équipement et d'intégration des diverses strates techniques nécessaires à la constitution de l'entreprise n'est pas en elle-même une innovation, mais une recherche d'indépendance vis-à-vis des fournisseurs, de contrôle des coûts de l'équipement industriel ainsi que d'acquisition en interne de nouvelles compétences. Ce sera ensuite un trait caractéristique de leur attitude de créateur d'entreprises et un terreau de l'innovation, en particulier lors de leurs rencontres avec les fournisseurs anglais de technologies nouvelles.

Au tournant de 1816–1817, leur production drapière intégrée et leurs ateliers de mécanique sont en place, mais le marché est de plus en plus difficile avec le retour des cotonnades. Cela nécessite un effort commercial et une extension sans précédent de leurs zones de négoce. C'est à nouveau l'initiative technique qui les relance, par un travail de mise au point de l'industrialisation des *porces* (feutre de papeterie), jusque-là faites artisanalement au gré des demandes des papetiers. L'appui des industriels de la ville est essentiel dans la mise au point d'un produit de qualité constante et prévisible, puis de son adaptation aux nouvelles machines à papier à production continue. Barthélémy Canson en installe une dans son usine d'Annonay, l'une des toutes premières à avoir fonctionné en Europe. Elle est mise en place en 1823 par le fils du constructeur britannique, Donkin, avec l'aide de mécaniciens de la ville dont probablement Marc Seguin. L'extension de leur zone commerciale

Figure 2. Le père Marc-François, en président du tribunal de commerce, et Marc Seguin jeune

à la moitié sud de la France, en Alsace, en Suisse et jusqu'en Allemagne fait merveille. Au début des années 1820, les Seguin deviennent un producteur de référence de ce textile professionnel. Cette initiative de renouvellement dans la production des *porces* de papeteries apporte alors une véritable innovation, la première réellement attribuable aux Seguin.

3. Les Ponts suspendus (1821-années 30)

Au début des années 1820, l'entreprise familiale semble trouver un point d'équilibre entre sa politique d'extension commerciale, à son maximum, et une recherche d'innovations technologiques aux résultats inégaux. L'entrée des plus jeunes frères dans l'entreprise familiale, ou parfois chez des associés, renforce les ambitions. Le boom de l'économie et du commerce régional vient offrir des possibilités nouvelles qu'il convient de saisir.

3.1 *Adapter et innover, de l'idée au projet de pont suspendu*

Le choix assez brusque des Seguin de construire des ponts suspendus peut surprendre un observateur d'aujourd'hui, pour qui le génie civil et le textile sont deux domaines *a priori* sans rapport. Cela l'est sensiblement moins si nous comparons aux initiatives actuelles de sociétés venus d'autres secteurs dans le domaine des usages d'internet et de la communication, comme Bouygues ou Vivendi en France, ou inversement de revisiter les marchés classiques par le numérique comme Amazon et Leboncoin. Gardons en tête le fond de recherche d'innovations très ouvert de la firme familiale, qui vient de réussir avec les *porces*, mais qui sait rebondir après un échec ou une semi-réussite, une culture technique de l'entreprise formée sous l'impulsion de Marc. En outre, pour les Seguin, une innovation ne rapporte vraiment que si elle arrive suffisamment tôt sur le marché, car l'on sait n'être sans doute pas les seuls à avoir plus ou moins les mêmes idées, et que celles-ci circulent avec une grande facilité (Cotte, 2005).

Deux motivations clés président à cette proposition de construire un ouvrage d'art suspendu, tout de suite de grande ampleur, qui s'opère en effet rapidement, dans l'hiver 1821–1822. Elle résulte du constat de la situation dégradée des transports dans leur zone d'activités, tout particulièrement le couloir rhodanien. Alors que les échanges commerciaux repartent intensément, les routes sont en mauvais état et mal entretenues, en raison de budgets longtemps restreints par la dette de guerre. En outre, l'État décide de miser sur la construction de canaux, investissement de long terme et d'intérêt très inégal suivant les régions. En clair, les Ponts et Chaussées n'ont pas les moyens de rénover le réseau routier ni de construire des ponts. Il y a donc lieu de proposer de le faire à leur place, avec une concession durable de péage comme rémunération. Le pouvoir monarchique n'y est d'ailleurs pas hostile, bien au contraire, non seulement pour des raisons budgétaires, mais pour laisser prendre les risques de constructions comme les frais d'entretien aux entrepreneurs. Le régime de la concession a des racines anciennes en France, que la Restauration est prête à utiliser si des projets privés techniquement solides et correctement financés lui sont proposés.

La situation de la vallée du Rhône, toute proche d'Annonay, est particulièrement critique, alors que c'est un axe majeur d'échanges entre le nord et le sud de la France. Le fort courant du fleuve sur la quasi-totalité de son cours moyen et inférieur pénalise depuis toujours sa remonte par halage, et il n'existe entre Lyon et la mer qu'un seul pont permanent encore en usage, l'ouvrage médiéval de Pont-Saint-Esprit. Celui-ci illustre l'énorme difficulté à construire des piles dans un tel courant. La royauté française et ses ingénieurs ne s'y sont d'ailleurs jamais essayé, jugeant par avance la tâche trop risquée, pour le moins difficile et sans aucun doute trop onéreuse (Mesqui, 1986).

Le second facteur qui décide les frères et oriente leur choix vient de leur veille technologique. Elle passe par plusieurs canaux liés à leurs activités commerciales, leurs observations de terrain et leurs contacts, également par le réseau des manufacturiers d'Annonay. Elle utilise la lecture des revues et des journaux, les voyages des uns et des autres, l'accueil de visiteurs étrangers, ou encore les réseaux scientifiques auxquels participe Marc, comme celui de Genève alors animé par Pictet et de Candolle. Leur revue *la Bibliothèque universelle* sera la première à publier un article sur le projet de pont suspendu à Tournon-Tain. Ils seront également les premiers clients de Marc pour étudier un ouvrage de ce type à Genève. Seguin est l'un des premiers en France à repérer la réalisation de ponts suspendus à l'étranger et les possibilités de cette technique : longue portée, large débouché pour la navigation et les crues, coûts et délais de construction réduits. L'idée d'un ouvrage suspendu par des chaînes de fer apparaît au États-Unis dans les années 1800 et quelques ponts de ce type voient le jour. L'idée est reprise par les Britanniques à la fin des années 1810 et, grâce à leur maitrise dans la métallurgie, des projets majeurs voient le jour, comme à Union Bridge à la frontière écossaise puis à Menai Bridge sur un bras de mer au Pays de Galle. Marc se rend en Grande-Bretagne pour en prendre connaissance, à l'automne 1823.

3.2 Le premier pont suspendu par câble de Tournon-Tain sur le Rhône

La décision de proposer un projet majeur de pont suspendu sur le Rhône, d'un type nouveau, est prise dans l'hiver 1821–1822, à la suite de la construction d'une passerelle expérimentale sur la Cance, dans leur propriété de Saint-Marc. Leur premier projet, entre Tain et Tournon, est déposé en mars 1822, afin d'obtenir l'autorisation des Ponts et Chaussées et la concession gouvernementale. Un processus d'évaluation technique est confié à l'ingénieur Navier (1785–1836), l'expert du corps dans le domaine, suite à une mission d'étude des réalisations britanniques.

Navier est par ailleurs professeur à l'École des ponts et chaussées et appelé à un brillant avenir de physicien théoricien.

Les Seguin proposent en fait un nouveau type de pont suspendu. En effet, ils remplacent les chaînes forgées des Anglo-saxons par des câbles de fil de fer fin (environ 3 mm), assemblés en faisceaux parallèles chacun d'une centaine de brins. Ce sera l'objet d'une controverse intense avec Navier, qui demande des chaînes forgées comme l'ont fait les Anglais, car il juge le câble des Seguin trop hasardeux, et certainement de résistance insuffisante. L'entrepreneur refuse de changer de point de vue, le câble est pour lui essentiel. En homme de terrain, bon analyste du système technique, il sait que les forges françaises ne sont pas au niveau pour réaliser des chaines de haute qualité, par ailleurs très chères et pas forcément si fiables que cela. Il y a eu des accidents aux États-Unis. Par contre, il sait, par ses voyages de commerce, un domaine d'excellence régionale : le tirage des fils de fer dans les forges du Jura. C'est un matériau quasiment ignoré par les ingénieurs et le monde savant, mais très utilisé par les artisans de la région. Il entreprend alors des expériences systématiques sur la résistance à la traction des fils de fer du commerce, et il démontre qu'elle est non seulement comparable, à masse égale de suspension, mais nettement supérieure ! Cela est dû au tirage forcé dans la filière qui effectue un traitement de surface renforçant la résistance, notamment pour les fils de petit diamètre. La présentation des résultats à l'Académie des sciences, en septembre 1823, emporte la décision, et l'autorisation de construction du pont sur le Rhône est accordée dans les semaines qui suivent.

Outre le câble de fil de fer, de très nombreuses innovations interviennent dans la conception puis dans la construction de l'ouvrage (Fig. 3). Elles justifient pleinement la notion de cluster d'innovations, ou grappe d'innovations au service de la définition d'un standard de construction. Il s'agit de fondations en bêton coulé directement dans l'eau, de ferraillages intérieurs qui s'apparentent à des pratiques de béton armé une bonne trentaine d'années avant que n'apparaissent les premiers brevets, de recherches sur la rigidité des structures à propos de la construction du tablier, etc. La gestion du chantier apporte également des informations précieuses sur l'outillage, le machinisme, et sur l'organisation des professions, les rémunérations, etc.

Le pont est inauguré fin août 1825 et il a tenu ses engagements initiaux : délais de construction malgré une crue dévastatrice, coût de l'ouvrage maîtrisé, plein succès des essais en charge. En contrepartie, les

Figure 3. Le pont suspendu de Tournon – Tain sur le Rhône, à l'époque de sa construction (1825)

Seguin ont obtenu la concession pour 99 ans et des droits de péage qui s'avèrent des plus rémunérateurs, en raison du succès populaire immédiat de son usage. Marc Seguin a devancé les projets de ses concurrents potentiels, y compris Navier. Il a apporté une solution originale, pleinement adaptée aux capacités du système technique français de l'époque, à un coût raisonnable. Il est célébré par la population locale et il devient un ingénieur civil connu et réputé, dans le sens britannique du terme, c'est-à-dire un entrepreneur privé capable de concevoir et de réaliser par lui-même un ouvrage inédit de grande ampleur et de haute technicité. Le succès du procédé est immédiat, les projets fleurissent, tout d'abord dans la vallée du Rhône puis dans le Sud-est, en Suisse (Peters, 1987), etc. Dès 1827, une vingtaine d'adjudications de ponts suspendus interviennent en France, dont une majorité par câbles. En 1830, pas moins de huit ponts de type Seguin ont été construits sur le Rhône, entre Lyon et la mer, alors que pendant 500 ans aucun n'avait été entrepris !

4. Les bateaux à vapeur sur le Rhône (1825–1828)

Nous voici à nouveau devant une énigme apparente. Dès 1825, avant même l'inauguration de Tournon, les Seguin paraissent négliger le secteur des ponts suspendus, qu'ils viennent pourtant de créer en France.

Ils ne postulent pas aux adjudications en préparation et ils s'orientent vers un nouveau domaine : la navigation fluviale à la vapeur. Pour autant, la rupture est-elle aussi radicale que cela ? Est-ce une mania de l'innovation, une sorte de fuite en avant dopée par le succès ? Il y a chez eux, à nouveau, un déplacement rapide des centres d'intérêt industriels. Mais l'abandon des ponts n'est qu'apparent, et le choix du halage à la vapeur obéit à une série d'arguments circonstanciels. Tout d'abord, si les Seguin ne se présentent plus en chef de file de projets d'ouvrages suspendus, ils n'en sont pas pour autant absents. Installer et diriger un chantier implique de mobiliser les forces de l'entreprise au loin, dans des conditions parfois difficiles et aux ordres d'investisseurs, car ils ne peuvent tout financer à ce stade de leur développement ce qui serait d'ailleurs refusé par les édiles locaux. Ils participent donc à des sociétés qu'ils ne dirigent pas, mais elles sont souvent confiées à des proches, à des ingénieurs locaux ambitieux et elles offrent des possibilités d'investissement aux capitalistes locaux. Les Seguin vendent alors des câbles, le cœur de leurs innovations, des études d'ouvrages et des conseils ; ils prennent des participations minoritaires ; puis l'un des frères, Jules, crée sa propre entreprise de ponts. En 1834, la famille regroupe ses intérêts et ses compétences au sein d'une société unique, *Seguin frères*, qui devient l'une des premières en France pour les ponts et les travaux publics.

4.1 Le projet de halage à la vapeur sur le Rhône

Le projet d'une société pour la remonte du Rhône par des bateaux à vapeur vient d'une proposition faite à Marc Seguin par deux membres de leurs connaissances. D'Ayme est un propriétaire et homme d'affaires originaire d'Annonay et Pierre-François Montgolfier, le fils de Joseph l'inventeur de l'aérostation, est installé comme mécanicien à Paris. Ils sont à la recherche d'une entreprise en région rhodanienne qui serait capable de mettre en œuvre le brevet qu'ils ont pris en 1817, sur le principe de bateaux à vapeur remontant par halage à partir de points fixes répartis le long du fleuve. Le bateau remorque un train de barques ; il avance dans le courant au moyen d'un gros treuil, mû par sa machine à vapeur, qui enroule un câble de chanvre. On recommence l'opération de point fixe en point fixe. Le brevet a déjà quelques années et il faut l'utiliser, c'est-à-dire créer une société, réunir les capitaux, préciser le projet et obtenir les autorisations. Comme pour les ponts, ils ne sont pas les seuls à envisager l'usage des machines à vapeur sur les fleuves, à la suite des exemples anglo-saxons de navigation dans les estuaires. C'est même une quasi mania au début des années 1820 ; mais si les idées fleurissent, les résultats probants se font attendre et, par ses courants, le Rhône pose des difficultés inédites.

Les premières négociations prennent place dans l'hiver 1824–1825, les Seguin apportent leur connaissance du fleuve par les travaux du pont, leurs ateliers à proximité et leurs compétences d'ingénieurs civils. Leurs relations avec les Ponts et Chaussée jouent aussi un rôle dans leur acceptation, car si les Seguin ont rencontré des difficultés à faire progresser leur projet de pont au sein de cette administration, ils y ont également trouvé des appuis importants, à la direction du corps et par des ingénieurs de terrain qui ont parfois travaillé pour eux, comme Plagniol, ingénieur de l'Ardèche en charge du Rhône moyen. Jules, le plus disponible des frères, est mis en avant pour étudier l'équipement du fleuve. Une reconnaissance pour l'emplacement des points fixes a lieu dès mars 1825, et la prospection des actionnaires débute. L'affaire s'annonce en effet d'importance ; elle devra nécessiter des apports de capitaux pendant des années. Marc Seguin se charge d'étudier la question de la machine motrice, et il prend en compte les apports les plus récents sur la navigation à la vapeur aux États-Unis (Marestier, 1824). Celle-ci s'est développée dès les premières années du siècle, sur des options techniques sensiblement différentes de celles des bateaux britanniques des années 1810. Elle cherche à remonter les fleuves, à naviguer sur les lacs, à lutter contre des courants, alors que les Britanniques utilisent les mouvements de la marée dans les estuaires, et leurs machines servent surtout à diriger le bateau ou à le mouvoir en autonomie sur de brefs parcours. Outre-Atlantique règne la prise de risque technique et des choix qui orientent vers la machine à haute pression (3 à 4 bars à l'époque) et ses dangers, alors que les bateaux Anglais vivent sur le standard de Watt à basse pression, très sûr mais lourd et encombrant, d'où les nombreux échecs français de simple transfert technique depuis les Îles britanniques.

L'acuité d'analyse des systèmes techniques acquise par Marc Seguin lui fait comprendre cette situation mieux que personne, et le besoin de penser un moteur de bateau à haute pression (HP). L'intérêt évident est de rendre le moteur plus compact, plus léger et plus réactif, soit un meilleur rendement. Il compte par ailleurs minimiser le risque de la HP en s'adressant aux meilleurs mécaniciens britanniques, à propos desquels il lance une enquête auprès de ses correspondants. Un proche, Pierre Mignot, est envoyé en Angleterre au printemps 1825. Dans l'été, Marc étudie un projet de moteur HP de bateau à trois cylindres horizontaux, sans condenseur, à transmission par bielles agissant sur un *arbre à manivelles* (vilebrequin). Ce projet est nouveau et même totalement visionnaire, en rupture avec ce qui existe, mais il reste pour l'instant une idée sur plan. La société dépose ses statuts en août, et un brevet de perfectionnement du halage est demandé. Le succès du pont de Tournon rejaillit sur la nouvelle compagnie *Seguin, Montgolfier et d'Ayme*, et la quasi-totalité des actions est souscrite en deux mois, notamment à Paris. Les versements seront échelonnés en fonction de son développement. La première tranche concerne la réalisation des points fixes, d'un bateau remorqueur et d'une petite embarcation à vapeur pour le transport du câble d'un point fixe au suivant. La société ne sera effectivement créée qu'en cas de réussite probante du procédé dans les trois ans, ce qui ouvrirait la voie à la captation du trafic de remonte de la vallée du Rhône et au développement de ses capacités, par le dépassement des difficultés du halage traditionnel : ses nombreux jours de chômage, des voyages aux délais aléatoires et des capacités de charge insuffisantes.

4.2 Une mise en œuvre technique difficile

Marc, accompagné de son frère Paul, embarquent pour l'Angleterre au début de l'hiver 1825–1826, dans le but de trouver un constructeur mécanicien qui accepterait de réaliser un moteur suivant ses idées. Après des discussions techniques que nous ne connaissons malheureusement pas, il fait affaire avec la société londonienne Taylor et Martineau, pour deux machines HP de 40 chevaux. Elles arrivent durant l'automne 1826 au chantier naval d'Andance, à proximité d'Annonay. Sur un terrain au bord du Rhône, les frères Seguin ont disposé une cale de construction navale, créé un atelier, un ponton, embauché du personnel compétent et mis à l'eau un premier bateau du type *Voltigeur*, destiné au transport du câble. Le premier moteur y est installé, avec l'aide de deux mécaniciens anglais envoyés par Taylor et Martineau. Il agit directement par son arbre moteur sur deux roues à aubes latérales. Mais dès l'arrivée de cette machine, les Seguin expriment des réserves. Elle est bien plus lourde que prévue et de nombreux problèmes pratiques apparaissent lors des essais. Le bateau est toutefois opérationnel et il exprime une capacité de déplacement autonome, que les frères tentent d'utiliser pour un trafic commercial entre Vienne et Lyon, au printemps 1827. Mais celui-ci est irrégulier en raison du manque de fiabilité des machines. Néanmoins, une succession de petites améliorations augmente les performances et un trafic commercial s'installe. Il est toutefois jugé insuffisamment rentable par les Seguin qui essaient un moment de le transférer sur la Saône, aux eaux plus calmes, mais où un concurrent américain opère déjà.

Entre temps, le Rhône est équipé en points fixes et le bateau *Remorqueur* sort du chantier d'Andance, doté du second moteur dont l'installation bénéficie de l'expérience acquise. À l'automne 1827, les premiers essais de halage sont entrepris, entre Givors et Lyon, avec succès pour le transport de la houille de Rive-de-Gier. Mais le Voltigeur s'avère mal adapté au service du câble et il faut envisager la construction d'un nouveau bateau. Par ailleurs tous les essais réalisés pointent l'insuffisance de la génération de vapeur, en quantité comme en pression, et une relative fragilité mécanique qui demande une maintenance exigeante et de fréquentes réparations. Il faut envisager de modifier les chaudières, voire de les changer en faisant appel à des constructeurs régionaux.

L'année 1828 est caractérisée par deux faits majeurs, apparemment contradictoires. Tout d'abord, sous la conduite de Paul, deux voyages de remonte d'Arles à Lyon sont effectués. Ils remorquent à chaque fois trois péniches formant un convoi chargé d'environ 150 tonnes de marchandises. C'est un incontestable succès technique, apportant les premières remontées du Rhône à la vapeur jamais réalisées. Mais le résultat économique apparaît comme trop incertain aux frères, l'entretien et les coûts d'exploitation prohibitifs et les machines insuffisamment puissantes. L'assemblée générale de novembre 1828, examine ces résultats pour décider ou non d'établir définitivement la compagnie. Lors de cette assemblée houleuse, les Seguin proposent à leurs associés de renoncer au développement de la compagnie et de les dédommager par de nouvelles actions de… leur compagnie de chemin de fer de Lyon à Saint-Étienne.

4.3 L'innovation de la chaudière tubulaire

La question de la génération de vapeur insuffisante des chaudières anglaises est apparue aux Seguin dès les premiers essais sur le Rhône, début 1827. Une réflexion sur cette question se manifeste dès lors dans la correspondance, notamment entre Marc et Paul, en charge du chantier d'Andance et des bateaux. Elle s'exprime par la recherche de chaudronniers capables de les modifier et l'examen de solutions techniques nouvelles pour augmenter le rendement. Cette réflexion est profondément originale, au cœur du processus d'innovation. L'idée de la chaudière à tubes de fumée existe déjà, mais elle n'a jamais été convenablement développée jusque-là, si ce n'est sous forme de *carneaux*, soit un ou deux gros tubes en retour dans le volume d'eau pour le passage des gaz de combustion. Beaucoup de thermiciens et de constructeurs la jugent utopique. Le vaste tour d'horizon du pensable et du possible est exemplaire, par la recherche des idées existantes et parallèlement des capacités de construction requises. L'esprit critique règne ; tel ou tel est vertement traité de charlatan voire d'escroc ; mais surtout dans un esprit techniquement juste, car les bons paramètres sont identifiés : le rapport entre poids et volume de machine d'un côté ; entre HP, température et quantité de vapeur durablement disponible de l'autre. En termes d'aujourd'hui, ce sont des approches correctes du rendement poids – puissance et du rendement thermique du générateur. La différence avec les autres entreprises se fait là, qui se contentent d'adapter des solutions existantes, généralement achetées à l'étranger ou simplement répliquées en France. Par ailleurs, la mise au point des bateaux fonctionne comme une véritable école, Paul en particulier devient un mécanicien de machine à vapeur averti, dont le dialogue avec son aîné est particulièrement fructueux.

L'affaire de la génération de vapeur avance à grand pas chez les Seguin, qui en font un sujet de développement maison, c'est-à-dire à côté de la Cie du halage, dans les nouveaux ateliers qu'ils viennent d'installer à Perrache. La documentation disponible ne permet pas une reconstitution fine des étapes de conception de la nouvelle chaudière tubulaire, mais l'on connaît par contre l'artisan lyonnais qui la construisit en suivant les ordres de Marc Seguin, et les premiers essais pleinement réussis, début décembre 1827. La nouvelle chaudière est immédiatement fonctionnelle, grâce à l'expérience acquise sur les bateaux. Compacte et légère, elle est capable de fournir durablement une bonne quantité de vapeur HP. Elle donne les résultats escomptés et elle permet d'envisager son avenir comme un générateur adapté aux contraintes du transport ; seule sa consommation importante apporte quelques restrictions. C'est une rupture technologique majeure que montre parfaitement la comparaison chiffrée du rapport poids – puissance estimée des ensembles moteurs de l'époque. Un brevet est immédiatement demandé, et obtenu en février 1828 (Fig. 4). À la différence de beaucoup de brevets d'idées de l'époque, il s'agit là d'une machine non seulement construite mais fonctionnelle. L'une des clés de la réussite réside dans l'ouvrage de chaudronnerie en cuivre qui, par les nombreux tubes de fumée immergés, réalise enfin la multiplication de la surface d'échange thermique à volume constant. Ce

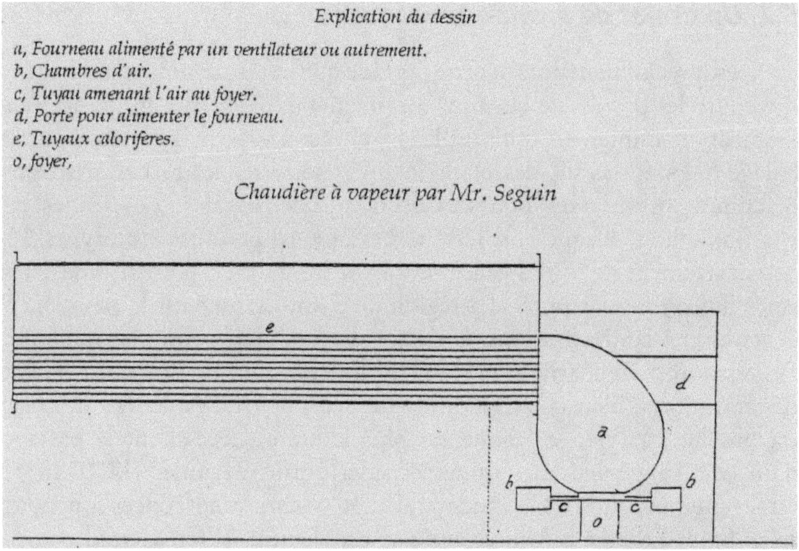

Figure 4. Le brevet de la chaudière tubulaire du 22 février 1828 (INPI)

matériau peut sembler une régression, car la révolution industrielle et tout particulièrement les machines à vapeur utilisaient le fer et la fonte, symboles du progrès. Mais, à l'époque, travaillé par un maître-artisan habile et bien outillé, le cuivre reste bien plus facile à ouvrer, capable de fournir des tubes longs, de petit diamètre et aux parois fines. Il a en outre un excellent comportement thermique, supérieur au fer. L'autre idée décisive est un dispositif de surpression au foyer, par l'adjonction d'un ventilateur afin de faciliter le passage des gaz de combustion dans les tubes.

5. Le chemin de fer de Saint-Étienne à Lyon (1826–1835)

En pratique, la chaudière tubulaire est expérimentée par les Seguin sur les bateaux, courant 1828, mais sans lendemain car cette affaire est déjà condamnée dans leur esprit, du moins chez Marc. Elle s'avérera par contre essentielle dans le développement d'une nouvelle compagnie, elle aussi surgie dans ce foisonnement d'idées et d'opportunités industrielles fournies par la région rhodanienne des années 1820.

5.1 Un projet de grande envergure

C'est précisément durant cette période que les Britanniques envisagent d'étendre les projets de chemins à rails métalliques, mis au point pour le transport minier, en utilisant les machines à vapeur, soit fixes pour le halage des wagons sur des plans inclinés, soit avec les toutes premières machines locomotives pour les sections horizontales. Les mines de charbon ont été jusque-là le terrain d'essai idéal pour ces prototypes. Le désenclavement de mines isolées est à l'ordre du jour, pour rejoindre les voies fluviales et les ports. La région de Saint-Étienne est la première à s'intéresser à ces réalisations, jouissant d'une situation un peu similaire. Ses ressources en charbon sont mal exploitées en raison de l'enclavement des transports, bien qu'à proximité de deux fleuves. À l'ouest, la Loire est proche ; à l'est, le Rhône est plus lointain, nécessitant le passage d'un col. L'ingénieur des mines et sidérurgiste Beaunier (1779–1835) est le premier, en 1823, à demander et obtenir une concession pour relier Saint-Étienne à Andrézieux par un chemin de fer. Cette ligne de 18 km descend régulièrement vers la Loire, en suivant le profil collinaire. Achevée en 1827, la descente se fait par gravité et la remonte des wagons vides par les animaux.

Par sa veille technologique et ses voyages, Seguin est au fait des projets britanniques, et il ne manque pas de s'y intéresser, notamment à la traction vapeur. Il est également interpellé par des marchands de charbon de Rive-de-Gier, tournés vers le bassin rhodanien et la ville de Lyon. En septembre 1825, ils lui demandent d'étudier la possibilité d'un chemin de fer les reliant au fleuve. Bien qu'engagé par les bateaux du Rhône, Marc Seguin répond à la proposition. Il formule un premier projet technique soumis à l'administration en 1826, puis il prépare un nouveau voyage en Angleterre, pour visiter les chemins de fer et rencontrer les constructeurs de matériel ferroviaire. Il part en janvier 1827, accompagné de Charles. Ils se rendent à Darlington visiter la première ligne publique britannique qui, depuis 1825, fonctionne avec des locomotives à vapeur construites par George Stephenson. Ils assistent à une démonstration probante, qui les convainc de commander deux motrices, les premières exportées par les Britanniques. Ils visitent ensuite le chemin de fer de Liverpool à Manchester, alors en construction, et ils rencontrent les ingénieurs. Ils nouent un partenariat avec l'un d'eux, Rennie, qui les renseignera sur la réalisation de la ligne, les essais de locomotives et les débuts de son exploitation.

5.2 La conception et la réalisation de la ligne ferroviaire

La mise en place de la compagnie du chemin de fer de Saint-Étienne à Lyon se concrétise par divers actes et autorisations durant l'année 1826. Un premier tracé est approuvé, que les frères révisent à leur retour d'Angleterre pour systématiser les grands rayons de courbure (500 m minimum) et confirmer les pentes régulières du tracé. Ils estiment de tels choix plus sûrs et bien adaptés aux machines locomotives qu'ils viennent de commander. En elle-même, la ligne d'une soixantaine de km constitue un projet majeur par comparaison au Stockton – Darlington, déjà fonctionnel, au Saint-Étienne – Andrézieux, en cours d'achèvement, ou même au Liverpool – Manchester en construction et destiné à devenir la ligne mythique des débuts des chemins de fer britanniques. Ce n'est pas tant la longueur qui le distingue de ces réalisations pionnières que sa difficulté topographique inédite. En venant de Saint-Étienne, la ligne doit franchir un col à Terrenoire pour redescendre ver le Rhône, avec des dénivelés respectivement de 150 m et de près de 400 m. De fait, un tel tracé définit le premier standard du chemin de fer de moyenne montagne pour la traction locomotive.

Les travaux débutent en 1827, un peu paradoxalement sur la section allant de Givors, sur le Rhône, jusqu'à une mine de charbon en amont de Rive-de-Gier, car un canal industriel existe déjà dans cette vallée. C'est l'un des premiers affrontements directs entre la solution du chemin de fer et celle de la voie d'eau.

Cette période est marquée par le marché des rails en fer laminé de 5 m ; les rails étant jusque-là en fonte et de faible longueur unitaire. Il est passé avec l'entreprise du Creusot, ses dirigeants d'alors n'étant pas encore les Schneider mais les entrepreneurs parisiens d'origine britannique Manby et Wilson. La ligne étant prévue à deux voies, c'est un marché inédit, quantitativement considérable, qui lance véritablement la firme bourguignonne dans l'ère industrielle. Les travaux nécessitent un génie civil important, avec trois tunnels majeurs, de nombreux ouvrages d'art dont un pont sur la Saône à Lyon. La section allant de Givors à la mine de la Grand-Croix, près de Rive-de-Gier, est la première opérationnelle, durant l'été 1830, et les machines locomotives sont immédiatement essayées en usage commercial. Les deux autres sections, le long du Rhône jusqu'à la presqu'île de Perrache et de Rive-de-Gier jusqu'à Saint-Étienne sont achevées respectivement en 1832 et au début de 1833. La ligne ouvre alors dans son ensemble, par un trafic régulier entre les deux villes, pour les pondéreux et pour des convois réservés aux voyageurs, un trafic éminemment rémunérateur qui n'avait pas été prévu dans la concession initiale !

5.3 La locomotive Stephenson à chaudière tubulaire Seguin

Le voyage de 1827 avait permis à Marc et Paul Seguin de rencontrer George Stephenson et de lui commander deux machines de type *Locomotion*, utilisées à Darlington. Elles comportent deux cylindres latéraux verticaux, chacun muni d'un balancier à parallélogramme pour actionner les quatre roues de la motrice. La chaudière occupe tout le volume central de l'ensemble moteur. La première locomotive est reçue aux ateliers de Perrache durant l'été 1828, en pièces détachées. Les Seguin estiment immédiatement le générateur de vapeur reçu, de type classique, comme insuffisant, par l'expérience acquise sur les bateaux, puis par la mise au point de la chaudière tubulaire, l'hiver précédent. La douzaine de lettres échangées avec les Stephenson, dont nous n'avons que des échos indirects par la correspondance des frères, ont notamment porté sur cette question. Les constructeurs de Newcastle sont au courant des recherches des Français et ils connaissent certainement le brevet de février 1828, le service britannique des patentes ayant une parfaite information de tout ce qui est protégé en France et qui, malheureusement pour les Seguin, ne le sera pas en Angleterre (Cotte, 2005).

Marc fait donc monter la machine de Stephenson, mais en la dotant de la chaudière tubulaire et d'un système d'air forcé au foyer par un ventilateur couplé au mécanisme moteur (Fig. 5). Les premiers essais de l'automne 1828 sont concluants et les expériences sur une courte pente d'essai à 13.6 pour 1 000 laissent espérer de gravir les plus fortes rampes de la ligne en construction, avec une capacité significative de remorquage de wagons. Le principe de la traction par des machines à chaudière tubulaire est donc validé et les ateliers de Perrache entreprennent la construction des premières sur ce modèle. Les frères appliquent un esprit d'auto-équipement déjà rencontré, qui comprend ici, outre les locomotives, les wagons et les aménagements des gares. Dès 1830, deux machines opèrent sur la section de Givors à Rive-de-Gier pour la remonte des wagons vides, la descente se faisant jusqu'au port rhodanien par gravité. Ces premiers essais commerciaux montrent toutefois des limites, à la fois de capacité tractrice et de fiabilité d'usage. Paul, à nouveau responsable du fonctionnement des machines, est blessé à la jambe lors d'un des incidents ferroviaires qui émaillent les premiers mois de fonctionnement. Au total, les ateliers de la presqu'île lyonnaise produiront une quinzaine de locomotives sur ce modèle de base, entre 1829 et 1835, comprenant au fil des ans diverses améliorations et essais techniques.

À partir de 1833, la ligne fonctionne pleinement et permet d'arriver à Saint-Étienne. Toutefois, en situation d'exploitation, la longue pente de Rive-de-Gier à Terrenoire n'est que difficilement gravie par les locomotives, et l'on doit revenir aux chevaux pour tracter les convois. L'usage pratique des machines à vapeur est alors limité aux deux autres sections, l'une moins pentue et l'autre proche de l'horizontale, soit des conditions similaires aux lignes britanniques. De leur côté, celles-ci bénéficient d'une rapide évolution des motrices, les Stephenson proposant dès l'automne 1829 une locomotive remarquable, la « Rocket », de conception d'ensemble entièrement nouvelle (Duffy, 1982–83). Ce nouveau standard de traction est appelé à un brillant avenir, et il comprenait une chaudière tubulaire du type Seguin, au grand dam de Charles qui s'était rendu spécialement à Londres pour déposer un brevet, mais qui arrive quelques jours trop tard…

Retenons l'essentiel de cette aventure ferroviaire en termes d'innovation. C'est tout d'abord la génération croisée d'idées techniques et leur échange rapide entre les pôles britannique et français, plus précisément les ateliers de Stephenson à Newcastle et la ligne du Liverpool-Manchester d'un côté, les ateliers de Perrache et la ligne de Saint-Étienne à Lyon de l'autre. Le monde britannique, initiateur de la traction ferroviaire mécanisée, demeure toutefois plus riche d'expériences techniques diverses et d'une capacité industrielle plus vaste. Il bénéficie d'un renouvellement très rapide du matériel ferroviaire et d'équipements industriels spécialisés. Dans le domaine, les productions de Perrache sont significatives, mais dans un contexte français des premiers chemins de fer qui préférera importer du matériel anglais, jugé plus performant. La démission de Marc Seguin de la direction du Saint-Étienne – Lyon, en 1835, est en partie liée à un désaccord sur l'équipement en machines locomotives. Toutefois, les synergies entre entreprises nécessaires à l'innovation, la notion de cluster d'innovations, se sont bien manifestées autour des ateliers lyonnais, entre 1827 et 1830, avec le transfert de l'expérience des moteurs de bateaux, la présence de chaudronniers en cuivre capable de participer à une innovation radicale, et la présence régionale de sidérurgistes en mesure d'industrialiser les rails de fer laminé, un peu comme les tréfileurs Comtois pour les câbles.

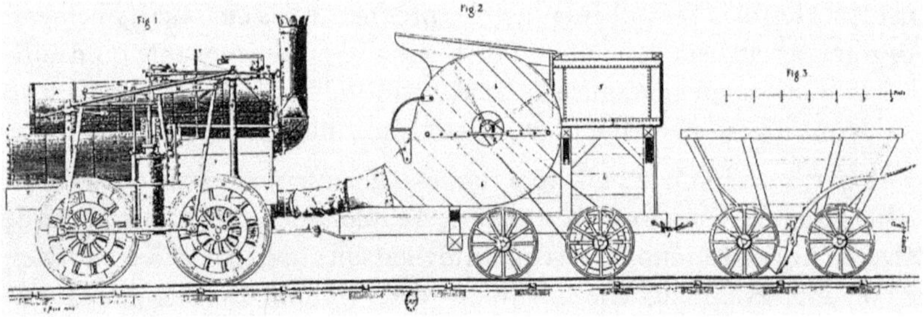

Figure 5. *Dessin de la locomotive Seguin à mécanisme Stephenson,* in SCHLUMBERGER et KOECHLIN, *Bulletin de la Société industrielle de Mulhouse,* 5, 1832.

6. Conclusion : retour d'expérience et mise en perspective

De nombreuses réflexions peuvent être menées à propos des exemples que nous venons d'aborder. Elles ont une base assez précise, grâce à la complétude des archives tant pour les aspects technologiques qu'économiques et sociaux. Notre première remarque porte justement sur l'intime association de facteurs de nature différente dans le processus d'innovation. Ils interviennent par un ensemble de corrélations à chaque fois circonstanciées et ramifiées, ici plutôt bien repérables. Il n'y a toutefois pas de règle générale simple qui se dégage, chaque situation génère son propre schème d'innovation. De ce point de vue, les Seguin sont des acteurs exemplaires du début de l'industrialisation, durant une quinzaine d'années. Leur force première réside dans l'analyse d'un réel complexe et en devenir qui environne chacun de leur projet. Ils mobilisent pour cela d'un côté curiosité, pragmatisme et esprit d'expérimentation, de l'autre sens de l'information, réseaux et pluridisciplinarité active. L'éducation, les pratiques professionnelles et l'environnement social tissent une toile de fond agissant en matrice des comportements et de la manière de raisonner. Ils excellent dans l'évaluation critique du système technique à l'œuvre dans le projet, dans l'appréciation des compétences et des dynamiques en cours. Ils sont généralement rapides dans leurs conclusions et savent prendre les décisions adéquates, au prix parfois de tensions entre frères. Notre étude de cas souligne l'importance de la notion de système sociotechnique, au sens de l'imbrication des facteurs sociaux, culturels, techniques et scientifiques ; ce qui semble toujours d'une grande actualité.

La seconde partie de la vie de Marc Seguin, une fois retiré des affaires, indique la façon dont il conçoit le retour d'expérience de ses activités d'innovateur et d'entrepreneur. Il s'exprime tout d'abord par un livre décrivant son parcours de constructeur ferroviaire (Seguin, 1839). Parallèlement il s'installe à Fontenay où il crée, pour lui-même et les siens, un art de vivre tourné vers la pratique scientifique et la prospective technologique. Il se préoccupe également d'éduquer, de diffuser des connaissances concrètes et accessibles au plus grand nombre, de favoriser l'épanouissement créateur de chacun. Il s'installe finalement à Varagnes, près d'Annonay, où il construit une maison idéale qui illustre de telles conceptions. La période renoue avec le projet scientifique de la jeunesse, poursuit l'expérience de l'innovateur industriel, mais s'en distingue par l'éloignement du contexte économique et des affaires. Lui-même se définit alors comme un savant et un pédagogue, après s'être présenté comme négociant au début de sa carrière, puis comme ingénieur civil.

La culture de l'innovation et l'esprit d'expérimentation

La culture technique des entreprises et des ingénieurs en train de se mettre en place au début de la révolution industrielle est une donnée vite complexe. Elle comprend de nombreux aspects dont la présentation exhaustive sort du cadre imparti à cet article. Mais nous en avons rencontré une dimension importante bien mise en évidence par notre cas d'étude. Il s'agit de l'émergence des pratiques d'innovation comme stratégie majeure de l'entreprise ; celle-ci prenant appui d'une part sur une compréhension approfondie du système sociotechnique qui environne le projet, d'autre part sur une validation des idées technique envisagées par l'expérimentation systématique.

La culture de l'innovation imprègne le milieu familial, nous l'avons vu, plus largement à cette période le bassin industriel d'Annonay qui forme alors un ensemble économique et social bien typé. Les frères bénéficient à plein de cet environnement, notamment au début des années 1820. De telles ressources combinent un héritage à plusieurs niveaux : l'esprit de connaissance et de rationalité hérité des Lumières, un passé industriel papetier brillant reposant sur la pratique d'expériences et d'essais, enfin une ouverture au monde extérieur et aux affaires internationales.

L'influence de Joseph Montgolfier sur le jeune Marc prend place ici, mais d'autres exemples d'échanges fructueux émaillent toute sa vie, comme avec les ingénieurs civils et les entrepreneurs britanniques, d'autres encore. Plus qu'un corpus parfaitement théorisé et prédictif, la science de Seguin aide à visualiser et à calculer le possible. Elle est géométrie et arithmétique plutôt qu'algèbre et mécanique analytique. Elle est celle que l'on interroge pour essayer de comprendre, celle qui passe au crible les idées intuitives. L'observation expérimentale la génère et la valide. C'est une science ressource devant les difficultés de réalisation ou face aux coûts excessifs de mise en œuvre.

Une qualité plus particulière à l'esprit d'invention de Marc est son sens physique des phénomènes en jeu, à la charnière entre conception et mise en œuvre. Il se traduit par le choix de dimensions pertinentes, du bon ratio entre paramètres, également par la pratique d'approximations utiles pour parvenir au résultat, certes approché mais suffisamment conforme à la réalité. Confortée par l'expérience, la projection dessinée et le calcul, son intuition du réel devient des plus pertinentes. Une solution nouvelle émerge, en grande partie déjà optimisée, pour se concrétiser et s'insérer dans le projet d'ensemble. Avec le recul du temps, Marc Seguin donne d'excellentes solutions techniques, des ratios de valeurs étonnamment justes et durables, comme pour les câbles de suspensions ou les dimensions des tubes de chaudières en regard des questions d'écoulement et de pression.

L'ingénieur civil et le modèle entrepreneurial

Durant les années créatrices, la pensée technologique et scientifique des Seguin est toujours incluse dans un raisonnement économique et entrepreneurial. Celui-ci est généralement à deux niveaux, l'un consiste à penser le marché potentiel de l'objet en conception, l'autre de savoir à quel coût il sera mis en œuvre. Rien de plus fondamental pour une entreprise, bien entendu. Mais ici, la recherche d'innovations par transfert de réalisations étrangères, que l'on cherche à inscrire dans les capacités technologiques régionales, apporte une spécificité validée par la critique de l'existant comme des possibles. Cette démarche d'adaptation d'idées innovantes au contexte est frappante, non seulement par sa précocité mais par sa justesse d'analyse.

Dans le développement du processus créateur, dans sa manière de le pousser jusqu'à la conclusion entrepreneuriale, Marc Seguin apporte un modèle de l'ingénieur civil et de l'entrepreneur longtemps méconnu par l'historiographie française, un modèle très proche de celui qui s'établit alors en Grande-Bretagne dans le domaine des travaux publics et des transports. Il se caractérise par des initiatives privées entièrement gérées par l'entreprise, et non par une économie mixte qui consiste à faire financer par des capitaux privés des travaux conçus et dirigés par les ingénieurs de l'État. Corrélativement, il s'agit d'initiatives locales et régionales, et non venues du pouvoir central à qui l'on demande simplement l'autorisation légale des projets.

La culture d'ingénierie développée repose sur une formation au sein de l'entreprise et dans une pratique scientifique et technologique autonome. Pour Seguin, l'ingénieur est l'homme des circonstances et non celui des théories générales. Elle génère une indépendance de jugement par rapport aux modèles dominants, diffusés par les écoles et les corps de l'État. Par sa dimension sociale et politique, cette singularité n'est pas sans conséquences sur les initiatives des frères et sur leur avenir industriel. Ils donnent l'impression, après 1835, de rentrer dans le rang et de ne plus innover, tout en continuant à faire des affaires... Sur le plan du financement des projets, des difficultés se font également jour dans le rapport aux investisseurs, par exemple le refus de la Haute Banque d'investir dans leurs entreprises, ou les difficultés avec le conseil d'administration du chemin de fer entraînant la démission de Marc. Le renouvellement rapide des entreprises ainsi que leur modèle d'intégration verticale, guidé par un principe d'autosuffisance, peut aussi être évoqué et questionné, comme l'un des traits distinctifs des initiatives des frères Seguin.

Au-delà des entreprises elles-mêmes, le contexte national et international peut-être interrogé, dans des termes qui ne sont pas étrangers aux débats actuels. Les frères sont confrontés à plusieurs reprises à la question de la propriété industrielle, à la prise de brevet et à son rôle : est-ce un frein ou un moteur ? Vaut-il mieux garder certains aspects des procédés obscurs ou même secrets ? On sait très bien que celui-ci est fait pour être éventé et copié, et que la seule question qui vaille est quand et par qui ? Ou bien à l'inverse affirmer publiquement ses découvertes et s'en faire le héros ? Un peu dans la même veine, il est possible de questionner la dualité du libéralisme et du protectionnisme, d'en envisager les effets. Mais là, si les Seguin sont un révélateur de pratiques encore peu mises en lumière, ils subissent une situation sans véritable pouvoir d'intervention.

Bibliographie

André L. (1996), *Machines à papier. Innovation et transformations de l'industrie papetière en France, 1798–1860*, Paris, Éditions EHESS.

Ashton T.-S. (1989), *The Industrial Revolution*, Oxford UP.

Bassalla G. (1988), *The Evolution of Technology*, Cambridge UP.

Bergeron L. (1978), *Les capitalistes en France,* Paris : Gallimard.

Bergeron L. (1972), Douglas, Ternaux, Cockerill : aux origines de la mécanisation lainière de France, *Revue Historique*, n° 501, pp. 67–80.

Caron F. (1997), *Histoire des chemins de fer en France, 1740–1883*, T. 1, Paris : Fayard.

Cayez P. (1978), *Métiers Jacquard et hauts fourneaux, aux origines de l'industrie lyonnaise*, P.U. Lyon.

Cotte M. (1997), *Le fonds Seguin des archives départementales de l'Ardèche, aux origines de la Révolution industrielle*, Privas : Archives départementales.

Cotte M. (1998), *Innovation et transfert de technologies, le cas des entreprises de Marc Seguin, France 1815–1835*, Lille : P.U. du Septentrion.

Cotte M. (2005), *De l'espionnage industriel à la veille technologique, essai sur la circulation des idées techniques durant la révolution industrielle*, Belfort Besançon : UTBM – PU de Franche-Comté.

Cotte M. (2007), *Le choix de la révolution industrielle, les entreprises de Marc Seguin et de ses frères (1815–1835)*, Rennes : PUR Fondation Carnot.

Cotte M. (2010), La génétique technique a-t-elle un avenir comme méthode de l'histoire des techniques ?, dans Anne-Lise Rey (éd), *Méthode et Histoire*, Paris : SFHST, pp. 187–201.

Duffy M.-C. (1982), Technomorphology and the Stephenson Traction System, *Transactions of the Nawcomen Society*, 54, pp. 55–78.

Emptoz G., Marchal V. (2003), *Aux sources de la propriété industrielle, guide des archives de l'INPI*, Paris : INPI.

Escudier B., Combe J.-M., Payen J (1991), *Vapeurs sur le Rhône : histoire scientifique et technique de la navigation à vapeur de Lyon à la mer*, CNRS. – PU Lyon.

Fox R. (1995), *Science, industry and social order in post-revolutionary France*, Aldershot: Variorum.

Garçon A.-F. (1998), *Mines et métal : 1780–1880, les non-ferreux et l'industrie*, Rennes : PUR.

Gille B. (1980), *Histoire des techniques, prolégomènes à une histoire des techniques*, La Pléiade.

Gillispie C.-C. (1983), *The Montgolfier Brothers and the Invention of the Aviation…*, Princeton U.P.

Guillerme A. (1995), *Bâtir la ville : Révolution industrielle dans les matériaux de construction, France Grande-Bretagne 1760–1840*, Seyssel : Champ-Vallon.

Hilaire-Perez L. (2000), *L'invention technique au siècle des Lumières*, Paris : Albin Michel.

Hoke D.-R. (1990), *Ingenious Yankees: the Rise of the American System of Manufactures in the Private Sector*, New York: Columbia UP.

Kuhn T. (1983), *La structure des révolutions scientifiques*, trad. Paris : Flammarion.

Landes D. (2000), *L'Europe technicienne ou Le Prométhée libéré…*, Paris : Gallimard.

Lemoine B. (1986), *L'architecture du fer, France XIXe siècle*, Seyssel : Champ-Vallon.

Marestier J.-B. (1824), *Mémoire sur les bateaux à vapeur aux États-Unis d'Amérique*, Paris.

Mesqui J. (1986), *Le pont en France avant le temps des ingénieurs*, Paris : Picard.

Ott F. (1999), *La Société industrielle de Mulhouse (1826–1876)*, PU Strasbourg.

Payen J. (1985), *La machine à vapeur fixe en* France, Paris : CTHS.

Peters T. (1987), *Transitions in Engineering: Guillaume Henri Dufour and the early 19th Century cable suspension bridges*, Basel London.

Picon A. (1992), *L'invention de l'ingénieur moderne, l'École des Ponts et Chaussées, 1747–1851*, Paris : Presses E.N.P.C.

Rioux J.-P. (1971), *La révolution industrielle, 1780–1880*, Paris : Seuil.

Schumpeter J. (1961), *Capitalisme, socialisme et démocratie*, trad. Paris : Payot.

Seguin A. (1826), *Des ponts en fil de fer*, Paris, 1824, 2e éd.

Seguin A. (1887), *De l'influence des chemins de fer et de l'art de les tracer et de les construire*, Paris 1839, réédition 1887.

Seitz F. (1994), *Architecture et métal en France, XIXe–XXe siècles*, Paris : EHESS.

Simondon G. (1958), *Du mode d'existence des objets techniques*, Paris : Aubier.

Stapelton D.-H. (1987), *The Transfer of Early Industrial Technologies to America*, Philadelphia: American Philosophical Soc.

Taylor G.-R. (1969), *The transportation Revolution, 1815–1860*, New-York: Harper.

Weber M. (1964), *L'éthique protestante et l'esprit du capitalisme*, 1947, trad. Paris : Plon.

Woronoff D. (1994), *Histoire de l'industrie en France,* Paris : Seuil.

La pluralité des usages de l'innovation dans l'industrie gantière (1830–2022) : de la modernisation technique aux rétro-innovations

Audrey Colonel
Université Grenoble Alpes/LARHRA

1. Introduction

Indispensable au costume vestimentaire des hommes et des femmes dans les sociétés antérieures à la Seconde Guerre mondiale, le gant a suscité toute une activité économique dynamique sur des territoires spécialisés dans le travail des cuirs et peaux au cours des siècles passés. En effet, dès la fin du Moyen-Âge, il acquiert progressivement une fonction sociale tout en devenant un symbole de l'élégance féminine comme masculine, porté hiver comme été jusqu'aux années 1930 environ (Colonel, Dalmasso, 2022). En France, Paris, Grenoble, Millau, Saint-Junien, Niort ou encore Chaumont ont été les principaux centres de production de gants de peau, un bien vendu sur des marchés internationaux au moins depuis la fin du XVIIIe siècle. Si la dimension mode et consommation de ce bien a fait l'objet de quelques travaux (Cumming, 1982), l'histoire des activités liées au travail des cuirs et peaux, dans lesquelles s'inscrit la ganterie, est assez bien représentée dans l'historiographique et intéresse différents profils d'historiens. En histoire économique, les travaux de Florent Le Bot ont, entre autres, dressé le portrait de la filière cuir française des années 1930 aux années 1950 et montré comment s'opère un processus de concentration dans un secteur marqué par une dispersion en archipel, principalement composé de petites entreprises de moins d'une vingtaine d'ouvriers (Le Bot, 2008, 2007, 2005). Les études sectorielles comprennent également des travaux plus localisés comme ceux portant sur les tanneries-mégisseries d'Annonay (Gounon, 2017), principal lieu d'approvisionnement de la ganterie grenobloise (Colonel, en cours), ou encore de Château-Renault où il ne reste aujourd'hui qu'un musée du cuir (Perrin, 2015). Quant à l'histoire des techniques, Claire Chahine s'est intéressée à l'utilisation de l'alun dans la transformation des peaux en cuir (Chahine, 2005), tandis que la revue *Peaulogie* a publié récemment un numéro thématique sur le sujet. Au-delà du cas français, François Wassouni a exploré les techniques du travail du cuir en Afrique tout en accordant une place aux conséquences environnementales (Wassouni, 2012). Source de pollutions industrielles, ces activités ont également été abordées en histoire de l'environnement par Thomas Le Roux, au travers des nuisances générées par les tanneries (Le Roux, 2010), par Cédric Perrin, qui a montré comment les tanneries d'aujourd'hui réinvestissent des techniques anciennes qu'elles présentent comme plus « vertes » pour s'inscrire dans une démarche plus respectueuse de l'environnement (Perrin, 2014), ainsi que par Estelle Baret-Bourgoin, dont la ville de Grenoble a constitué le terrain d'étude (Baret-Bougoin, 2012). Récemment, ce dernier a également été celui de Julien Caranton, spécialiste de l'histoire des mutualités, qui a étudié les formes de régulation visant à maintenir la « paix sociale » (Caranton, 2017), dans une démarche micro-historique.

La présente étude réinvestit le terrain grenoblois pour aborder des questions liées à l'innovation. Définie au sens large permettant de mener l'étude dans le temps long, l'innovation est entendue ici comme un processus visant à introduire quelque chose de nouveau par la création et l'application de nouvelles connaissances. Dans la lignée de Juglar ou encore Kondratiev théorisant les rythmes de l'économie, Schumpeter place l'innovation industrielle au cœur de l'explication des cycles économiques. Bien que l'innovation ne se réduise pas aux activités de production, il en distingue cinq formes relevant de la sphère productive manufacturière, qui sont de l'ordre du produit, des procédés, du mode de production, des débouchés et de la matière première. L'innovation suscite un vif intérêt dans les années 1970 lorsque les travaux de cet économiste (Schumpeter, 1999, 1974) sont remis au goût du jour, intéressant de nombreuses disciplines comme l'économie, le management, la sociologie, l'ingénierie (Boutillier, Forest, Gallaud, Laperche, Tanguy, et al., 2014) ou encore l'histoire à la suite des premiers jalons posés par François Caron en 1987 (Caron, 1987). Dans un souci d'uniformisation des critères de définitions visant à faciliter la mesurabilité et la comparabilité du processus à l'échelle internationale, dès 1992, l'OCDE définit l'innovation comme « un produit ou un processus (ou une combinaison des deux) nouveau ou amélioré qui diffère sensiblement des produits ou processus précédents d'une unité et a été mis à la disposition d'utilisateurs potentiels (produit) ou mis en œuvre par l'unité (processus) » (OCDE, 2018). Elle en distingue quatre types : les innovations de produit, de procédé, de commercialisation et d'organisation (ou de processus d'affaires). Bien connues des économistes comme des historiens, ces définitions ont pour points communs de se distinguer de l'invention par la mise en œuvre, c'est-à-dire l'utilisation, de ce qui est considéré comme une innovation pour en porter le nom (OCDE, 2018), ainsi que l'idée selon laquelle il est possible d'innover à partir de l'existant (Boutillier, Uzunidis, 2013). Ce constat invite à saisir les liens entre l'héritage des innovations et leurs usages dans le temps présent en vue d'assurer l'avenir.

Issu d'une longue tradition territoriale, la ganterie permet d'appréhender le processus d'innovation et son devenir dans le temps long. Cette activité florissante au cours des siècles passés a connu son lot d'innovations dont certaines ont subsisté à son déclin opéré dans la seconde moitié du XXe siècle. Le cas de Grenoble, spécialisée dans cette production durant plusieurs siècles, est intéressant car une accumulation de savoirs et de savoir-faire s'est développée localement, puis a quasi-disparu selon un processus « d'effacement des ressources territoriales », une formule empruntée à Anne Dalmasso (Dalmasso, 2017). Ce territoire, qui était l'un des centres de ganterie les plus importants de France jusqu'aux années 1930, permet de mener l'étude à trois niveaux, les acteurs, les entreprises et le secteur territorialisé, grâce à une connaissance de cet ensemble systémique suffisamment avancée pour en cerner les contours et les interactions entre les différentes structures et individus composant le milieu (Colonel en cours). Ce type d'approche de l'innovation permet de mieux saisir « l'importance du transfert et de la diffusion des idées, des compétences, du savoir, de l'information et de toutes sortes de signaux » (OCDE, 2018). De plus, la ganterie grenobloise constitue un cas d'étude original de par l'évolution du tissu industriel marquée par la coexistence de petites structures artisanales et d'entreprises qui adoptent un mode de production concentré vers 1870 relevant d'un modèle semi-usinier, au sens où un processus de concentration est opéré mais demeure inachevé (Colonel, 2020), soit une dualité tradition/innovation sur près d'un siècle.

Cette étude interroge le rapport des acteurs à l'innovation dans le temps long, à différentes périodes, des années 1820 à nos jours, proposant une analyse de l'histoire de la ganterie française dans le contexte grenoblois, élargi au cas français dès lors que les gantiers grenoblois basculent d'un modèle socio-économique appuyé sur le territoire à une organisation de filière nationale dans le dernier tiers du XXe siècle. Elle vise à montrer comment les acteurs du passé, confrontés à des crises et évolutions fortes dans le secteur de la ganterie, ont su faire preuve d'inventivité et ont mobilisé des innovations pour penser leur propre avenir à des périodes données, ainsi que leurs évolutions, en rapport avec leurs traditions. Il s'agit d'analyser la place de l'innovation dans les mécanismes d'adaptabilité des acteurs face à leurs contraintes et leur capacité à adapter des inventions et innovations du passé pour sécuriser leur avenir, tout en montrant l'importance des combinaisons et recombinaisons des savoirs et des techniques en questionnant leur permutabilité et leur porosité.

Tout d'abord, il s'agit de montrer que la ganterie n'est pas restée en marge de l'innovation à l'heure de l'industrialisation, malgré un caractère artisanal prédominant au XIXe siècle, en identifiant quelques inventions clés (2). Ensuite, il convient de questionner la manière dont les acteurs font usage de l'innovation lorsqu'ils cherchent à relancer leur activité marquée par des crises ainsi que la place du passé dans ces stratégies destinées à leur assurer un avenir au moment où la ganterie décline (3). Enfin, il s'agit d'aborder le rapport au passé des acteurs de la ganterie au XXIe siècle dans la manière dont ils envisagent l'avenir au travers de ce qu'ils considèrent comme innovant (4).

2. Des inventions innovantes à l'heure de l'innovation (années 1830–années 1920)

Au cours du XIXe siècle, l'activité gantière connaît des changements d'ordre technique (et commercial et un élargissement des marchés exclus de la présente étude), contribuant à modifier le système productif. Vers 1820–1830, une mécanisation légère de certaines étapes de la fabrication des gants est pensée, tandis que, dans la seconde moitié du siècle, des inventions relevant d'autres secteurs permettent aux gantiers d'innover et que la recherche s'insère dans les entreprises.

2.1 Inventer dans l'industrie du gant, une mécanisation légère de la ganterie (vers 1820-1830)

Au début du XIXe siècle, le fabricant de gants est un donneur d'ordre inséré dans un réseau (Fontaine, 1984) impliquant différents acteurs avec lesquels il entretient des liens hiérarchiques, financiers et commerciaux. Il achète la matière première et la fait apprêter par le mégissier, teindre par le coloriste et travailler par des ouvriers et ouvrières avant de commercialiser le produit fini. Ainsi, dans la chaîne de fabrication des gants, plusieurs spécialistes se succèdent pour transformer la peau en gants. Jusque dans la seconde moitié du XIXe siècle, le travail s'exerce à la main, à l'aide d'outil, selon les procédés décrits dans l'*Encyclopédie* de Diderot et D'Alembert. Un bref coup d'œil dans les brevets d'invention relatifs à la ganterie déposés au XIXe siècle montre que, dès les années 1820, des gantiers cherchent à mécaniser et à améliorer les procédés de fabrication à plusieurs étapes. En France, des brevets sont déposés pour différents outils ou méthodes de fabrication ou encore pour des fermoirs à gants dès les années 1820.

Les premières inventions qui donneront plus tard une impulsion nouvelle à la branche sont pensées et conçues dans les années 1820–1830. Des pointures de gants sont établies afin de fabriquer un produit adapté aux différents types de mains à ganter, une nouvelle méthode pour couper le gant dans la peau est pensée et des accessoires nouveaux sont élaborés. Par exemple, la main-de-fer permet de découper plusieurs épaisseurs de peau à la fois. Elle a été créée par son inventeur pour répondre à un problème rencontré dans la fabrication. Elle vise à pallier le manque de régularité dans la coupe du gant, alors conçus dans l'à-peu-près, et à faciliter le choix du consommateur par la fixation des tailles dans les produits de ganterie. Ces inventions sont l'œuvre d'un gantier grenoblois héroïsé[1] à titre posthume, dénommé Xavier Jouvin (1801–1844), qui s'est en partie inspiré d'un procédé élaboré par un fabricant dénommé Jean-François Vallet D'Artois (1777–1846), un grenoblois installé à Paris pour le commerce entre la fin du XVIIIe et le début du XIXe siècle. Attribué à la seule figure de Xavier Jouvin (Colonel 2021), ce procédé, ainsi que les tailles de gants qui l'accompagne, constituent un exemple d'invention qui ont permis à son inventeur de préparer l'avenir de son entreprise, tout

---

[1] Voir les travaux autour du mythe de l'inventeur : (JAR 2009), (MAC 2003), (DAL 2001).

en assurant celui du secteur, sans toutefois effacer l'héritage technique manuel. En effet, après un processus de promotion de l'invention assuré par l'inventeur, notamment au travers des Expositions nationale de l'industrie française dès 1839, l'entreprise acquiert une renommée internationale. L'invention permet d'assurer son avenir au sens où elle répond à un besoin qui est celui de produire plus rapidement, dans un contexte où les entreprises doivent être aptes à fabriquer vite lorsque les tendances de la saison et les attentes de la clientèle, en matière de mode, sont connues. L'invention assure également à l'entreprise Jouvin un avantage concurrentiel durant quelques années, avant que celle-ci soit imitée par d'autres et qu'elle se généralise à l'ensemble du secteur français, puis européen, transformant en partie le système productif dès lors que le brevet tombe dans le domaine public en 1849.

2.2 Des inventions relevant d'autres secteurs bénéfiques à la ganterie

Les inventions et innovations liées à l'activité gantière sont également le fait de ses fournisseurs, à l'image du bouton pression adapté à la ganterie dans le dernier tiers du XIXe siècle pour fermer les gants par le Grenoblois Albert Pierre Raymond (1840–1913), mécanicien de métier. Son cas illustre à la fois la porosité de l'innovation et les capacités des acteurs à l'adapter dans différents contextes. Il montre qu'une innovation peut naître aux frontières de différents domaines et intéresser différents secteurs. À Grenoble, la fabrication d'accessoires pour gants et de pièces métalliques demeure longtemps aux mains de l'entreprise ARaymond, créée en 1865 à Grenoble par Albert Pierre Raymond (Raymond, Olu, 2005), en association avec deux individus, sous la forme d'une manufacture de boutons et agrafes pour gants. À compter de 1890 environ, il continue ses affaires seul. En 1894, l'entreprise emploie environ 300 personnes, « met en œuvre plus de 700.000 kg de cuivre par an, fabrique environ 80.000 boutons ou agrafes et fait un chiffre d'affaires de 1.700.000 francs » selon le dossier d'Albert Pierre Raymond pour le grade de chevalier dans la légion d'honneur[2]. Selon le même type de sources, vers 1910, elle « occupe plus de 500 personnes et répand ses

---

[2] Archives nationales (AN), site de Pierrefitte-sur-Seine, LH//2274/69, résumé des services de Pierre Albert Raymond.

produits dans le monde entier »[3]. La croissance que connaît l'entreprise jusqu'à la veille de la Première Guerre mondiale est liée à la ganterie dont elle est le principal fournisseur à la fin du XIXe siècle comme le montre l'objet social de la société formée en 1899 qui consiste en « la fabrication, la vente de boutons, d'agrafes, de fermoirs et d'outillages pour la ganterie et la gravure sur métaux »[4].

L'entreprise doit son succès auprès de l'industrie gantière aux brevets déposés pour des procédés et des pièces métalliques permettant de fermer les gants, qui lui assure un avenir certain. L'invention est née d'un besoin ressenti par les gantiers et formulé à Albert Pierre Raymond en vue de solutionner ce problème lié à la fermeture des gants alors considérée comme peu pratique (Raymond, Olu, 2005). Elle s'inscrit dans la continuité d'une série d'inventions de fermeture de gants, dont les critères résident à la fois dans sa praticité et dans l'esthétique nécessaire aux attentes des marchés du luxe et du demi-luxe. La société Raymond et Guttin dépose plusieurs brevets dont l'un pour un « bouton à hélice rivé et d'une seule pièce, pour ganterie » en 1874 (Raymond, Olu, 2005), puis pour un « anneau d'arrêt pour la fermeture des gants » en 1881[5] ou encore pour un « nouveau bouton-fermoir à ressort pour gants, chaussure, porte-monnaie » en 1886[6]. Ce dernier correspond à une adaptation du bouton-pression aux industries du cuir, dont la ganterie pour faciliter la fermeture des gants, considéré par les acteurs du milieu comme une véritable innovation. Dès lors, de nombreux modèles de gants fermés à l'aide de ce procédé inondent le marché, constituant une innovation de produits. De plus, l'entreprise ARaymond personnalise les boutons en les marquant du nom du client. Le succès de ce dispositif réside à la fois dans sa réponse à un besoin réel que cherchent à solutionner les gantiers depuis de nombreuses années, dans son aspect pratique pour le client et dans la mode générée par cette nouveauté, assurant à la fois le devenir de l'entreprise inventrice et une forme de renouvellement de produit dans la ganterie. Le procédé s'impose durablement, devenu un indispensable comme le montrent les rubriques de mode de la presse des années 1910 : « À la ville, le gant court glacé, avec bouton pression, s'impose » (Comœdia illustré : journal artistique bi-mensuel, 1913). Dans

[3] *Ibem.*

[4] AD 38, 11U429, acte de société A. Raymond, déposé le 9 janvier 1899.

[5] *Bulletin des lois*, 1er semestre 1882, p. 777

[6] *Ibid.*, 1er semestre 1887, p. 693.

le dernier tiers du XIXe siècle, ARaymond fournit également les ganteries en outils et en machines, à l'image de celles nécessaires à l'utilisation du système Jouvin, c'est-à-dire la presse à balancier et les mains de fer.

La bonne marche de cette entreprise permet à son fondateur de s'inscrire dans la bourgeoisie dauphinoise après avoir accumulé une « grosse fortune » à la fin du XIXe siècle, estimée par le directeur de la Banque de France à Grenoble à « douze million de fortune » en 1912[7]. Albert Pierre Raymond meurt l'année suivante, laissant son entreprise à son fils dont la descendance est aujourd'hui encore à sa direction (Raymond, Olu, 2005). Dans les années 1930, l'entreprise possède un dépôt dans les centres de ganterie de Millau et de Saint-Junien, ainsi qu'à Bruxelles, Chemnitz, Milan et Naples pour la vente des boutons et articles métalliques qui demeurent sa principale fabrication[8].

Ainsi, la création d'un bouton pression adapté à l'industrie du cuir constitue une innovation adaptable à la fois à la ganterie, à la chaussure et à la maroquinerie, assurant à l'entreprise plusieurs marchés porteurs et un avenir confortable à sa descendance. À l'inverse, pour les gantiers, elle constitue une innovation de produit.

2.3 Le temps de l'innovation par la recherche en entreprise (années 1880 environ–années 1920)

Les temps forts de l'innovation dans l'activité gantière se situent entre les années 1870 et 1920. Les innovations découlent d'une part des inventions faites par des inventeurs isolés au cours de la période antérieures améliorées au fil du temps selon un processus d'invention collective bien connu des historiens (Hilaire-Pérez, Perrin, Verna, Galvez-Behar, Le Roux et Alain-Marc Rieu, 2017) et, d'autre part, de la recherche menée au sein de certaines entreprises de ganterie. L'augmentation de la demande et de la production dans la seconde moitié du XIXe siècle entraînent une évolution des structures productives. À compter des années 1870, certaines entreprises entament un nouveau cycle de leur développement en intégrant la préparation des peaux pour gants à leur activité de

7 Archives de la Banque de France (désormais ABdF), Rapport d'inspection de la succursale de Grenoble (désormais RI Grenoble), 1912.

8 AN, site de Pierrefitte-sur-Seine, 19800035/1303/50483, dossier de Achille François Raymond.

ganterie. Elles se dotent de véritables « fabriques de peausserie », prenant ainsi le contrôle de l'ensemble de la chaîne de fabrication (Le Bot, 2007). Elles basculent vers un modèle semi-usinier, à mi-chemin entre la fabrique et l'usine (COT, 1903) puisque le processus de concentration reste inachevé, conservant une partie de la main-d'œuvre à domicile. Par exemple, à Grenoble, l'entreprise familiale Rouillon – fondée en 1746 sur le modèle de l'atelier urbain transmis sur plusieurs générations – se dote d'une mégisserie en 1872 et d'une teinturerie en 1877, implantées dans le nouveau quartier industriel de la ville où les ateliers de ganterie sont transférés en 1883 (Colonel, Dalmasso, 2022). Il convient toutefois de souligner que la pratique de l'intégration verticale n'est pas spécifique au cas grenoblois. Les recherches conduites par Florent Le Bot sur la filière cuir ont mis au jour un processus de concentration similaire à Chaumont (Le Bot, 2007).

Au sein de ces entreprises, de nouvelles techniques de production sont développées dès le dernier tiers du XIXe siècle. Durant cette période, la recherche en entreprise s'impose dans certaines maisons qui emploient des chimistes pour rechercher de nouveaux procédés de transformation des peaux pour gants ou conçoivent elles-mêmes leurs machines. Certaines entreprises développent des techniques de préparation neuves pour les rendre le cuir lavable à l'eau et au savon afin de mettre sur le marché des gants lavables, une innovation permise par les progrès de la mégisserie et de la teinturerie. Développé dans dès les années 1870 environ, ce produit est issu de recherches menées dans des entreprises qui le commercialisent. Il nécessite un traitement des peaux particulier à l'étape de la mégisserie et des techniques nouvelles pour limiter la perte de couleur au contact de l'eau. Dans la teinturerie, l'emploi de colorants devient la règle, délaissant la teinture végétale.

Si l'évolution de ces entreprises conduit à la mise sur le marché de nouveaux produits, elle nécessite également l'emploi de travailleurs et de travailleuses qualifiés. Ainsi, chimistes et ingénieurs[9] comptent désormais parmi les effectifs employés dans les grandes maisons gantières. Au début des années 1920, selon un journal local, « toute ganterie réputée » possède un « laboratoire de chimie » dédié à l'amélioration des procédés de teinture et de mégisserie[10]. À Grenoble, la première structure de ce type repérée

---

[9] Sur cette question, voir : (Le B, MIC 2020).

[10] Journal *Le Petit Dauphinois, le grand quotidien des Alpes Française,* 5 décembre 1922.

dans les archives correspond au laboratoire de recherches installé dans la ganterie Perrin lorsqu'elle se dote d'une teinturerie en 1887. Sur ce point, l'entreprise Reynier se distingue des autres par l'emploi d'une chimiste placée à la direction du modeste laboratoire de la peausserie ouverte en 1913, à une période où ses consœurs confient cette fonction à des hommes. Cette femme, nommée Pauline Léonie Szmukler (née Marcellot), met ses compétences au service des Reynier de la fin des années 1910 au début des années 1930, la documentation lacunaire sur ce point ne permettant pas de dater précisément. En revanche, elle permet d'affirmer que son mari, Constantin Szmukler, intègre l'entreprise après elle, en qualité d'ingénieur. Il est chargé de perfectionner les machines, ainsi que d'en concevoir de nouvelles, entouré d'une équipe de techniciens. Dans les années 1920, pour la construction de ces machines, les Établissements Reynier possèdent un bureau d'étude et un atelier de construction mécanique dans lequel ils emploient des ingénieurs et techniciens, comme l'indique le registre du commerce[11]. L'objectif de ces structures consiste en la recherche d'inventions et d'innovations permettant de perfectionner les procédés de production pour réaliser des économies d'échelle, d'améliorer la qualité de la production dans la préparation des peaux et d'assurer un avantage compétitif aux entreprises.

3. Innover en temps de crise : le rôle de l'innovation dans la relance de l'activité (de 1913 à la fin du XXe siècle)

Au début des années 1910, les gantiers ressentent un déclin de leur activité régulièrement marquée par des crises auxquelles ils ont l'habitude de répondre par des stratégies de relance de la demande qui prennent des formes diverses selon les époques et le contexte. Plusieurs formes de réponse sont apportées pour assurer leur avenir, notamment des diversifications et innovations de produits, changement de modèle organisationnel et transfert de compétences, techniques et procédés vers d'autres secteurs, des stratégies dans lesquelles le passé sert de point d'appui aux patrons pour penser leur futur.

---

11 Archives départementales de l'Isère (désormais AD 38), 7850W1.

3.1 Le rapport des patrons à l'innovation dans un contexte de perte de vitesse du gant (1913-1940)

Dès les années 1910, les patrons gantiers ressentent un déclin de leur activité qui les poussent à agir pour assurer un avenir au secteur. Collectivement, ils font la promotion du port du gant chez la gent féminine dans la presse qu'ils paient pour valoriser le produit. Individuellement, quelques familles gantières diversifient leur activité pour conquérir de nouveaux marchés et renouvelles leurs produits.

a/ Des formes d'anticipation face à un avenir incertain

Forme d'anticipation face à un avenir du gant de peaux ressenti par les patrons comme incertain, la première diversification importante relevée dans les archives est opérée en 1913 par l'entreprise Perrin. Ses dirigeants créent une filiale positionnée sur le marché de la ganterie de tissu, alors dominé par l'Allemagne, et sur celui de l'habillement, sous la dénomination Société anonyme grenobloise des gants d'étoffes, connue sous le nom de Valisère[12]. Elle innove par rapport à ses concurrents tout en assurant l'avenir du groupe Perrin. Si Valisère constitue une innovation de marché par rapport à ses concurrents locaux, elle est également une stratégie d'anticipation face à un avenir incertain pour se rediriger vers un autre secteur en cas de changement de conjoncture. Ensuite, durant la Première Guerre mondiale, certains fabricants de gants diversifient leur activité pour survivre, une stratégie qui apparaît dans la documentation disponible comme dépourvue d'innovations.

b/ Assurer son avenir par la conquête de nouveaux marchés et l'innovation de produits

Durant l'entre-guerre, d'autres entreprises cherchent à conquérir de nouveaux marchés grâce à des stratégies d'innovation de produits appuyées par un discours collectif produit par la Chambre syndicale patronale visant à promouvoir l'innovation et la modernité du secteur, notamment au travers de la revue *Ganterie*, un journal technique créée en 1919 dans un contexte de redynamisation de l'économie française. Dès lors, pour s'assurer un avenir, les gantiers tentent de rénover le gant en créant de nouveaux modèles, dont le gant fantaisie est un exemple intéressant d'innovation appartenant à la catégorie des améliorations créatives. Il est

[12] AD 38, 7850W5, n° 2684, 15 décembre 1920.

entouré d'une promotion assurée à la fois par les entreprises productrices et par le collectif. Richement décorés, ces gants sont considérés par les gantiers grenoblois comme une innovation créative dont ils revendiquent la paternité. Il s'agit en réalité d'une forme de réactualisation du gant, appuyée sur la créativité des modélistes, pensée pour assurer le devenir de la ganterie dans un contexte de relance de l'activité.

Sans forcément bénéficier d'un appui collectif fort, d'autres entreprises renommées optent pour la diversification de produits. Dans les années 1920, les Fischl développent une fabrication de ceintures et de sacs à main assortis aux gants qu'ils fabriquent, tandis que Perrin, Valisère ou encore Buscarlet lancent des modèles de gants sportifs en cette période où le costume de sport est un marché porteur. Ces stratégies individuelles se prolongent dans les années 1930. Le cas d'Émile Perrin, qui a fondé sa fabrique en 1909, est intéressant car il tente de transposer les techniques de fabrication des gants à celle des chapeaux pour concevoir des modèles féminins dits « en peau de gants », dénommés « Bonnet Toutemps », un procédé pour lequel il dépose un brevet le 16 février 1932 selon le registre du commerce[13]. À l'inverse, certains patrons n'ont pas su ou pas voulu penser l'avenir par des diversifications de marchés, restés très attachés à la tradition. En effet, lorsqu'ils ressentent le recul du gant de cuir de ville, beaucoup refusent de se réorienter vers les marchés du gant de conduite ou de travail.

3.2 Du modèle semi-usinier à l'artisanat (1945–années 2000) : innover pour revenir en arrière ?

a/ L'adaptation des savoir-faire des gantiers à d'autres secteurs pour survivre

Au temps des diversifications succède une période de reconversion, dans un contexte de déclin économique des industries du cuir qui frappe le secteur, en France, à partir les années 1930 (Le Bot, 2007) (Perrin, 2014). Dès lors, les difficultés s'accumulent, renforcées par la période de guerre. Au retour à la paix, en 1945, face à une situation qui ne s'améliore pas, la taille des entreprises se réduit progressivement. Les archives de la Banque de France montrent qu'elles sont confrontées au manque de matière première pour fabriquer les produits commandés, à la « mévente » d'autres

[13] AD 38, 7850W2, registre de commerce, n° 486, 4 décembre 1920.

types de gants en réserves qui ne correspondent pas à la demande et que leurs stocks s'écoulent difficilement. L'activité connaît un ralentissement[14] qui trouve ses origines en une combinaison de facteurs qui poussent la plupart des patrons à retirer leurs capitaux. Les transformations de la société post-seconde guerre mondiale modifient le rapport au gant qui perd sa fonction sociale et sa symbolique d'antan. Le gant redevient un objet utilitaire destiné à protéger la main du froid, mais amputé de sa fonction protectrice du soleil dès lors que le bronzage devient à la mode dans les années 1930 (Ory, 2008). À cela s'ajoute des facteurs relatifs à la production, notamment les difficultés liées à l'approvisionnement en peaux et le recul de la compétitivité des entreprises françaises dans un contexte d'intensification de l'internationalisation de la production. Dès lors, la ganterie devient une activité dans laquelle la prise de risque est jugée trop importante par rapport aux bénéfices incertains. Dans ce contexte, plusieurs choix s'offrent aux patrons parmi lesquels persister, se reconvertir ou cesser d'investir dans cette activité.

Certains patrons gantiers tentent d'adapter leur savoir-faire à d'autres secteurs pour entreprendre une reconversion dans l'industrie. Sur ce point, le cas du groupe Perrin est intéressant au sens où les dirigeants mise tout sur la filiale Valisère, réorientée vers la lingerie féminine en pleine activité dans les années 1950–1960. Ils utilisent ainsi l'option d'anticipation pensée par la génération précédente, en 1913, pour assurer leur avenir en sortant de la ganterie. L'utilisation de cette structure comme moyen de rebondir leur permet de subsister un cycle de plus dans l'industrie, jusqu'en 1987, date à laquelle la société est vendue (Robert, Pillet, 2010). À noter que la marque Valisère existe encore en 2022, appartenant désormais à Triumph international.

D'autres reconversions ne sont qu'éphémères, ne permettant d'assurer un avenir aux entreprises qu'à court terme. Par exemple, dans les années 1950, les Reynier utilisent la mégisserie qu'ils ont ouverte en 1913 pour tenter de bifurquer pleinement vers la peausserie. À partir de cette structure dédiée jusqu'alors à la préparation des cuirs pour gants, ils pratiquent temporairement des activités de commerce de peaux et de la laine qui en est extraite. Ils fabriquent également des pièces de cuir velours pour l'industrie du vêtement et se spécialisent dans la fourniture de membranes pour compteurs à gaz, une activité jugée « pleine d'avenir et

---

[14] ABdF, RI Grenoble, années 1951–1952.

particulièrement rentable »[15] par la Banque de France et qui constitue un cas de transposition des techniques puisque d'anciens coupeurs gantiers sont recrutés pour assurer cette fabrication. Toutefois, les modifications intervenues dans les techniques de fabrique de ces appareils, qui tendent à remplacer le cuir par d'autres matériaux, amputent l'entreprise de cette activité, tandis que les cycles de la mode rendent celle liée au commerce de pièces de cuir pour vêtement trop instable pour assurer un avenir à l'entreprise. À la fin de la décennie 1950, l'entreprise bascule vers la location de ses locaux et de son matériel, puis vend la mégisserie à un mégissier grenoblois qui fait faillite dans les décennies suivantes. Loin de faire figure d'exception, ce cas est semblable à celui d'autres entreprises. En effet, dans ce contexte, dans les années 1960, les conseils d'administration des grandes maisons décident d'arrêter la ganterie, retirent leurs capitaux et se tournent vers l'immobilier, sonnant ainsi le glas du modèle organisationnel semi-usinier.

b/ La place de l'innovation dans le changement de modèle organisationnel

La seconde moitié du XXe siècle voit disparaître la quasi-totalité de l'activité gantière à Grenoble. Durant cette période, l'innovation de procédé est peu visible dans les sources, mais ne semble pas absente. En effet, quelques-unes ont été repérées dans un contexte de survie de l'activité en pleine guerre lorsque l'approvisionnement en matière première, strictement réglementé, met en difficulté les entreprises qui peinent à répondre aux commandes. À Grenoble, en 1942, les ganteries voient leur approvisionnement en cuir réduits à 15 % des quantités utilisés en 1938[16]. Quelques entreprises mettent à l'étude, au sein de leurs laboratoires, l'utilisation des peaux de lapin et recherchent des traitements particuliers, à l'étape de la mégisserie et de la teinture, pour en faire un cuir propre à faire les gants. Toutefois, selon les archives de la Banque de France, les résultats sont insatisfaisants[17] et les études se prolongent dans les années 1940. Cependant, les difficultés que connaît la ganterie tendent à réduire la recherche d'innovation de procédés et de techniques qui ont caractérisé la période antérieure. Les laboratoires ferment. Les innovations entreprises dans ces petites structures ne relèvent plus de la ganterie lorsque le modèle territorial s'effondre. Ces

---

[15] ABdF, RI Grenoble, 1842–1970.

[16] ABdF, RI Grenoble, mars 1943.

[17] *Idem.*

innovations pensées pour la mégisserie et la teinturerie par des chimistes sont certainement des acquis pour ces industries mais la question de leur transmission n'est pas documentable. On sait que les procédés élaborés par Mme Szmukler dans son laboratoire de recherche n'ont pas tous été brevetés. Elle tenait un carnet de notes dans lequel elle consignait toutes ces recherches, ses formules chimiques et autres éléments propres à son métier. Ce carnet est aujourd'hui aux mains de la famille et n'est pas resté dans l'entreprise lorsqu'elle est partie. Ces éléments ainsi que la culture du secret en entreprise pour se protéger de la concurrence posent la question de la transmission de ces innovations dans les années qui ont suivi les fermetures d'entreprises. De plus, lorsque ganterie et mégisserie (en particulier) se séparent, et lorsque la ganterie n'est plus le principal client des mégissiers, des formes d'uniformisation des techniques sont opérées. Si les peaux continuent d'être travaillées selon leur catégorie, les spécificités techniques très poussées propres à la ganterie s'effacent avec l'activité. De plus, le processus de déconcentration de l'activité génère une sortie de la ganterie des innovateurs, qui mettent ensuite leurs compétences au service d'entreprises de peausserie ou d'autres activités parfois plus éloignées, parfois très proches comme la tannerie qui, à l'inverse la mégisserie, travaille les gros cuirs.

Durant la seconde moitié du XXe siècle, l'effondrement du modèle semi-usinier laisse place à l'artisanat, tandis qu'une organisation de filière à l'échelle nationale succède à l'organisation territoriale. Après 1970, si les grandes entreprises ont arrêté la ganterie, de petits artisans maintiennent une activité quelque temps encore. L'organisation artisanale semble plus adaptée après la seconde guerre mondiale lorsque la mode change, que le gant perd sa fonction sociale et que la consommation se concentre sur la période hivernale. Le déclin économique des industries du cuir « s'accompagne d'une montée en gamme » comme l'a montré l'historien Cédric Perrin (Perrin 2014), poussant les artisans à se repositionner sur les marchés du luxe et de la qualité pour faire face à la diminution de la demande et aux modifications de la consommation. Ceux qui décident de maintenir une activité continuent de tenter de proposer des produits innovants en explorant, par exemple, la dimension artistique du gant, en travaillant notamment pour l'industrie du cinéma. Malgré le déclin, certaines inventions du XIXe siècle continuent d'être utilisées, à l'image des deux exemples précédemment développés : le bouton-pression et le système Jouvin. Comme dans bon nombre de secteur liés à la fabrication d'articles d'habillement et d'accessoires, le bouton-pression est désormais un acquis dont l'usage est devenu banal aujourd'hui, tandis que l'invention de Xavier Jouvin est encore utilisée dans les ateliers en 2022. Bien que l'artisanat ait souvent été réduit à « un ordre économique sans machine » (Perrin, 2017) selon la formule de Cédric Perrin, ce travail de transformation du cuir en gant essentiellement manuel conserve l'usage de la main de fer élaborée dans les années 1830 et de la machine à coudre généralisée dans la ganterie dans le dernier tiers du XIXe siècle. Ainsi, l'organisation et le savoir-faire du gantier repose sur des gestes manuels issus d'une longue tradition française, qui ont prédominé sur le modèle industriel et la spécialisation des tâches.

3.3 La porosité de l'innovation d'un secteur à l'autre : utiliser le passé pour assurer l'avenir

Certaines innovations offrent la possibilité à des entreprises de basculer vers d'autres domaines lorsque la ganterie décline pour subsister. Quelques entreprises opèrent un transfert de techniques et/ou de compétences, à l'image d'ARaymond, qui transpose les procédés d'élaboration du bouton-pression à d'autres secteurs dans les années 1930, et de Minitubes fondée par un acteur de l'innovation en milieu gantier.

Créée en 1865 pour la fabrication d'accessoires pour la ganterie principalement, l'entreprise ARaymond est aujourd'hui encore en activité, aux mains de la descendance du fondateur. En 1958, tandis que la ganterie est en phase terminale, elle fonctionne bien selon le directeur de la Banque de France à Grenoble : « Vieille affaire gérée avec beaucoup de prudence et de réussite. Le bilan est un des plus beaux de la place »[18]. D'un capital de dix millions de francs, elle produit des « boutons, œillets et crochets de chaussures, fermetures "éclair" ». Dans les années 1930, à mesure que la ganterie décline, l'entreprise cherche à se diversifier en transposant les techniques utilisées pour fabriquer des boutons-pressions à d'autres secteurs. Dès 1935, elle bascule vers le secteur de l'automobile pour lequel elle fabrique des pièces de fixation, puis des « petits articles de carrosserie automobile »[19]. Ainsi, une innovation pensée pour la ganterie à la fin du XIXe siècle a permis à l'entreprise de perdurer pendant plus d'un siècle et demi grâce à un procédé de fabrication lié à l'emboutissage

---

[18] ABdF, RI Grenoble, 1958.

[19] *Idem.*

des métaux aux origines de sa reconversion dans la production de pièces pour le secteur automobile.

Un autre exemple d'entreprise née de la ganterie est celui de Minitubes. Cette dernière est créée au début des années 1930 par l'ingénieur Constantin Szmukler lorsqu'il cesse de travailler pour les Établissements Reynier pour une raison que la documentation disponible ne permet pas d'identifier. L'histoire de Minitubes telle qu'écrite par la descendance du fondateur fait mention d'une difficulté dans la fabrication d'un tube de précision à laquelle il se heurte dès 1917 et qu'il aurait solutionné ensuite (Poncin, 2012). Vers 1932, il crée son entreprise dont l'objet est bâti autour de ce procédé avec les compétences et les capitaux cumulés grâce à ses années passées au service des Reynier comme ingénieur. L'entreprise s'occupe des « doigtiers, œillets et cathodes tubulaires pour la radiotechnique » (Poncin, 2012). Comme bon nombre d'entreprises, elle connaît des difficultés durant le la Seconde Guerre mondiale avant de renaître dans les années 1950. En 1958, spécialisée dans le domaine de la « mécanique électrique », elle dispose d'un capital de douze millions de francs pour assurer « la fabrication de tubes de petite dimension pour l'industrie radioélectrique »[20] selon les rapports d'inspection de la succursale grenobloise de la Banque de France. Les Établissements Minitubes forment avec Renodex – société anonyme au capital de 15 millions de francs qui fabrique du matériel électrique nécessaire à Minitubes – un groupe dont le principal intéressé est Constantin Szmukler qui détient, avec sa fille dont le mari a rejoint l'entreprise en 1952, la quasi-totalité du capital[21]. Selon les informations en possession de la Banque de France, le groupe travaillent surtout pour la Société Philips et pour l'Armée[22]. En 2022, l'entreprise appartient à la troisième génération, portant le nom de Poncin à la suite du mariage de la fille unique du fondateur avec Jean Poncin.

Ainsi, les traces de la ganterie et de ses innovations passées sont encore perceptibles dans le tissu industriel grenoblois. S'il reste un seul artisan-gantier en activité à Grenoble en 2022, des entreprises dynamiques nées de la ganterie demeurent à l'image de ARaymond ou encore de Minitubes. Ces deux cas sont intéressants au sens où les actuels patrons

---

[20] *Idem.*

[21] *Idem.*

[22] *Idem.*

ont gardé en mémoire leurs liens avec la ganterie qu'ils placent aux origines de leur histoire. Toutefois, si l'histoire montre qu'il y a eu un transfert d'innovation de la ganterie vers d'autres secteurs, aujourd'hui les liens de ces entreprises avec la ganterie sont purement historiques.

4. Innover dans la ganterie française au XXIe siècle : restaurer le passé pour penser l'avenir

Le savoir-faire traditionnel, les inventions améliorées au fil du temps et les savoirs relatifs à cette industrie constituent un patrimoine intellectuel réinvesti par les artisans. En effet, si aujourd'hui le gant de ville est devenu un produit invisible de la mode hivernale, les gantiers cherchent à le réactualiser en innovant pour assurer un avenir au secteur, des innovations dans lesquelles des traces du passé sont repérables. Ainsi, le passé est présent dans les collections de produits pensées pour les saisons futures et devient quelques-fois une source d'inspiration pour l'avenir. Toutefois, cela nécessite une certaine connaissance du passé qui tend pourtant, sur certains territoires, à s'effacer. L'oubli du passé comme l'avenir incertain de l'activité préoccupent actuellement les acteurs de la ganterie. Dans ce contexte, il s'agit maintenant de montrer quelle place ils font au passé dans leur manière de se tourner vers l'avenir et comment est-ce qu'ils envisagent le futur. En 2021, la ganterie française compte 15 entreprises qui emploient 350 salariés pour un chiffre d'affaires total de 50 millions d'euros, selon les chiffres fournis par la Fédération française de la ganterie. Grenoble ne compte plus qu'un artisan actif en ganterie de peaux et une entreprise fabricante de gants en tissu imprimé. La marginalisation de la ganterie grenobloise dans le paysage économique régional opérée dans le second après-guerre – suivie de son raccrochement à la filière cuir nationale au moment où le modèle socio-économique territorial s'effondre – invite à élargir le champ d'étude à la France car le territoire grenoblois n'est désormais plus représentatif de la ganterie française. Aujourd'hui, les liens inventifs entre le passé et le futur dans la manière dont les acteurs et entreprises envisagent leur avenir se trouvent notamment dans l'innovation de produits qui emprunte au passé pour concevoir les gants de demain, dans la formation aux techniques traditionnelles perçue comme nécessaire au devenir du secteur et par une renaissance du passé au travers du processus de patrimonialisation qui constitue l'une des manières d'appréhender l'avenir.

4.1 Puiser dans le passer pour proposer des produits innovants : réinventer, renouveler, réactualiser le gant

Aujourd'hui, dans la ganterie française, l'innovation intervient moins dans le processus de fabrication que sur le produit lui-même. Les gantiers tentent de séduire le consommateur en concevant des produits au goût du jour, présenté comme novateurs, largement inspirés des siècles antérieurs. Ils entreprennent parfois des partenariats avec d'autres acteurs pour innover. En effet, la conception de produits de ganterie neufs au XXIe siècle peut nécessiter l'intervention d'autres corps de métier. Dans la conception de collections de gants pensées pour réactualiser cet objet, le passé tient une place parfois explicite, à l'image du retour gant parfumé, ou implicite, comme pour le gant artistique. À l'inverse, des entrepreneurs, comme les fondateurs de l'entreprise FSTHandwear, cherchent à réinventer le gant en lui attribuant de nouvelles fonctions légèrement effleurées par le passé, bien qu'ils l'ignorent.

a/ Puiser dans le passé pour créer les produits de demain sur les marchés du luxe

Dans les années 2000, certains gantiers remettent au goût du jour le gant parfumé, en le présentant comme une innovation tout en s'appuyant sur la symbolique d'une époque qui représente le luxe et l'élégance. Produit phare de la période moderne, le gant parfumé se raréfie après la Révolution avec l'avancée des techniques dans la préparation des peaux limitant les mauvaises odeurs du cuir qui ne nécessite plus d'être systématiquement parfumé. Parmi ces maisons qui réactualisent ces gants, Agnelle de Saint-Junien entreprend un partenariat avec Guerlain pour concevoir ce produit, rappelant ainsi l'histoire commune de la ganterie et de la parfumerie en la figure du gantier-parfumeur. Les gants sont fabriqués au sein de l'entreprise Agnelle, tandis qu'ils sont imprégnés d'un parfum mis au point par Thierry Wasser, parfumeur de la maison Guerlain. Le passé est utilisé pour légitimer le retour de ce produit, perçu comme innovant lorsqu'il est mis sur le marché, notamment par l'idée que les gants parfumés auraient été introduits en France par Catherine de Médicis (1519–1589), selon le discours qui entoure cet objet, relayé dans la littérature au moins depuis le XIXe siècle. L'histoire commune des gantiers et des parfumeurs au sein de la corporation des gantiers parfumeurs de Paris est également convoqué, tout comme le fait qu'à sa création, en 1872, la maison Guerlain fabriquait ce produit mettant en avant une volonté de « renouer avec ses origines ». Pour Agnelle, cette association avec une maison de luxe est un moyen de bénéficier de la visibilité et de la notoriété de Guerlain.

b/ Des produits à vocation culturelle pensés comme innovant au goût de déjà vu

De son côté, Jean Strazzeri, dernier artisan gantier actif à Grenoble, a tenté d'innover en utilisant la dimension artistique du gant, une fonction explorée par les gantiers grenoblois dès le XIXe siècle dans le cadre des Expositions universelles. Il s'est rapproché du milieu culturel en s'associant au Musée de Grenoble, à un imprimeur et à une désigneuse pour concevoir un produit qu'il nomme le « gant Picasso » qui voit le jour dans le cadre de l'exposition *Picasso Au cœur des ténèbres (1939–1945)*, organisée du 5 octobre 2019 au 5 janvier 2020. Cette création rappelle la passion des couturiers pour la peinture de leur temps dans l'entre-deux guerres (Bergeron, 1998), et plus largement les liens entre l'art et la mode (Delille, 2016). Toutefois, la dimension territoriale de l'évènement offre peu de visibilité à ce gant artistique conçu en série limitée, pensé comme une innovation vendue au prix de 420 euros.

c/ Penser l'avenir en réinventant le produit

Tournées vers l'avenir, d'autres entrepreneurs utilisent le passé comme un moyen de s'inscrire dans une continuité historique. Inscrite dans la tradition territoriale de la ganterie grenobloise, FSTHandwear se présente comme une entreprise innovante, tournée vers l'avenir. Créée en 2008 par Benjamin Cuier et Philippe Larguèze sous la forme d'une SARL au capital de 15 132 euros[23], cette entreprise grenobloise fabrique et commercialise des gants design d'hommes et de femmes confectionnés en tissu imprimé. Pour ses dirigeants, l'avenir de la ganterie réside dans l'innovation. Ils proposent des produits originaux vendus en Europe, mettant en avant la dimension artistique du gant, ainsi que des gants des à vocation promotionnelle créés sur commande. Inscrits dans une nouvelle manière d'utiliser le gant, l'entreprise dote le gant d'une fonction promotionnelle pour investir de nouveaux marchés. Elle créée sur commande des gants destinées à assurer la promotion d'organismes ou d'évènements. Des partenariats ont été repérés avec des acteurs

---

23 https://www.societe.com/societe/handwear-distribution-507803773.html

culturels de la région, notamment l'Office de Tourisme de Grenoble ou encore la station de sports d'hiver des Deux Alpes, qui ont commandé à l'entreprise des gants destinés à assurer leur promotion et celle du territoire (Thermoz-Liaudy, 2019). En dehors de la région, FSTHandwear a également fabriqué des gants originaux conçus spécialement pour la sortie du dernier album de Metallica[24]. Cette forme d'innovation de marché est pensée à plus long terme que les exemples précédemment cités relevant de l'innovation de produits. Cette fonction promotionnelle attribuée aux gants rappelle les Jeux Olympiques d'hiver de 1968, un évènement saisi par les gantiers grenoblois pour assurer la promotion de leurs produits. S'ils conçoivent des boîtes à gants spécifiques à cette occasion, la documentation disponible ne permet pas de savoir si des gants spécifiques ont été conçus. Il est intéressant de constater que Benjamin Cuier et Philippe Larguèze se revendiquent de la tradition gantière grenobloise et ont à cœur de s'appuyer sur son passé.

Ainsi, dans les deux premiers cas les acteurs ont puisé dans le passé pour penser leurs produits à venir, tandis que les gants promotionnels de l'entreprise FSTHandwear constituent une innovation de marché, pensée à long terme.

4.2 La manière dont la Fédération française de la ganterie envisagent l'avenir

Si la manière d'envisager l'avenir à partir du passé relève de stratégies propres à chaque entreprise, le collectif de la ganterie française réuni autour de la Fédération française de la ganterie se tourne vers le passé perçu comme une nécessité pour la survie de l'activité. Pour Jean Strazzeri, son Président, penser l'avenir passe par restaurer les ressources nécessaires qui se sont progressivement effacées dans la seconde moitié du XXe siècle. À ses yeux, le devenir la ganterie réside dans la capacité à former de nouvelles générations aux gestes techniques et aux savoir-faire hérités d'une longue tradition française pour assurer la continuité de l'activité. Toutefois, la transmission n'est pas totalement rompue puisque les entreprises forment en interne, au gré de leur besoin[25]. À Saint-Junien,

---

[24] *Idem.*

[25] Conseil national du cuir, « La ganterie prend en main la formation », consulté sur https://conseilnationalducuir.org/la-vie-de-la-filiere/la-ganterie-prend-en-main-la-formation

chez Agnelle, Sophie Grégoire, dirigeante de l'entreprise, organise des formations en interne au sein de son entreprise, comme elle l'indique dans le dossier d'inscription de la ganterie de peaux de Saint-Junien sur la liste du Patrimoine Culturel Immatériel de la France (Ministère de la culture, 2008). Cependant, cet apprentissage au fil de l'eau apparaît comme insuffisant pour préserver le métier. Parmi les projets portés par Jean Strazzeri en qualité de Président de la Fédération française de la ganterie, la sauvegarde et la transmission des métiers de gantiers et de gantières occupent une place de premier ordre. Le projet démarre en 2012 par une collecte d'information sur la gestuelle du métier de coupeur et sur la couture des gants de type piqué anglais, ainsi que par la production de sources audiovisuelles permettant de préserver la mémoire professionnelle des gantiers et des gantières, comme l'indique la documentation produite par le Centre technique du cuir qui valorise l'aide qu'il apporte aux entreprises qui le sollicitent (Nay, 2017). En 2017, une « formation de formateurs en ganterie »[26] a été mise en place pour assurer la sauvegarde des savoir-faire et leur transmission. Cependant, selon Jean Strazzeri, il reste encore à faire concernant la formation au métier de coupeur gantier.

5. Une renaissance au travers d'un processus de patrimonialisation, une forme d'innovation ?

La ganterie dont l'importance était considérable dans certaines villes a laissé des traces appartenant au patrimoine culturel et industriel français, matériel et immatériel. Envisagée comme une forme de renaissance, la patrimonialisation contribue à redonner de la visibilité aux activités traditionnelles minoritaires dans le paysage économique actuel. Elle constitue une nouvelle forme de recombinaison du passé et du futur au sein de laquelle les artisans trouvent toute leur place au sens où les savoir-faire s'inscrivent dans le patrimoine immatériel, aujourd'hui reconnu « métier d'art ». Les gantiers qui le détiennent à l'heure actuelle l'ont hérité des générations antérieures. Ils appartiennent pour la plupart à des maisons historiques à l'image de l'actuelle ganterie Lesdiguières de Grenoble. Celle-ci est issue de la fusion entre la ganterie Lesdiguières, créée en 1903, et la ganterie Barnier, créée en 1885, que Jean Strazzeri

[26] *Idem.*

rachète en 1994. Si le processus de patrimonialisation de la ganterie grenobloise demeure inachevé, récemment, à Millau, des démarches en ce sens ont été entreprises pour classer le patrimoine relatif à la ganterie millavoise sur la liste du Patrimoine Culturel Immatériel de l'UNESCO, comme cela a été fait pour la parfumerie de Grasse inscrite en 2018.

À Grenoble, il existe un cas intéressant de mise en patrimoine d'une ancienne entreprise de ganterie. Toutefois, il apparaît comme déconnecté du savoir-faire vivant qui manque pour en faire une structure innovante, à mi-chemin entre le passé et l'avenir de la ganterie. Maurice Rey-Jouvin, l'arrière-arrière-petit-fils de l'inventeur Xavier Jouvin, a ouvert un musée privé dédié à l'histoire de l'entreprise familiale en 2012 dans le bâtiment qui abritait la fabrique de gants fermée en 1962. Dès lors, l'entreprise se reconvertit dans l'immobilier, une stratégie de sortie de l'industrie visant à sauvegarder les capitaux investis pour assurer l'avenir du patrimoine familial. À Millau, cette forme de fusion entre le passé et le présent liant patrimoine et activité économique existe. Plusieurs entreprises proposent des visites d'ateliers et/ou possèdent un espace musée dans leur fabrique, à l'image de Causse gantier, une entreprise familiale à l'origine, fondée en 1892. Positionnée sur les productions de luxe au moins depuis les années 1980, l'entreprise est rachetée par Chanel, l'un de ses clients, en 2012, au moyen de sa société Paraffection (Rousseau, 2012).

Plus innovant, à Saint-Junien, les acteurs de la filière cuir se sont unis autour d'un projet de valorisation du patrimoine du cuir né en 2005 : la Cité du cuir de Saint-Junien, dont l'ouverture est prévue pour 2024. Selon le Conseil national du cuir, « l'enjeu fondamental de la Cité du Cuir de Saint-Junien est de mettre en valeur la Filière Française du Cuir, de soutenir l'activité des entreprises présentes et de favoriser l'implantation de nouvelles »[27]. Ce projet innovant se situe au cœur des tensions entre le passé et le futur, au sens où il s'attache à la fois valoriser le passé tout en pensant l'avenir autour de ce pôle dédié au cuir.

Ainsi, la patrimonialisation de la ganterie française s'effectue à l'échelle territoriale. Plus ou moins avancée selon les cas, elle est le reflet du dynamisme de l'activité sur le territoire. Les acteurs de la ganterie millavoise se sont impliqués très tôt dans la valorisation de ce passé, tandis qu'à Saint-Junien des projets d'envergures sont en cours et qu'à

[27] Site internet du Conseil national du cuir : https://conseilnationalducuir.org/cuir-en-action/on-en-parle/le-gant-devoile-sa-cite

Grenoble, malgré un potentiel et des acteurs motivés (appartenant aux milieux associatifs, culturel et économique), le manque de cohésion est à l'origine de l'invisibilité de bons nombres d'actions entreprises.

6. Conclusion

En conclusion, au cours du XIXe siècle, la démocratisation du gant entraîne une réaction productive qui se traduit par la mise sur le marché de nouveaux produits permettant de répondre à une demande croissante. L'innovation devient nécessaire pour produire mieux et vite, ainsi que pour se démarquer de la concurrence. Ainsi, à l'entrée dans le XXe siècle, les modèles de gants mis sur le marché sont de plus en plus variés, notamment grâce à l'évolution des techniques et moyens de production. À l'issue du Second Conflit mondiale, l'abandon progressif du port du gant au quotidien entraîne le déclin de l'activité gantière française dans la seconde moitié du XXe siècle. S'il reste aujourd'hui peu de ganterie en France, l'héritage légué par cette activité fait désormais partie du patrimoine. Dans leur manière de penser la mode de demain, les gantiers d'aujourd'hui s'inspirent de l'histoire et des modèles de gants proposés par leurs confrères des siècles antérieurs. À l'heure actuelle, les innovations passées sont repérables dans le produit mais également dans la manière de produire et dans la spécialité d'entreprises qui ont opéré un transfert de techniques et de compétences vers d'autres secteurs au moment où la ganterie périclite. Des innovations autrefois pensées et conçues pour la ganterie ont été adaptées pour être réinvesties dans d'autres secteurs comme le montre le cas de Grenoble où des entreprises trouvent leurs origines dans la ganterie. Certains envisagent le passé comme une nécessité pour penser l'avenir, tandis que d'autres y trouvent les ressources nécessaires pour assurer leur futur ou encore une forme de légitimité pour s'inscrire dans une tradition. Ainsi, les liens entre le passé et l'avenir sont appréhendés différemment par les acteurs selon le contexte et les époques.

Bibliographie

Baret-Bougoin E. (2005), *La ville industrielle et ses poisons : les mutations des sensibilités aux nuisances et pollutions industrielles à Grenoble,* 1810–1914, PUG.

Bergeron L. (1998), *Les industries du luxe en France*, Éditions Odile Jacob.

Boutillier B., Forest J., Gallaud D., Laperche B., Tanguy C. et al. (eds.). (2014), *Principes d'économie de l'innovation*, Peter Lang.

Boutillier S., Uzunidis D. (2013), Entrepreneurs historiques de l'industrie du luxe et innovation permanente, *Innovations*, 2 (n° 41), pp. 91–115.

Caranton J. (2017), *Les fabriques de la « paix sociale ». Acteurs et enjeux de la régulation sociale (Grenoble, 1842–1938)*, Thèse de doctorat, Université Grenoble-Alpes.

Caron F. (1987), L'innovation et l'histoire, *Histoire, économie et société*, n° 2, pp. 149–154.

Chahine C. (2005), L'utilisation de l'alun dans la transformation de la peau en cuir, in Borgard P., Brun J.-P., Picon M. (eds.), *L'alun de Méditerranée*, Naples, Publications du Centre Jean Bérard.

Colonel A., Dalmasso A. (2022), *Fait main. Quand Grenoble gantait le monde*, Grenoble, Glénat.

Colonel A. (2021), De l'inventeur héroïque aux inventions collectives dans l'industrie du gant : la ganterie grenobloise en quête perpétuelle du progrès (1830–1930), *Technologie et Innovation*, numéro thématique « Innovations et innovateurs, quelles trajectoires ».

Colonel A. (2020), La ganterie grenobloise des années 1830 aux années 1930 : entre artisanat et industrie, in Laloux L., Palaude S., Péters A. (eds.), *Métiers d'autrefois*, tome 1, Textile & habillement, Valenciennes, Presses universitaires de Valenciennes.

Colonel A. (en cours), *Histoire des ganteries grenobloises de la Révolution à nos jours*, thèse de doctorat, Université Grenoble-Alpes, Dalmasso A. (dir.), en cours depuis 2017, et son annexe *Dictionnaire de la ganterie grenobloise : acteurs, entreprises et organisations. Du XIXe siècle à nos jours.*

Comœdia illustré : journal artistique bi-mensuel. (1913). https://gallica.bnf.fr/ark:/12148/bpt6k9704246f/f17.item

Cote L. (1903), *L'industrie grenobloise et l'ouvrier gantier*, Société Nouvelle de Librairie et d'Édition.

Cumming V. (1982), *The Costume Accessories Series*, General Editor, Dr Aileen Ribeiro.

Dalmasso A. (2017), Territoires et désindustrialisations : trajectoires d'entreprises et marginalisation territoriale, in Jean-Claude Daumas, Ivan

Kharaba et Philippe Mioche (dirs.), *La désindustrialisation : une fatalité ?*, Presses universitaires de Franche-Comté.

Dalmasso A. (2001), L'ingénieur, la Houille Blanche et les Alpes : une utopie modernisatrice ?, *Le Monde alpin et rhodanien. Revue régionale d'ethnologie*, n° 1–3, pp. 25–38.

Delille D. (2016), Entre art et industrie la réforme de la mode au passage du XXe siècle, *Regards croisés*, n° 6, pp. 61–84.

Fontaine L. (1984), *Le voyage et la mémoire : colporteurs de l'Oisans au XIXe siècle*, Presses universitaires de Lyon, pp. 45–77.

Gounon M. (2016), *Tanneries et mégisseries d'Annonay, 1815–2015 : excellence, innovation, savoir-faire*, Privat Mémoire d'Ardèche et temps présent.

Hilaire-Pérez L., Perrin C. (modérateurs), Verna C., Galvez-Behar G., Le Roux M., Rieu A.-M (intervenants) (2017), *Rendez-vous de l'histoire Invention collective, communautés inventives*, Blois, 7 octobre 2017.

Jarrige F. (2009), Le martyre de Jacquard ou le mythe de l'inventeur héroïque (France, XIXe siècle), *Tracés. Revue de Sciences humaines*, 16, pp. 99–117.

Le Bot F., Michel A.-P. (2020), Le travail des ingénieurs en entreprises, *Artefact*, n° 13, pp. 9–46.

Le Bot F. (2008), Confisquer les profits illicites: épuration économique ou simple mesure fiscale ? L'exemple des gantiers de Saint-Junien, Millau et Grenoble, in Bergère M. (ed.), *L'épuration économique en France à la Libération*, Presses Universitaires de Rennes.

Le Bot F. (2007), *La fabrique réactionnaire Antisémitisme, spoliations et corporatisme dans le cuir (1930–1950)*, Presses De Sciences Politiques.

Le Bot F. (2005), La « famille » du cuir contre Bata : malthusianisme, corporatisme, xénophobie et antisémitisme dans le monde de la chaussure en France, 1930–1950, *Revue d'histoire moderne & contemporaine*, n° 52, 4, pp. 131–151.

Le Roux T. (2010), Une rivière industrielle avant l'industrialisation : la Bièvre et le fardeau de la prédestination, 1670–1830, *Géocarrefour*, vol. 85/ 3, pp. 193–207.

MacLeod C. (2003), L'invention héroïque et la première historiographie de la révolution industrielle, in Liliane Hilaire-Pérez et Anne-Françoise Garçon (dir.), *Les chemins de la nouveauté : innover, inventer au regard de l'histoire*, Éd. CTHS, pp. 207–222.

Nay L. (2017), « Une formation en ganterie à CTC », dans Innovation Recherche & Développement, 02 septembre 2017, consulté sur le site Internet du CTC : https://eur02.safelinks.protection.outlook.com/?url=https%3A%2F%2Fwww.ctcgroupe.com%2Ffr%2Fblog%2F20%2F2017-09-02%2Fune-nouvelle-formation-en-ganterie.html&data=05%7C01%7Cproduction%40peterlang.com%7C5405d956dc8f4a87d7d308dad82be59f%7C98cbb5435ebe4c6fad51e5e724b8ec6b%7C0%7C0%7C638059980308012979%7CUnknown%7CTWFpbGZsb3d8eyJWIjoiMC4wLjAwMDAiLCJQIjoiV2luMzIiLCJBTiI6Ik1haWwiLCJXVCI6Mn0%3D%7C3000%7C%7C%7C&sdata=vf%2BoNEttLHdfvofuO6b5SHlLFsXAigVkl8uRU2fgnKQ%3D&reserved=0

OCDE-Eurostat (2018), *Manuel d'Oslo 2018 : Lignes directrices pour le recueil, la communication et l'utilisation des données sur l'innovation*, 4ème édition, OCDE.

Ory P. (2008), *L'invention du bronzage. Essai d'une histoire culturelle*, Paris, Complexe.

Perrin C. (2017), Un ordre économique sans machine ? Penser et repenser l'artisanat et la société française au XXe siècle, *L'Homme & la Société*, 3 (n° 205), pp. 185–209.

Perrin C. (2015), Le district en échec. L'exemple des tanneries de Château-Renault (v. 1860–1985), in Natacha Coquery, Mathieu de Oliveira (dir.), *L'échec a-t-il des vertus économiques ? Comité pour l'histoire économique et financière de la France*, Paris, pp. 257–273.

Perrin C. (2014), Le développement durable en perspective historique : l'exemple des tanneries, *L'Homme & la Société*, 3–4 (n° 193–194), pp. 37–56.

Poncin P. (2012), *Minitubes, un siècle d'histoire*, APHID, Grenoble.

Raymond A., Olu E. (2005), *La belle histoire*, Grenoble, Glénat.

Robert E., Pillet N. (2010), *Gant Perrin-Valisère, Histoire d'élégance et d'industrie*, Sassenage, Édition Dire l'entreprise.

Schumpeter J. (1999), *Théorie de l'évolution économique. Recherches sur le profit, le crédit, l'intérêt et le cycle de la conjoncture* (réédition), Dalloz Éditions (rééd.).

Schumpeter J. (1974), *Capitalisme, socialisme et démocratie*, Payot (rééd.).

Wassouni F. (2012), *L'artisanat du cuir dans l'Extrême-Nord du Cameroun du XIXe siècle à 2007*, thèse de Doctorat/Ph. D. d'histoire, Université de Ngaoundéré.

La France et le Micro-ondes : trajectoire d'une innovation culinaire

AURÉLIE BRAYET
Chercheure associée, FEMTO-St / RÉCITS

L'histoire s'avance, non de façon frontale comme un fleuve, mais par déviations qui viennent d'innovations ou créations internes, ou d'événements ou accidents externes.

Edgar Morin, *Les sept savoirs nécessaires à l'éducation du futur*, Seuil, 2000

1. Introduction

Le four à micro-ondes est l'une des plus récentes innovations à avoir rejoint le système technique culinaire français (Gille, 1978). Cet objet de cuisson rapide, apparu pourtant en 1946, se diffuse d'abord au Japon à partir de 1965, puis aux États-Unis à partir de 1967. De leur côté, les Français ne vont s'initier à l'usage des micro-ondes qu'au cours des années 1980–1990, notamment grâce aux cafétérias qui se développent de plus en plus sur le territoire national.

Considéré désormais comme l'un des dix objets indispensables dans la cuisine et popularisé par la baisse des prix permettant d'accéder à cette technologie pour à peine 30 euros, le four micro-ondes fait aujourd'hui partie des objets culinaires du quotidien (Delaunay, 2003). Néanmoins, force est de constater que son entrée dans les cuisines françaises n'a pas été aussi évidente qu'aux États-Unis ou au Japon. Si en 2016, selon l'INSEE, 89 % des foyers français en étaient équipés, pour autant, seuls 20 % des foyers en étaient équipés en 1990 (graphique 1).

Cette étude exploratoire a pour objectif de mieux comprendre les mécanismes à l'œuvre dans la diffusion d'une innovation dans le foyer à

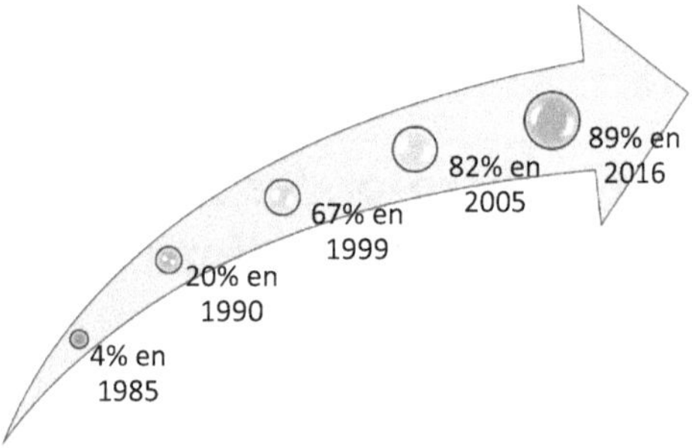

Graphique 1. Taux d'équipement des foyers en micro-ondes en France 1985–2016 (sources GIFAM)

travers l'étude de la dialectique échecs/réussites technologiques : comment l'étude biographique d'un objet du quotidien et plus particulièrement l'histoire des réussites et flops qui jalonnent leurs vies, sert-elle à la compréhension des processus d'acceptation et/ou de rejet des innovations ? Nicolas Nova définit deux types de flops, les flops commerciaux (le produit ne se vend pas), et les flops d'usage (Nova, 2011). Cette réflexion sur les flops d'usage est particulièrement pertinente pour étudier un objet comme le micro-ondes dans le contexte français car elle met au jour des détournements d'usage et même des flops d'usages culinaires.

Nous nous attacherons à retracer les liens entre le micro-ondes, en tant qu'objet, technique et technologie et les acteurs qui lui sont associés (scientifiques, industriels, innovateurs, commerçants, utilisateurs, normalisateurs, etc.), dans la lignée des méthodologies déjà éprouvées par la sociologie des techniques des SCOT et acteurs-réseaux (Latour, 1989 ; Pinch, Bijker, 1990 ; Cockburn, Ormrod, 1993 ; Chabaud-Rychter, 1995). Cette méthode permettra d'une part de cerner les spécificités de la trajectoire technique et culturelle de cette innovation emblématique du renouveau du marché des Arts ménagers, d'autre part de comprendre en quoi l'histoire culturelle des sciences et des techniques contribue au développement de connaissances sur le processus d'innovation. La présente recherche s'articule autour de deux notions : la notion de biographie, trajectoire ou vie sociale des objets, empruntée aux travaux des ethnologues (Appadurai, 1986 ; Bonnot, 2002) et la notion d'usage (Hatchuel, Weil, 2014), usage inventé, usage pré-écrit et prescrit (Akrich, 1992), usage quotidien, usage détourné.

L'étude des brevets d'invention américains, japonais et français sur les bases de données de l'*United States Patent and Trademark Office (USPTO)*, de l'Office Mondial de la Protection Industrielle (OMPI) et de l'Institut National de la Protection Industrielle (INPI) permettent de retracer l'évolution (Caron, 1984), les lignées techniques (Deforge, 1985) et formelles (De Noblet, 1988) du micro-ondes. Les recherches conduites dans les archives françaises du Groupement Interprofessionnel des Fabricants d'Arts Ménagers (GIFAM), des entreprises Moulinex et Brandt, confrontées aux notices des produits, aux livres de recettes, aux articles de presse des revues féminines et des Arts ménagers, rendent quant à elles possibles la compréhension de la lente appropriation culturelle de ce produit en France ainsi que sa trajectoire du flop au succès, c'est-à-dire à l'adoption (Jacomy, 2002 ; Nova, 2011 ; Edgerton, 2013) de l'objet.

L'étude de cas de l'appropriation française du micro-ondes révèle la difficulté de notre société à appréhender le goût du nouveau en cuisine (Capatti, 1989) et la technique comme une culture en prenant en compte toute son épaisseur historique. Trois objets techniques de la cuisine, trois micro-ondes, trois « micro-histoires » en quelque sorte, l'Amana Radarange de 1967, le micro-ondes de Moulinex produit au milieu des années 1980 et le Spoutnik de Brandt développé en 2011, vont guider notre réflexion. Nous proposerons ainsi trois étapes de la vie du micro-ondes qui sont également trois rapports différents à cet objet et trois réflexions et stratégies divergentes de prise en compte de l'histoire et de la culture technique.

2. Propos liminaire sur le micro-ondes

Concrètement, le four à micro-ondes est un appareil équipé d'un magnétron qui engendre des ondes électromagnétiques « haute fréquence ». D'une façon générale, on désigne sous le nom de « micro-ondes » des ondes électromagnétiques dont la longueur est comprise entre un millimètre et un mètre. Elles sont produites par des courants dont la fréquence se situe entre 300 et 300 000 Mégahertz (Mhz). Le four à micro-ondes fonctionne avec une fréquence de 2450 MHz, émettant des ondes dont la longueur est d'environ 12 cm. Ces ondes, dont les caractéristiques s'apparentent à celles de la lumière et des émissions radiophoniques, ont la propriété de se transmettre en ligne droite et de se réfléchir quand elles frappent un écran métallique. En revanche, elles traversent le verre et le papier et pénètrent profondément (quelques

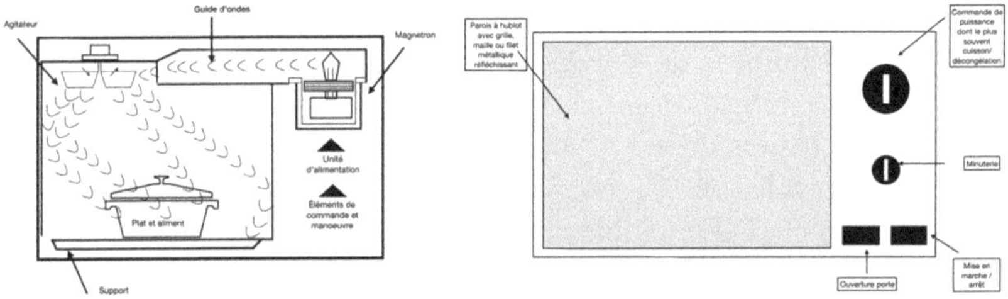

Schéma 1. Le fonctionnement du micro-ondes (A. Brayet)

centimètres) dans l'eau et les matières organiques animales et végétales à forte teneur en eau.

Quand les molécules qui composent l'aliment sont frappées par une micro-onde, elles tournent de 180°, de la même façon que l'aiguille d'une boussole se déplace quand elle est soumise à l'action d'un aimant (phénomène de relaxation diélectrique). Elles reprennent leur position initiale dès que l'onde les a traversées et le même mouvement se reproduit quand une nouvelle onde les atteint. Ces ondes pénètrent directement dans les aliments exposés et provoquent une friction des molécules d'eau qu'ils contiennent d'où transfert d'énergie et conversion en énergie thermique. Ce phénomène produit un échauffement constant et uniforme en un temps extrêmement court. Contrairement aux ondes thermiques bien connues, les micro-ondes ne provoquent pas le chauffage du four ni le réchauffement des récipients. Les aliments se régénèrent ou se cuisent de l'intérieur conservant ainsi leurs qualités diététiques sans subir d'altération.

Le four à micro-ondes est constitué par une enceinte analogue à celle des fours de cuisson traditionnels (Schéma 1). Ses parois intérieures sont, généralement, en acier inoxydable : elles n'ont pas besoin d'être calorifugées puisque la température reste toujours très basse. Il est fermé par une porte à hublot, doublé d'un écran métallique perforé qui permet de surveiller les cuissons tout en réfléchissant vers l'intérieur les faisceaux d'ondes qui le frappent quand l'appareil fonctionne. Cette porte est munie d'un verrouillage automatique qui coupe le courant quand elle n'est pas hermétiquement close ; l'ensemble formant une cage de Faraday.

La cuisson ultra-rapide ou quasi instantanée et la cuisson ultra-moderne font partie des futurs rêvés, imaginés tout au long du

XXe siècle[1], l'usage des ondes participe de cet imaginaire de modernité. Expériences, prototypes et tentatives reprennent, adaptent, réinventent ces idées technologiques de manière récurrente. La cuisson par micro-ondes est une de ces idéalités technologiques. Le cas du micro-ondes est intéressant à plusieurs niveaux. C'est tout d'abord un objet qui apparaît aujourd'hui comme une réussite technologique : l'objet s'appuie sur une technique connue et aboutie en 1946, il est miniaturisé pour la sphère domestique dès 1965, et il conquiert les cuisines du monde entier en moins de 30 ans. En France, c'est le seul objet ménager qui a connu une croissance de la demande aussi élevée au XXe siècle : entre 1980 et 1990, les ventes ont été multipliées par quarante. Ce succès cache en fait un flop majeur : l'objet que nous côtoyons tous les jours dans nos cuisines n'est pas véritablement un « four à micro-ondes » et il est le résultat d'une succession d'incompréhensions.

3. Four Micro-ondes Amana Radarange, 1967 : les micro-ondes de l'ombre à la lumière

Le premier four à micro-ondes domestique commercialisé et populaire, l'Amana Radarange date de 1967. Avant son apparition sur le marché, le produit a connu une « vie » riche d'enseignements pour l'histoire des techniques. Il peut d'ailleurs à ce titre être considéré comme un témoin des choix techniques et culturels opérés à l'époque. Néanmoins ce four à micro-ondes, n'est, en 1967, ni le premier modèle domestique ni la première invention utilisant cette technologie. Des fours à micro-ondes domestiques sont déjà produits et commercialisés depuis 1955 au Japon par l'entreprise Tappan et avant cela des fours destinés à des compagnies de transport et l'hôtellerie étaient diffusés notamment aux États-Unis. Les recherches conduites dans les bases de données de l'*United States Patent and Trademark Office (USPTO)*, de l'Institut National de la Protection Industrielle (INPI), dans la presse féminine, la presse scientifique et dans les archives françaises du Groupement Interprofessionnel des Fabricants d'Arts Ménagers (GIFAM) permettent de restituer la chronologie et de mettre en lumière les étapes qui ont permis le développement du Micro-ondes Amana.

---

1 Pensons notamment aux recherches sur l'autocuiseur mais également sur l'alimentation pré-cuite ou concentrée comme les soupes instantanées, le Bouillon Kub.

Les premières inventions de dispositifs de cuisson à micro-ondes ont été mises au point dans les années 1920–1930, dans la lignée des recherches sur les ondes radios courtes et sur les radars de détections antiaériennes. En effet dès 1920, des premières machines à ondes ultracourtes, les « magnetrons », voient le jour au Royaume-Uni, en France (Blanchard, 2010) et aux États-Unis (Brittain, 1985)[2]. Les usages imaginés sont d'abord militaires : il s'agit de détecter les avions ennemis en vol de jour comme de nuit. Trois entreprises américaines principalement vont conduire des recherches sur les ondes courtes avant 1945 : la Westinghouse, la Western Electric et la Raytheon. Mais avant le déclenchement de la Seconde Guerre mondiale, comme beaucoup de laboratoires, ceux de la General Electric Company de Shenectady ou encore de la Westinghouse Company vont diversifier leurs recherches et présenter des expérimentations d'usage civil (Stephan, 2001) des ondes courtes notamment dans le domaine de la cuisson. En effet, l'étude des brevets concernant l'utilisation des ondes courtes montre que la production de chaleur lors de la diffusion d'ondes était connue depuis la fin des années 1920. Ces expériences et inventions passionnent alors le grand public qui coure les salons, foires et expositions pour les découvrir. Les services de presse de vulgarisation scientifique et d'information du monde entier relatent les dispositifs mis en place avec un grand enthousiasme. Ainsi, peut-on lire dans le journal français, *La liberté*, du 6 mars 1928 sous le titre « Invention sensationnelle » :

> Allons-nous connaître, après tant de merveilles scientifiques, la cuisine radio-électrique ?
>
> Une information de New-York le donnerait à croire. On y relate la découverte d'un nouveau « radio-tube », capable d'émettre des ondes courtes cinquante fois plus puissantes que les ondes déjà connues.
>
> Ce « radio-tube », dû aux laboratoires de la General Electric Company de Schenectady (État de New York) dégage une telle chaleur qu'il peut faire

---

[2] James E. Brittain rappelle dans cette étude que l'activité scientifique sur le magnétron est très importante aux États-Unis, Royaume-Uni et en France mais également en Allemagne et au Japon. Le Royaume-Uni dispose d'une avance scientifique considérable dans la recherche sur les ondes radio. À l'automne 1940, une mission scientifique britannique conduite par Henry Tizard débarque aux États-Unis avec notamment une invention d'importance : le magnetron développé par les physiciens Henry A. Boot and John T. Randall au sein du laboratoire du Génie Electrique de Wembley.

frire des œufs, bouillir des pommes de terre, éclairer un tube au néon avec, pour seul contact, les mains de l'opérateur touchant les deux tubes.

Ce « radio-tube » mesure 60 centimètres de long et son diamètre est de 10 centimètres. Il est environné d'un filet métallique, de condensateurs et d'un compteur électrique. Il opère sur ondes de six mètres et chauffe les opérateurs présents dans la pièce.

La cuisine et le chauffage central par T.S.F. Quel rêve ! (La liberté, 1928)

Le magazine américain de vulgarisation scientifique, *Short Wave Craft* de novembre 1933 consacre quant à lui plusieurs pages à l'expérience menée par la Westinghouse Company sur la cuisson par micro-ondes. En 1933, l'entreprise réalise des démonstrations dans le cadre de son exposition « 100 ans de progrès » présentée lors de l'Exposition Universelle de Chicago :

Only yesterday, anyone so indiscreet as to assert that power in unusable quantities would soon be sent through the air without the use of wires would been considered a dreamer of the Jules Verne type. Yet for the past several years, Westinghouse research engineers have been quietly working on their « powercaster » but delayed announcing their achievement until a suitable occasion presented itself. The World's Fair, dedicated to progress, they deemed worthy. (Short Wave Craft, 1933)

Au sein de la Westinghouse Company les recherches sont conduites par I. E. Mouromtseff et son assistant H. N. Kozanowski. Pour le journaliste qui relate l'événement, c'est une première et une petite révolution aussi bien dans le domaine des ondes radio que dans celui de la cuisine :

Food can be cooked by means of the ultra short wave radio transmitter. The food is heated by internally passing high frequency current through it. This is probably the only basic advance in the art of preparing food for human consumption since cavemen, thousands of years ago, first burned meat over a fire and heated vegetables in crude vessels of boiling water.

For cooking, the ultra high frequency current is made to pass from one pinched electrode to another. The uncooked food is placed between two electrodes, directly in the path of the radio transmitter's power.

Bread is toasted in a half dozen seconds or so. Steaks, potatoes, and other solid meats and vegetables require several minutes, as does the boiling of water for making coffee or cooking vegetables. Oddly enough, food overdone by cooking on the radio transmitter does not have a burnt taste. (Short Wave Craft, 1933)

Une véritable passion pour les ondes en cuisine est palpable partout dans le monde. Dans un numéro de 1935 du magazine *Short Wave Craft*, un journaliste rapporte les prémisses de recherche à Berlin sur l'utilisation des ondes radio pour traiter les aliments afin d'augmenter le temps de conservation et également pour une cuisson « sans croûte ». Dans cet article intitulé « New Stunts With Short Waves » est alors expliqué que les ondes radio agitent la matière au niveau moléculaire dans toute la masse, de sorte que la chaleur est générée directement à l'intérieur même de l'aliment. La conduction facilite le processus de chauffage (cuisson) de l'aliment dans son ensemble. Des schémas présentent les objectifs de ce nouveau mode de cuisson avec la légende suivante :

> *Tomorrow we shall be cooking our biscuits and making our toast by short waves as the picture shows. Biscuits for instance, when cooked in a short wave field are « crust-less »*. (Short Wave Craft, 1933)

Malgré la curiosité et les faveurs du public, aucune de ces inventions ne donnera naissance à un produit commercialisé et il faudra attendre près de cinquante ans avant de pouvoir acheter aux États-Unis les premiers fours à micro-ondes domestiques. La marche à la guerre à partir de 1933 va réorienter les financements de recherche exclusivement vers l'effort militaire afin de développer et produire des radars opérationnels. Alors, les premiers projets de cuisson aux ondes ultra-courtes sont rangés dans les cartons et n'en ressortiront qu'après 1945.

La découverte fortuite du four à micro-ondes par Percy Spencer[3], que l'on présente comme l'œuvre du hasard et un exemple de sérendipité, relève du mythe. Même si l'idée de développer un four de cuisson lui a certainement été rappelée en approchant une barre chocolatée ou des grains de maïs à proximité du magnétron, l'ingénieur expert des ondes au sein de la Raytheon Company ne pouvait ignorer ce phénomène connu depuis les années 1920. Mais cette belle histoire illustre bien une réalité : l'économie de guerre doit faire place à une production industrielle en temps de paix, les subventions colossales débloquées pour la recherche sur les radars se tarissent. Cela impose de repenser l'appareil productif mais également de développer de nouveaux produits à vendre aux civils, comme cela a été le cas par exemple dans le domaine de la chimie avec les pesticides réemployés dans l'agriculture (Bonneuil, Lyautey, Humbert, 2021).

---

[3] Percy Spencer (1894–1970) est un ingénieur américain de la société Raytheon.

Dès 1945, Percy Spencer dépose un brevet au nom de l'entreprise Raytheon : sous le numéro 2495429 on découvre le premier four à haute fréquence. Ce premier micro-ondes à destination des compagnies de transport et de l'hôtellerie mesure 1,80 m de hauteur et pèse 340 kilogrammes. Le premier exemplaire est vendu 3 000 dollars à un restaurant de Cleveland en 1947.

La diffusion de ce premier four que Raytheon nomme Radarange, contraction entre *Radar* et *Range*, fait des émois dans le monde des Arts ménagers. Les archives de l'Association Arts Ménagers rappellent l'intérêt que suscite chez les Français ce nouveau mode de cuisson lors de la présentation d'un stand Radarange au Salon des Arts ménagers en 1950. Pierre Devaux rapporte du salon ses premières impressions qu'il livre dans un article intitulé « La science au service des maîtresses de maison – Poulet rôti aux infrarouges » dans le *Figaro* :

> Les Américaines disposent maintenant, dans leur cuisine, d'un surprenant « radar culinaire », le RADARANGE. Placé dans cet électro-four d'un nouveau genre, un rosbif se trouve cuit en 40 secondes, un homard résiste deux minutes et un bifteck ne fait qu'entrer et sortir ! (Devaux, 1950)

Et Jean et Françoise Fourastié de s'extasier dans le volume *Que sais-je* de 1950 dédié aux Arts ménagers :

> Des expériences laissent déjà entrevoir l'efficacité des ondes courtes, dites de radar, qui cuisent en quelques secondes les viandes à rôtir. (Fourastié, 1950)

Ce n'est qu'à partir de 1955 et la miniaturisation par l'entreprise japonaise Tappan (sous licence de Raytheon) du magnétron en un tube d'électrons plus efficace et aux dimensions réduites que la commercialisation grand public va pouvoir débuter. L'objet est le témoin des transferts de technologie entre différents secteurs (du militaire à la restauration puis au domestique), de l'émulation internationale en matière de technologie, des transferts technologiques internationaux et des phénomènes de grappes d'innovations. Un collectionneur américain de Micro-ondes, Cory Heisterkamp, explique que ce premier modèle fabriqué au Japon était vendu très cher, n'était pas très pratique et demandait des manipulations et précautions techniques importantes. Le RL-1 de Tappan est proposé à 1 295 dollars[4]. Seulement 34 exemplaires

---

4 Échange avec Cory Heisterkamp, juillet 2020.

de ce produit ont été vendus aux États-Unis en 1955 et un total de 1 396 unités entre 1955 et 1964[5]. D'autres entreprises vont réfléchir à des prototypes et déposer des brevets sans succès durant cette période (1945–1967)[6].

L'Amana Radarange de Raytheon de 1967 est vendu moins de 500 dollars. Il est diffusé largement aux États-Unis et sert de modèle à tous les nouveaux produits mis sur le marché jusqu'aux années 2000. Avec lui s'impose l'idée, qui n'était pas celle retenue dans les années 1920–1930, d'une cuisson par les ondes dans un four. Il est le fruit d'un réinvestissement des recherches et découvertes d'avant-guerre, abandonnées faute de moyens financiers mais également d'une bonne couverture du réseau de distribution électrique avec une puissance suffisante.

4. Le Micro-ondes Moulinex, 1983–1987 : la victoire des ondes ?

En France, le succès américain de l'Amana Radarange de 1967 est une véritable curiosité qui inspire et questionne les fabricants d'électroménager et secoue le monde des Arts ménagers. La technologie de cuisson par micro-ondes est connue du grand public depuis les années 1950, mais c'est surtout dans les années 1980 que les ventes décollent (Graphique 2), lentement d'abord pour atteindre en 1990 un taux d'équipement des foyers français de 30 % (quand celui des foyers américains et japonais dépasse les 70 %) (Tableau 1).

Comment expliquer ce premier rejet du micro-ondes en France jusqu'au milieu des années 1980 puis ce revirement et cette implantation durable dans les cuisines au cours des années 1990 ? La lecture des articles de la revue *Arts ménagers* consultés sur la période allant de 1950 à 1970[7], les archives des journalistes spécialisées dans les Arts ménagers

---

5 NMAH (National Museum of American History)

6 On trouve en France des brevets présentant des dispositifs combinant cuisson traditionnelle et micro-ondes en 1960. Aux États-Unis, en 1961, Roger F. French, Donald R. Lester et John A. Gunnarson travaillent à un prototype de four où les micro-ondes sont générées dans un tube à vide appelé klystron et non un magnétron. La société fondée pour produire l'appareil, Servodyne Corporation, n'a pas réussi à lever assez de fonds et ce type de four n'a jamais vu le jour.

7 Revue *Les Arts ménagers*, Fonds de l'Association Arts Ménagers.

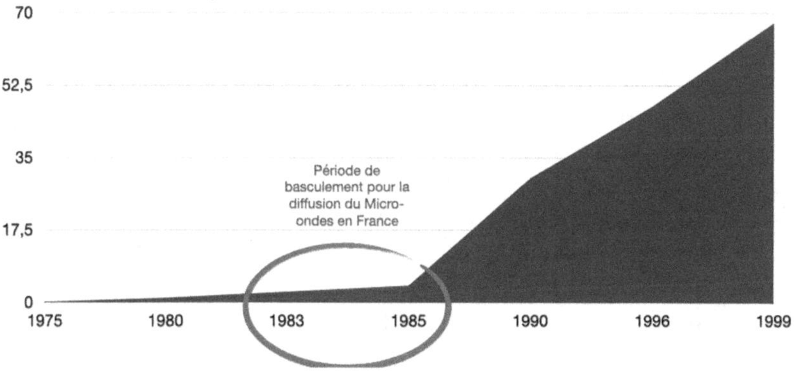

Graphique 2. Taux d'équipement en Micro-ondes en France en % de foyers français entre 1975 et 1999 (A. Brayet)

Tableau 1. Taux d'équipement des foyers en micro-ondes en 1990. (A. Brayet d'après Europannel, 1991. Archives du GIFAM)

Pays	Taux d'équipement en micro-ondes (%)
Grande-Bretagne	52%
Suède	42%
Autriche	36%
RFA	32%
France	30%
Suisse	23%
Pays-Bas	21%
Belgique	18%
Espagne	12%
Italie	5%
Portugal	3%
USA	85%
Japon	75%

Nicole et Andrée Braive[8], et les documents rassemblés par Jeanne Guélon et Christiane Cossus[9], les fonds publicitaires de la bibliothèque Forney[10], les cahiers du Centre d'études et de documentation du foyer (1975–2000) et les articles de la revue *L'Équipement du foyer* (1966–1992)[11] permettent de cerner l'évolution du discours sur la technique de cuisson aux micro-ondes et d'appréhender les différents jalons de cette narration. En complément, la consultation des archives des entreprises Moulinex et SEB[12] mettent en évidence des choix techniques qu'il importe d'analyser. Deux tendances se dégagent.

Durant la période 1970–1985, fabricants, enseignantes en économie domestique et journalistes insistent sur les aspects techniques, présentent le fonctionnement de l'appareil. On le dit indispensable et irremplaçable comme dans cette note d'information du CEDEF datée de 1979 : « *L'exemple des autres pays d'un niveau de développement comparable au nôtre, le nombre de fours à micro-ondes qui y sont en service et la progression des ventes témoignent de la fiabilité et de la sécurité de cet appareil culinaire qui n'en remplace aucun autre… mais que rien ne remplace* »[13].

Ce qui est mis en avant c'est sa capacité à cuire, à proposer une cuisine plus saine que la cuisine traditionnelle. Un prospectus Bosch daté de 1977 insiste sur la cuisine diététique que permet l'appareil : « *La lutte contre le durcissement précoce des artères, contre l'embonpoint, contre la tension artérielle trop élevée, contre les maladies du foie (maladies du siècle), peut-être facilitée, car le four Bosch ne nécessite pas l'utilisation de graisses pour obtenir une cuisson en profondeur sans brûler l'aliment* ». Le micro-ondes est vu comme « un révélateur de goût », un « révélateur des saveurs naturelles » (Quincailler moderne, 1981) : « *La qualité de certains aliments est valorisée par la cuisson en micro-ondes. C'est le cas des poissons, des fruits, des légumes, dont le goût et la couleur d'origine sont maintenus mieux que par n'importe quel autre procédé. (…) Les aliments conservent au maximum leur valeur alimentaire, grâce à la rapidité des opérations* »[14].

---

[8] Archives de Nicole et Andrée Braive, Fonds de l'Association Arts Ménagers.

[9] Archives Guélon (1946–1998) et documents de Christiane Cossus (1948–1978), Electropolis.

[10] Fonds « publicités » de la Bibliothèque Forney.

[11] Archives du GIFAM.

[12] Fonds d'archives du Conservatoire CSEB.

[13] Note d'information du CEDEF, 1979. Archives du GIFAM.

[14] Note d'information du CEDEF, 1979. Archives du GIFAM.

La cuisine évolue avec la société et pour appréhender ce nouveau système culinaire (suppression progressive des plats en sauce, développement de la cuisson vapeur, cuisine rapide, plats préparés et/ou à réchauffer), le micro-ondes est dès lors le compagnon idéal de cette transformation comme l'annonce le titre de la couverture de la revue *Nouvel Équipement du foyer*, de décembre 1978 (n° 80), « Une nouvelle manière de cuire, une autre cuisine avec… L'enceinte de cuisson à micro-ondes ».

> « Néanmoins, les micro-ondes ne peuvent pas provoquer le dorage d'un aliment. Or, certains pays, comme la France, ayant une prédilection pour les viandes dorées, les peaux « craquantes », « les cuissons intérieures juteuses » des poulets rôtis ou les gratins, certains fabricants ont doté leurs fours d'une résistance à dorer. À partir de là est née une lignée de « fours mixtes » qui ont contribué à entretenir un malentendu sur les utilisations de « l'enceinte de cuisson », appelée, sans doute à tort, « four micro-ondes ».
>
> En fait, avec cet appareil, c'est une nouvelle manière de cuire qui apparaît et qui devrait donner naissance à une nouvelle cuisine. En effet, il réalise aussi bien, mais plus rapidement que les fours traditionnels, la décongélation des mets ou d'aliments congelés ou surgelés, la mise à température des plats cuisinés réfrigérés ou non et la cuisson de certains aliments et préparations culinaires (en particulier les poissons, certains légumes et fruits, etc.). Mais en l'absence d'une résistance à dorer, la cuisson d'un poulet ou d'un rôti aux micro-ondes ne correspondra pas à ce qu'une ménagère attend habituellement. » (Nouvel Équipement du Foyer, 1978)[15]

Si le four micro-ondes est présenté comme un élément phare de « l'équipement des cuisines modernes » (CEDEF, 1975), capable d'accompagner l'invention d'une nouvelle cuisine, il doit faire face à deux freins majeurs qui marquent durablement son histoire : le premier est de l'ordre de la controverse. Des rumeurs sur l'impact des ondes sur les yeux des utilisateurs apparues au milieu des années 1960 aux États-Unis sont relayées en France entre 1973 et 1979 (Pujol, 1973)[16].

---

15 «Une nouvelle manière de cuire, une autre cuisine avec… l'enceinte de cuisson à micro-ondes », *Nouvel Équipement du Foyer*, décembre 1978, p. 44. Archives du GIFAM.

16 De même, la notice du four MTR12 Thermatronic de Thermador (1974) consacre plusieurs pages d'explication à travers des questions/réponses très précises comme : « *L'utilisation du four Thermatronic n'expose-t-elle pas à de dangereuses radiations ? Le Thermatronic émet-il des rayons X ? Les aliments cuits dans le Thermatronic contiennent-ils des Micro-ondes ? Que se passerait-il si j'exposais ma main à un haut niveau d'énergie de Micro-ondes telle que celle existant à l'intérieur du four ? En cours d'utilisation, des Micro-ondes peuvent-elles passer à travers le joint*

Désamorcées par les professionnels et les instances de normalisation, elles se déclinent épisodiquement encore jusqu'à aujourd'hui pour ce produit mais plus fortement dans le domaine de la téléphonie et de l'Internet[17] . Le second frein est de l'ordre de la culture technique et concerne la forme, l'ergonomie et le design de l'objet. Il peut être exposé en deux points. Les articles de presse datés de 1979–1985 et les archives consultées insistent sur la dimension nouvelle de cette technologie et l'importance de tester, d'apprendre des techniques et gestes nouveaux et de se familiariser avec les conditions d'utilisation de l'appareil, or, ni la documentation accompagnant le produit, ni l'ergonomie de celui-ci n'ont autorisé cette appropriation. Jusqu'aux années 1980, la totalité des micro-ondes est fabriqué hors de France[18] en série, pour l'ensemble des utilisateurs dans le monde. Les notices sont souvent mal traduites[19] insistent sur la présentation du fonctionnement et donnent les éléments sur la sécurité d'utilisation[20]. Il n'y a alors pas de livres de recettes, mais des tableaux mettant en lien le poids et la nature de l'aliment avec la durée de passage au four : l'utilisateur est livré à lui-même pour cuisiner,

---

du four Thermatronic ? L'exposition à ce niveau infime d'énergie dégagée par les Micro-ondes est-elle nuisible d'une façon quelconque ? Aux USA, l'Union des Consommateurs, organisme privé, a récemment critiqué violemment les Standards de Sécurité exigés par le Gouvernement fédéral en matière de déperdition de Micro-ondes. Que pensez-vous de ces critiques ? Qu'est-ce qui rend le four Thermatronic si sûr ? » (Fonds personnels).

17 Voir notamment le programme de recherche de l'ANSES, Agence nationale de sécurité sanitaire de l'alimentation, de l'environnement et du travail (www.anses.fr).

18 Moulinex implante sa première usine de micro-ondes en France en 1979.

19 Rapport CEDEF juin 1982, « Les micro-ondes pour quoi faire ? » et « 11 Fours à micro-ondes », *50 millions de consommateurs*, avril 1986, n° 183. Archives du GIFAM.

20 Les choix de présentation des aspects techniques sont la conséquence de deux raisons principales. Tout d'abord, le micro-ondes relève d'une technologie de pointe et est bien souvent fabriqué par des entreprises spécialisées dans la technologie du brun (radio, tv…) qui ont pour habitude de présenter longuement les aspects techniques dans les notices. Ensuite, la tendance jusqu'à la fin des années 1970 était de présenter dans les notices un chapitre conséquent sur le fonctionnement des appareils. Cette pratique est héritière de la scientifisation et de la technicisation des enseignements ménagers en France (sur ce point voir Brayet, Rojas, à paraître). Cynthia Cockbum et Susan Ormrod (1993) ont également mis en avant la dimension genrée de ces notices dans les années 1990, conduisant à la rédaction d'une notice technique par les concepteurs-hommes pour les utilisateurs-hommes.

inventer et innover en cuisine[21] ce qui peut expliquer en partie le repli pour certains vers des fonctions simples comme le réchauffage.

La forme et la dénomination même de l'appareil induisent l'utilisateur en erreur car il ne s'agit assurément pas d'un four. Les habitudes culinaires françaises confèrent au four des missions bien précises et en particulier celles de rôtir, de griller, de dorer, de gratiner, en formant sur les aliments une peau croustillante, aux couleurs alléchantes, bien typiques de la cuisine française. De même, les gestes techniques liés à l'usage d'un four ne sont pas opérables dans un micro-ondes. Ainsi, le guide pratique du CEDEF, « Cuisiner aujourd'hui, Les micro-ondes », se doit de préciser en plus de la liste des matériaux et formes de plats autorisés : « Ne jamais préchauffer l'enceinte à vide. C'est inutile, et cela risque de détériorer l'appareil »[22].

Par ailleurs, une idée fortement répandue lie le développement du four à micro-ondes à celui du congélateur (et des produits surgelés). Si l'évolution de ces deux derniers est à la hausse sur cette même période entre 1975 et 1985, la trajectoire est bien différente et cette affirmation ne sera vraie que dans un second temps (après 2000). Contrairement au four à micro-ondes, l'acquisition de congélateurs se répand rapidement dès les années 1970 (un quart des ménages équipés) et est dans un premier temps plutôt un achat des ménages habitant en milieu rural (Delaunay, 2003 ; Guillou Et Guibert, 1989). C'est ainsi moins la présence simultanée de ces appareils dans le foyer que les évolutions du discours sur la technique et les adaptations techniques aux pratiques culinaires souhaitées (réchauffage/décongélation) et non imaginées (cuisson et mijotage) qui va produire un usage combiné de ceux-ci. La non prise en compte de la culture culinaire et technique des Français et l'histoire quasiment linéaire

---

21 Article intitulé « Plein feux sur les MO », paru dans *Le Quincailler moderne*, n° 424, avril 1981. Il est écrit : « *Après quelques essais, l'utilisateur est vite tenté d'expérimenter, en les adaptant, ses propres recettes ou les recettes traditionnelles pour profiter des avantages de rapidité de préparation et d'économie qu'offrent les micro-ondes. Beaucoup de recettes peuvent être ainsi « inventées ». La créativité du cuisinier amateur s'exercera facilement, par exemple à partir de mets typiques tels que ceux de la cuisine dite « nouvelle », de la cuisine orientale ou extrême orientale ou personnelle et à créer des plats dont l'originalité sera encore accentuée par cette nouvelle manière de cuire.* ». Archives du GIFAM.

22 « Cuisiner aujourd'hui, Les micro-ondes », guide pratique du CEDEF, 1983, p. 31. Archives du GIFAM.

du produit expliquent en partie[23] la faiblesse du taux d'équipement des Français en micro-ondes tout comme la lente progression des ventes au début des années 1980.

À partir des années 1980, conscient des erreurs stratégiques et techniques qui ont conduit à une très faible pénétration du marché français par le micro-ondes, données sociologiques en main, un fabricant de petit électroménager français, Moulinex, va faire le choix d'investir dans une branche « micro-ondes » et proposer ses propres produits. Ce choix étonne le monde de l'électroménager et intrigue SEB qui met en place une veille sérieuse sur la fabrication des micro-ondes et qui malgré l'insistance de Jean Boiteux, en charge du département cuisson[24], ne se lancera pas dans la « bataille d'Europe du micro-ondes »[25]. Le pari de Moulinex semble gagné fin 1980. D'après le GIFAM, en France, entre 1987 et 1990, ce sont le Moulinex 2935Q (24 litres, plateau tournant, 900 W, une touche quick programmable pour les cuissons répétitives, un seul geste au lieu de 3) et le 2945 GS de 1 300 W avec gril qui représentent les meilleures ventes.

Moulinex a choisi de se lancer dans la fabrication des micro-ondes en 1979 en appliquant les trois concepts clés de la maison normande : simplicité, robustesse et prix. Les deux premiers relèvent de la conception, le troisième de la production. Sur ce point, Moulinex a appliqué un principe acquis au fil de l'histoire de l'entreprise : l'intégration. L'entreprise fabrique elle-même l'ensemble de ses composants : fils électriques, moteurs, transformateurs. Pour le magnétron, alors uniquement fabriqué au Japon et en Corée, Moulinex a choisi de mettre au point, à Cormelles-le-Royal, dans les faubourgs de Caen, une ligne expérimentale de production de magnétrons. Elle fonctionne alors régulièrement avec la possibilité de passer au stade industriel en cas de remontée du cours du yen justifiant l'investissement nécessaire dans une production maison. La maîtrise de cette technologie en interne permet également de négocier les prix avec les fournisseurs asiatiques.

---

[23] Des études conduites par le CEDEF mettent en avant que le prix, s'il est parfois un frein, n'est pas le principal argument de rejet : « *la politique des ménages n'est pas toujours directement proportionnelle à leurs revenus* ». Rapport CEDEF juin 1982, « Les micro-ondes pour quoi faire ? ». Archives du GIFAM.

[24] Légumes, lave-vaisselle.

[25] Les journalistes présentent dans cet article la concurrence féroce que se livrent les producteurs européens et asiatiques. Archives du GIFAM.

Sur la question de la conception, selon Jacques Rouaud, dernier commissaire du Salon des Arts ménagers :

> Moulinex applique une méthode éprouvée en interne et inculquée par Jean Mantelet : écoute des utilisateurs potentiels, réponse à chaque critique par une solution technique et surtout faire coïncider la technique aux usages et non l'inverse. Les fours micro-ondes étaient très présents dans les self-services ce n'était pas un produit totalement nouveau. Les gens connaissaient l'appareil ou du moins le pensaient-ils et ils s'en faisaient une idée très précise. Il fallait proposer le produit qui réunisse toutes les réponses à toutes les attentes.[26]

Les études sociologiques sur le micro-ondes de début 1980 ne permettent pas de définir un « hommo-micro-ondiens » (sic)[27] idéal et unique mais selon Henri Charmallet, directeur de la ligne de produits cuisson chez Moulinex la connaissance des goûts culinaires permet de coller à la demande[28]. Moulinex va ainsi synthétiser en un seul produit les attentes révélées par les différentes enquêtes : baisse du prix, simplicité d'usage, livre de recette et aide pour choisir les fonctions, plateau tournant, gril, puissance élevée.

La réussite du four micro-ondes Moulinex témoigne en quelque sorte du flop que représente le four à micro-ondes en France. Au final si la technologie micro-ondes conquiert les foyers français, l'objet technique a été adapté, transformé et voit ses capacités sous-utilisées pour apparaître dans les imaginaires comme un succédané de four traditionnel : avec le gril (ou les versions combinées) on tente de reproduire la réaction de Maillard possible uniquement par la cuisson thermique, avec le plateau tournant on donne l'illusion d'une cuisson plus homogène et d'une reproduction de la gestuelle traditionnelle (tourner les aliments dans la casserole)… Mais la montée exponentielle en puissance des appareils destinés au marché français révèle la réalité des usages : au début des années 2000, plus de 70 % des Français possèdent un micro-ondes mais très peu l'utilisent pour cuire ou pour créer des recettes, c'est un outil utilisé quasi exclusivement pour chauffer des liquides, décongeler et

---

26 Interview de Jacques Rouaud réalisée à Paris, à son domicile, 2 juin 2009, durée 2 h.

27 Rapport CEDEF juin 1982, « Les micro-ondes pour quoi faire ? », p. 22. Archives du GIFAM.

28 « Micro-ondes : la bataille de l'Europe », août–septembre 1991, revue *Le nouvel équipement du foyer*, n° 162. Archives du GIFAM.

réchauffer les plats préparés traditionnellement[29]. Les micro-ondes ont bien envahi les cuisines, mais elles n'ont pas réussi à révolutionner la pratique culinaire.

5. L'expérience du micro-ondes Spoutnik de Brandt, 2011 : le flop du « premier vrai micro-ondes » ?

L'histoire du micro-ondes est marquée par ces deux incompréhensions l'une technique et l'autre culturelle qui se rencontrent dans la forme de « four » donné à cet objet : comment et que cuisiner avec des ondes ultra-courtes ? Quelle forme et place donner à cet objet dans la cuisine ? Si l'évolution technique du produit est linéaire, la vie du micro-ondes n'est pas un long fleuve tranquille. Après avoir été un objet de curiosité en raison de la technique employée, celui-ci est désormais soit caché, encastré dans des cuisines incorporées habillée de placage bois et laqué, soit un objet disparu, combiné dans l'enceinte d'un four traditionnel. Une expérience a néanmoins été tentée en 2011 avec le développement par Brandt d'un nouvel appareil à micro-ondes. Ce micro-ondes propose de revisiter la cuisson en s'appuyant cette fois-ci sur l'histoire de cette technologie. Nous avons pu interviewer Régis Dando, alors Chef de Projet Innovation chez Fagor Brandt, chargé du développement de l'Innovation du Spoutnik. Il a porté le produit dans sa gestation jusqu'à sa naissance commerciale et a travaillé sur la phase implémentation de l'innovation, la conception, les prototypes et le développement industriel :

---

[29] De nombreuses enquêtes réalisées dans les années 1980 auprès de consommateurs par le groupe SEB, le GIFAM et par la SOFRES mettent en évidence une méfiance des Français pour cet objet qu'ils ne considèrent alors pas comme un objet de cuisine mais un outil seulement apte à réchauffer un plat déjà cuisiné. Ainsi, une étude menée par le groupe SEB en 1987 révèle que 59 % des personnes possédant un micro-ondes l'utilisent pour réchauffer, 26 % pour la décongélation et seulement 15 % pour la cuisson (Conservatoire SEB, 1 SAS SEB 184, étude de produits, dossier « micro-ondes »). Ces chiffres recoupent les propos du recueil de témoignages oraux et la diffusion de questionnaires que nous avons réalisé en 2009 (Recueil de 25 témoignages et diffusion de 278 questionnaires depuis février 2009). À la question posée aux personnes qui ne possédaient pas de micro-ondes avant 2000, « pourquoi n'avez-vous pas utilisé, avant 2000, un micro-ondes pour cuisiner ? », 81 % des enquêtés répondent qu'on ne peut pas cuisiner au micro-ondes, parce que « c'est mauvais, ce n'est pas fait pour cuire ».

Je travaillais en binôme avec Tom Snow, Innovation Context Designer, qui a construit le concept initial en menant une démarche systémique originale et remarquable issue de ses propres réflexions et synthèse de ses recherches. Au sein du département Innovation du Groupe Fagor Brandt, nous étions le binôme au cœur du projet, depuis le début de l'idée jusqu'à sa sortie. Ce qui est plutôt exceptionnel dans le développement d'un produit, le contexte dans lequel nous étions permettant cette organisation.[30]

Pour Brandt il s'agissait d'explorer les possibilités d'utiliser les micro-ondes mais en se détachant du carcan du four. L'analyse du marché de l'époque permet de voir que la volonté de compacité guidait la majeure partie des fabricants. Ainsi le MAX de Whirpool propose un four légèrement arrondi pouvant se placer dans un angle de la cuisine. Régis Dando se souvient :

À l'Innovation, nous n'avons pas été sollicités pour développer un produit compact avec un maximum de puissance et de fonctions. Nous travaillions à l'époque sur plusieurs technologies, dont l'automatisation de la cuisson et du réchauffage. Nous avons décidé d'explorer la possibilité d'intégrer notre technologie innovante qui permettrait de simplifier l'utilisation du micro-ondes. C'est à partir de ce moment-là que nous nous sommes intéressés en détail à ce qu'était un micro-ondes et à ce qu'il pouvait apporter à l'utilisateur. Il n'y a donc jamais eu de cahier des charges !! Nous étions dans un mode ouvert de construction d'un concept qui prenait forme peu à peu, continuellement enrichi de recherches et réflexions approfondies et menées par Tom Snow, dans un fonctionnement que l'on pourrait qualifier aujourd'hui de méthode Agile.[31]

Commence alors pour ce binôme d'innovateur une recherche sur l'histoire des micro-ondes tant sur les aspects techniques que formels. Tom Snow s'étonne alors que la forme n'ait jamais évolué, que la technique soit restée enfermée dans un four à cavité carrée et ce malgré des inconvénients évidents liés à cette forme : défaut de visibilité de l'aliment, difficultés de nettoyage, encombrement, esthétique restreinte à la façade :

Tom Snow a recherché, identifié et étudié les études de marchés disponibles, thèses, documents… qui permettaient d'apprécier l'état de l'art sur les fours micro-ondes et leurs utilisations. Nous avons analysé les concurrents, leurs positionnements, et estimions que les tops et les flops n'étaient pas liés à

---

30 Entretien avec Régis Dando le 17 août 2020.

31 Idem.

> la qualité d'une idée, d'une innovation ou d'un concept, et plutôt liés aux spécificités d'une organisation, contraintes à des processus de l'entreprise et/ou de fortes personnalités internes axées sur leurs intérêts personnels.[32]

Le département innovation réalise alors ses propres études marketing qualitatives et en *focus group* avec la participation d'un psychologue. Des rencontres et des échanges sont organisés avec des étudiants, des chercheurs, des experts (Royal College of Art, sémiologue, professeur économiste, spécialistes en diffusion de lumière, designer du son…). Régis Dando, de formation ingénieur en mécanique & électrotechnique, étudie les dimensions techniques, la production de l'usine de fabrication de micro-ondes d'Aizenay (Vendée). Il s'entoure d'experts :

> J'ai rencontré notamment le Docteur en Micro-ondes, Abdelaziz Bouirdene. Je me suis adressé à des laboratoires et sous-traitants externes spécialisés dans les matériaux et leur mise en forme, étudié la faisabilité technico-économique du produit et réalisé des prototypes techniques et fonctionnels pour tester et valider les aspects normatifs et sécuritaires. Dany Ginzburg, Ingénieur Électronique Innovation de l'équipe Innovation, a travaillé avec nous pour monter et mettre au point l'électronique des prototypes utilisateurs.[33]

Le produit intègre des innovations techniques développées pour d'autres objets électroménagers du groupe comme les capteurs d'humidité pour optimiser la cuisson dans les fours traditionnels, repensées ici pour identifier le poids des aliments déposés dans le micro-ondes. Sont notamment développés : un travail avec Arcelor Mittal pour réaliser la grille, une réflexion avec Saint Gobain pour produire un verre permettant le reflet de la lumière sur le plateau tournant. Le travail sur la lumière a aussi pour objectif de répondre à un besoin sécuritaire et culturel de l'utilisateur : il peut grâce à une lumière indiquant la température avoir une perception de la chaleur et des ondes. Les plus gros problèmes techniques sont alors la gestion de la condensation dans une forme sphérique et la bonne répartition des ondes.

Les utilisateurs sont pris en compte et écoutés mais l'usine de production également : la réflexion menée par Régis Dando et Tom Snow vise à maintenir la fabrication et donc l'emploi à l'usine d'Aizenay. Pour réduire les coûts, ils décident de ne pas développer de nouveaux

---

[32] Idem.

[33] Idem.

modules techniques et de ne s'appuyer que sur des composants existants. Cela influence la forme de l'objet.

À partir de l'idée jusqu'à sa commercialisation, il aura fallu environ 5 ans pour développer Spoutnik : un an a été nécessaire pour développer le concept et communiquer en interne « pour convaincre avec ténacité le marketing et les dirigeants de l'industrialiser », et environ un an pour l'industrialiser. Le pari était osé : « *Nous ne l'avons pas conceptualisé comme étant un four, mais comme le premier micro-ondes au monde (le premier micro-ondes qui ne ressemble pas à un four !!)* ».

En interne le Spoutnik cristallise les tensions dans une entreprise en difficulté. Au départ du Directeur de l'innovation, Brandt ne remplace pas ce poste. L'équipe travaille en autonomie et élabore un concept de A à Z. Mais si l'absence d'un responsable autorise des prises d'initiative et des expériences dans la définition du projet, elle pèse lourd dans la perception au sein de l'entreprise des productions de ce service. Le service marketing s'oppose à ce produit, ne le comprend pas et n'adhère pas au projet, mais face aux succès des prototypes présentés, finit par l'accepter et tenter d'imposer son point de vue sur l'objet : une fabrication en Chine et un prix de vente très bas. Dans le contexte de réduction généralisée des coûts à l'heure à l'œuvre chez Brandt, il est décidé de fabriquer le produit en Chine dans son intégralité. Après étude le prix est maintenu. La direction du Design de Brandt aussi rejette l'objet et propose également une nouvelle forme qui ne sera pas retenue par le panel de testeurs.

Le Spoutnik a été commercialisé en France et en Chine. Présenté à la Foire de Paris, il a gagné le prix de l'innovation. En Chine, le partenaire fabricant chinois de Fagor Brandt, Galanz, a misé sur une cérémonie de lancement originale :

> La cérémonie a fait un gros buzz localement (casse d'un bloc de glace faisant découvrir le micro-ondes dans lequel était placé !), et provoqué une demande frénétique en Chine pour l'acheter (assimilée dans les médias aux queues pour l'achat d'un iPhone !!). Le côté exceptionnel du produit est qu'il était identique sur tous les marchés sur lesquels il a été commercialisé : en France, Chine, Espagne, Angleterre, Russie, Inde. Il n'y a pas eu d'adaptation technique ou esthétique. Seul le nom était différent, les Chinois ayant gardé le nom de code que nous avions choisi pour le projet innovation : UOVO. Le marketing ayant choisi le nom SPOUTNIK pour le marché européen.[34]

---

[34] Idem. Ce n'est pas l'objet de cet article mais le choix du nom « Spoutnik » pour un four mériterait également une étude sur le développement marketing chez Brandt.

Le produit a été vendu mondialement à 100 000 exemplaires (quatre coloris composaient la gamme : bleu – vert – orange – violet). Il change de statut dans la cuisine et devient visible, un fier objet. Le produit n'intègre malheureusement pas tous les ingrédients du concept développé par le département innovation. Si le design est exactement le même que le prototype concept, les fonctionnalités innovantes imaginées n'ont pas été retenues : l'automatisme intuitif et auto-apprenant avec touche de sélection unique ; affichage projeté sur le plan de travail ; plan d'évolutions techniques sur 5 ans.

Le Spoutnik avait comme objectif de s'appuyer sur la culture culinaire, la pratique intuitive de la cuisine tout en revenant historiquement à l'objectif initial de la cuisson par les micro-ondes. L'appareil plafonne à 700 W là où ses concurrents dépassent les 1 000 W : l'objectif de puissance exigé par les consommateurs et les services marketing est délibérément oublié. Pour Régis Dando, cela tient au fait que « l'utilisateur est esclave fonctionnel du four micro-ondes ».

Depuis les années 1970, on demande aux utilisateurs d'obtenir un résultat en fonction de la puissance, de la durée estimée, de la température initiale de l'aliment, de sa structure et dans l'idéal de se souvenir des résultats précédents pour ajuster les prochaines modalités à effectuer :

> Ce qui est quasiment impossible pour un utilisateur commun, à moins de prendre des notes à chaque réchauffage sur la température initiale de l'aliment, du temps, de la puissance, et de la température à la sortie du produit, réaliser un abaque et l'utiliser à chaque réchauffage ! Avec Spoutnik, le concept change, au lieu de programmer une durée et une puissance, l'utilisateur choisit un résultat et la machine s'adapte.[35]

La mise sur le marché est néanmoins trop rapide pour finaliser le produit de manière qualitative. Des ajustements électroniques (câblages électronique) et mécanique (charnière) auraient été nécessaires. La production et commercialisation de ce produit en Europe a été stoppée avec le dépôt de bilan du groupe Fagor Brandt en 2013. Galanz continuera

---

Ce nom renvoie en effet à un imaginaire lié aux tous débuts de la conquête spatiale, à l'époque où les Russes étaient précurseurs dans ce domaine (pensons à l'envoi du chien Laïka dans l'espace, etc.). Dans les années 1960 cela a inspiré la forme et la dénomination de nombreux objets (notamment ménagers) comme les téléviseurs Téléavia ou les aspirateurs Hoover. Utiliser cette référence en 2011 ne donne-t-il pas une image un peu datée de l'innovation ?

35 Idem.

la production après avoir considérablement modifié le design et les fonctionnalités de commande du produit, dénaturant le projet initial. Les nouveaux ajustements chinois sont un échec. La réflexion systémique qui a conduit à la production de ce type de micro-ondes questionne les sens de l'innovation, directions et objectifs. Lignées technologiques, appréhension des cultures techniques, histoire du produit, des échecs et des réussites, en un sens, le regard vers l'histoire autorise une recherche et le développement d'une innovation de rupture. Elle donne enfin une légitimité à une innovation au service des usages et des usagers, moins pour satisfaire un besoin imaginé que pour répondre à une fonction.

6. Conclusion

L'étude biographique (Forest, Chouteau, Nguyen, 2018) recèle un fort potentiel heuristique pour l'étude des mécanismes de l'innovation d'une part et la place des sciences historiques d'autre part. Ainsi, les grandes étapes de la vie du micro-ondes permettent-elles d'interroger aussi la définition d'une innovation réussie et d'un échec. Un objet considéré aujourd'hui comme indispensable et omniprésent a pu, dans son développement, connaitre une succession d'échecs, de flops avant d'être adopté par une majorité de foyers. De même un objet qui est un succès commercial peut être un échec d'usage plus ou moins important. Ainsi la cuisson par micro-ondes est une idée technologique persistante, un de ces imaginaires qui traversent le XXe siècle. Elle est rendue pensable puis possible par les réussites d'autres innovations comme la radio et les radars. Pendant près de 50 ans, c'est un futur « projeté », annoncé comme le présent de demain et repoussé sans cesse à après-demain. C'est un processus courant, classique mais souvent oublié (Buxton, 2008). Rendu réel, concret à travers le four à micro-ondes, la phase d'appropriation par les usagers peut alors démarrer. Elle sera longue et riche d'enseignements également car là encore le four à micro-ondes interroge. Les imaginaires technologiques des ingénieurs et les représentations culinaires des usagers à l'œuvre dans la société de l'époque conduisent à enfermer la technologie dans la forme convenue du four empêchant pendant plus de 60 ans toute tentative d'exploration d'un autre design. La confrontation de ces imaginaires préconçus à la réalité des usages finit par limiter et brider fortement la technologie à l'œuvre dans le micro-ondes. La réussite de cet appareil culinaire en France tient essentiellement à la prise en compte anthropologique, par les ingénieurs, de la culture technique et culinaire des Français. C'est ce qui a finalement autorisé la pénétration de cet OCNI (Objet culinaire non identifié) dans la cuisine. La trajectoire de cet objet du rejet à l'acceptation par la connaissance de sa biographie révèle l'importance de la prise en compte de l'histoire et la culture technique dans la conception par les ingénieurs et la diffusion des innovations au sein des foyers. Une importance prise en compte désormais dans différents domaines par les designers, ingénieurs, chercheurs dans les travaux récents en conception des usages notamment la théorie CK, *Conception/Knowledge* (Sampsa, 2006 ; Hatchuel, Weil, 2014). Enfin, cette étude a mis en lumière et conforté l'approche méthodologique systémique pour l'étude d'un objet technique du quotidien (Brayet, 2017) à travers la mise en place d'une lignée d'objet technique (Deforge, 1985) et l'intégration également des narrations, des récits techniques (Chouteau, Nguyen, Forest, 2021), des imaginaires (Garçon, 2012 ; Kröger, Maestrutti, 2018) et des éléments de compréhension de l'histoire de la démocratie technique (Lamard, Lequin, 2015).

Bibliographie

Akrich M. (1992), The description of technical objects, in *Shaping Technology/Building Society, Studies in Sociotechnical Change*, Bijker WE, Law J. (eds), Cambridge, MIT Press, pp. 205–244.

Alexandre-Bidon D. (2005), *Une archéologie du goût, Céramique et consommation*. Paris, Edition Picard.

Appadurai A. (eds) (1986), *The Social Life of Things: Commodities in Cultural Perspective,* Cambridge, Cambridge University Press.

Article intitulé « Plein feux sur les MO », paru dans *Le Quincailler moderne*, n° 424, avril 1981. Archives du GIFAM.

Gille B. (1978), *Histoire des techniques,* Paris, Encyclopédie de la Pléiade.

Blanchard Y. (2020), *Maurice Ponte and Hanri Guitton, pioneers of early french studies on resonant magnetron (1932–1940)*, Conference: CAVMAG 10 International Conference on the Origins and Evolution of the Cavity Magnetron Origins and Evolution of the Cavity Magnetron.

Bonnot T. (2002), *La vie des objets,* Mission du Patrimoine Éthnologique, Paris, Éditions de la Maison des Sciences de l'Homme.

Boudan C. (2008), *Géopolitique du goût, la guerre culinaire, Paris,* PUF.

Brayet A., Rojas L. (à paraître), *Women, technology and rationalization: the beginnings of a new applied domestic science in France (1915–1940).*

Brayet A. (2009), *Ma cocotte bien aimée, histoire et mémoire d'un objet quotidien*, Saint-Étienne, PUSE.

Brayet A. (2017), *Des modes d'appropriation des objets techniques de la vie quotidienne, le cas des Arts ménagers culinaires,* Thèse de l'Université de Technologies de Belfort-Montbéliard – IRTES / RECITS, Belfort, France.

Brittain E.-J. (1985), The magnetron and the Beginings of the Microwave Age, *Physics Today*, 38, 7, p. 60.

Buxton B. (2008), *Sketching User Experiences,* Amsterdam, Elsevier/Morgan Kaufmann.

Buxton B. (2008), *The Long Nose of Innovation* (paper online: https://www.lri.fr/~mbl/ENS/FONDIHM/2013/papers/Buxton-BusinessWeek09.pdf)

Capatti A. (1989), *Le goût du nouveau, origines de la modernité alimentaire,* Paris, Albin Michel.

Caron F. (1984), *Les brevets, leur utilisation en histoire des techniques et en économie,* Table Ronde organisée par l'auteur, IHMC, Paris, Édition du CNRS.

Chabaud-Rychter D. (1995), Les usagères dans le processus de conception d'appareils électroménagers, *Cahiers du Gedisst,* n° 13, pp. 52–73.

Chabaud-Rychter D. (1994), Women users in the design process of a food robot: Innovation in a French domestic appliance company, In Cockbum C., Fiirst-Dilic R. (eds).

Chouteau M., Forest J., Nguyen C. (2021), *L'innovation au service de la société. L'approche P.S.I.* Smart Innovation, Londres. ISTE Éditions.

Cockbum C., Ormrod S. (1993), *Gender and Technology in the Making,* London and Newbury Park, Sage.

« Cooking with short waves », *Short Wave Craft*, novembre 1933, p. 394–395.

Deforge Y. (1985), *Technologie et génétique de l'objet industriel,* Paris, Maloine.

Delaunay Q. (2003), *Société industrielle et travail domestique, l'électroménager en France (XIXe–XXe siècle),* Paris, L'Harmattan Logique sociale.

Devaux P. (1950). « *Le Figaro* », 4-3-1950.

Edgerton D. (2013), *Quoi de neuf ? Du rôle des techniques dans l'histoire globale.* Paris. Seuil.

Forest J., Nguyen C., Chouteau M. (2018), *Genèse des innovations. Les biographies comme vecteur de connaissances du processus d'innovation,* Belfort, Éditions de l'Université Technologique de Belfort-Montbéliard.

Fourastié J., Fourastié F. (1950), *Les arts ménagers.* Paris, Presse Universitaire de France.

Garçon A.-F. (2012), *L'imaginaire et la pensée technique. Une approche historique,* XVIe–XXe siècle. Paris. Garnier.

Guillou A., Guibert P. (1989), Le froid domestiqué : l'usage du congélateur, *Terrain,* 2, pp. 7–14.

Hatchuel A., Weil B. (2014), *Les nouveaux régimes de la conception.* Paris. Hermann.

« Invention Sensationnelle, La cuisine à la TSF », *La liberté,* 6 mars 1928, Bibliothèque nationale de France, département Droit, économie, politique, JOD-189.

Jacomy B. (2002), *L'âge du plip. Chronique de l'innovation technique,* Paris, Seuil.

Kröger F., Maestrutti M. (2018), *Les imaginaires et les techniques.* Paris, Presses des Mines.

Lamard P., Lequin Y.-C. (dir). (2015). *Éléments de démocratie technique,* Belfort, Éditions de l'Université de Technologie de Belfort-Montbéliard.

Latour B. (1989), *La science en action,* Paris, La Découverte.

Ministère de la culture, Fiche de l'inventaire nationale du Patrimoine Culturel Immatériel de la France, ganterie de peau de Saint-Junien, 2008.

Morin E. (2000), *Les sept savoirs nécessaires à l'éducation du futur,* Paris, Seuil.

Nay L. (2017). Une formation en ganterie à CTC, dans *Innovation Recherche & Développement,* 2 septembre 2017, consulté sur le site Internet du CTC : https://www.ctcgroupe.com/fr/blog/20/2017-09-02/une-nouvelle-formation-en-ganterie.html

Nova N. (2011), *Les flops technologiques. Comprendre les échecs pour innover,* Paris. Fyp.

Pinch T.-J., Bijker W.-E. (1990), The social construction of facts and artifacts: Or how the sociology of science and the sociology of technology might benefit each other, in Bijker W.-E., Hughes T.-P., Pinch T. (eds),

The Social Construction of Technological Systems. Cambridge and London. MIT Press.

Rouaud J. (1989), *60 ans d'Arts Ménagers, tome 1 : 1923–1939, le confort,* Paris, Syros Alternatives.

Rouaud J. (1993), *60 ans d'Arts Ménagers, tome 2 : 1948–1983, la consommation,* Paris, Syros Alternatives.

Rousseau C. (2012). Chanel met la main sur le gantier Causse, *Le Figaro.fr*, 26 septembre 2012.

Sampsa H. (2006), Representations of Use and Practice- Bound Imaginaries in Automating the Safety of the Elderly, *Social Studies of Science,* 36, 4, pp. 599–626.

Simondon G. (1989), *Du mode d'existence des objets techniques,* Paris, Aubier. L'invention Philosophique.

Stephan K. (2020), Experts at Play: Magnetron Research at Westinghouse, 1930–1934, *Technology and Culture,* 42, 4 pp. 737–749.

Thermoz-Liaudy C. (2019). FST Handwear: marketing stylé, dans *L'essor Isère*, 6 août 2019, consulté sur : https://www.lessor38.fr/fst-handwear-marketing-style-25214.html

Anticipation romanesque et innovation culinaire (vers 1840–1930). Explorer les imaginaires de la cuisine du futur.

Noémie Boeglin
FEMTO-ST/RECITS, Université Bourgogne Franche-Comté

1. Introduction : des questions d'actualité

Depuis 1970, l'ONG Global Footprint Network et le WWF établissent le « Jour du dépassement » (*Earth Overshoot Day).* Ce jour, qui ne cesse d'avancer dans l'année, correspond à celui où la biocapacité de la planète est dépassée par l'empreinte écologique de l'humanité[1]. Parmi les solutions préconisées, ces organisations en suggèrent quelques-unes qui semblent faire écho à d'autres plus anciennes : réduire le gaspillage alimentaire et diminuer notre consommation de protéines animales[2]. Dès le premier tiers du XIXe siècle, les scientifiques comme les écrivains s'intéressent au sujet, avec une nette accélération au seuil du XXe. Formulées dans un tout autre contexte, celui de la fiction, ces questions de science portent en leur sein des interrogations qui résonnent aujourd'hui avec des innovations dont la familiarité peut sembler étonnante.

La période 1840–1930 est particulièrement riche en récits d'anticipation dans lesquels de nombreux thèmes sont abordés, notamment celui de l'alimentation, qu'il s'agisse de dresser un décor ou de réagir par rapport aux recherches contemporaines. Alimentation et hygiène sont liées dans les préoccupations des romanciers, traduisant la naissance d'un véritable « État hygiéniste » comme le rappelle Valérie

1 Bien que critiqué, cet élément a le mérite d'attirer l'attention du grand public sur son mode de vie. Voir : https://www.wwf.fr/jour-du-depassement (Consulté le 18 octobre 2020).

2 https://www.wwf.fr/agir-au-quotidien (Consulté le 8 février 2021).

Stiénon (2018), dans lequel la chimie occupe une bonne part. Dans leur *Histoire* de *la chimie*, Bernadette Bensaude-Vincent et Isabelle Stengers indiquent qu'« avant l'électricité, la chimie alimente la littérature sur les merveilles de la science et de l'industrie» (Bensaude-Vincent, Stengers, 1993). Revues, sociétés chimiques, institutions, enseignement supérieur... la chimie se diffuse dans la société et s'impose jusque dans la littérature. On y retrouve des imaginaires liés à l'alimentation qui rejoignent ceux des chercheurs d'hier et d'aujourd'hui : réduire la consommation, améliorer les qualités nutritives, gagner du temps en supprimant le temps des repas c'est-à-dire de la dégustation, privilégier les cuisines centrales aux cuisines domestiques... Selon Jarrige et Morera, l'imaginaire peut renvoyer au sens premier à ce qui n'existe pas, ce qui est sans réalité. Mais il peut aussi être une « sorte de rêverie, une projection dans un temps ou un espace éloignés d'une réalité souhaitée ; un ensemble de représentations imagées» (Jarrige, Morera, 2006).

Nous avons composé un *corpus*[3] de onze textes retenus au sein de la production littéraire française. Ces textes créent une continuité chronologique sur l'ensemble de la période, et mettent en évidence la persistance et la récurrence des réflexions liées à la question de l'alimentation. À travers ce *corpus*, nous avons fait émerger deux thématiques qui témoignent des travaux des chimistes et des inventeurs du XIXe siècle, bien qu'elles ne soient souvent que des éléments de l'arrière-plan des récits :

- la nourriture de synthèse ;
- les cuisines-laboratoires externes aux domiciles.

Ces thématiques se complètent, se répondent, s'entrecroisent et/ou se substituent l'une à l'autre dans les récits retenus. Elles interrogent la forme de l'alimentation et la manière de la consommer, mais également

---

[3] Six romans, trois nouvelles et deux textes à mi-chemin entre le roman et la nouvelle. *Hurlubleu, grand Manifafa d'Hurlubière, ou la perfectibilité. Histoire progressive* de Charles Nodier (1833) ; *Le Monde tel qu'il sera en l'an 3000* d'Émile Souvestre (1846) ; *Le Vingtième siècle* (1883), *La Vie électrique* (1890), *En 1965* (1919) et *Un chalet dans les airs* (1925) d'Albert Robida ; *La vie électrique* et *Un empoisonnement au XXIe siècle* (1887 tous les deux) de Jean Rameau ; *La Journée d'un journaliste américain en 2889* (1889) de Jules Verne ; *La Fin du monde* (1894) de Camille Flammarion et *L'île aérienne* (1931) de Max-André Dazergues. Ce dernier a été publié pour la première fois sous le pseudonyme d'André Star en 1931. Nous utiliserons la réédition de 1946 sous son nom véritable.

la place et la forme de la cuisine – entendue ici simultanément en tant qu'espace et pratique. Au cours du XIXe siècle, la chimie transforme tout, du paysage à la santé en passant par la vie quotidienne. « Peu à peu, les produits d'extraction sont supplantés par des produits artificiels, de substitution » rapportent Bensaude-Vincent et Stengers (Bensaude-Vincent, Stengers, 1993, p. 135).

Les deux thématiques que nous avons identifiées forment un tout à travers lequel des auteurs imaginent le futur de l'alimentation humaine en s'inspirant des recherches scientifiques. Précisons qu'il s'agit de futurs entendus au pluriel, parce que les temporalités de ces fictions sont multiples : XXe siècle (mais imaginé au XIXe), XXIe siècle, du XXVe siècle à 10 millions d'années, l'an 3000 ou « avant longtemps » (Rameau, 1887a). Nous avons toutefois choisi de ne pas prendre en compte la temporalité des récits en les étudiant en parallèle les uns des autres car ils font appel à des idées proches. Tous sont porteurs d'interrogations et de craintes quant à l'avenir, d'espoirs en la science en général et en la chimie en particulier, de doutes sur la qualité de l'alimentation future. Fiction et recherches scientifiques se croisent durant la période charnière des XIXe et XXe siècles. Ces rencontres autour des questionnements sur la nourriture sont révélatrices des recherches chimiques du temps sur l'alimentation, mais interrogent également l'avenir : comment faire face à l'accroissement des besoins liés à la consommation alimentaire mondiale, à la pénurie des ressources pour nourrir l'ensemble de l'humanité, aux manques à venir régulièrement annoncés ? Les interrogations et les espoirs qui sont développés dans la fiction sont très proches de ceux que nous nourrissons aujourd'hui.

Nous nous interrogeons ici sur la manière dont ces récits deviennent des outils de vulgarisation véhiculant des représentations et « participant à la symbolisation des techniques » comme le suggèrent Chouteau et Nguyen (2019). Comment, en traduisant les recherches scientifiques en particulier dans la chimie, ces textes fictionnels peuvent-ils devenir des sources d'inspiration pour les scientifiques contemporains, passés ou présents dans le domaine de l'alimentation ?

Basée sur l'analyse des idées et des espoirs fictionnels, la démarche exploratoire engagée permet d'interroger les pratiques et questionnements actuels. Le *corpus* retenu est conçu comme un échantillon permettant non seulement de saisir les idées passées traitant de l'innovation culinaire, mais plus encore de mettre en exergue nos interrogations présentes. La première partie mettra en lumière la variété des produits de substitution à la nourriture présents dans le *corpus* composants de véritables menus. La deuxième s'intéressera à la figure de la cuisine centrale, laboratoire de production culinaire à très grande échelle et ses conséquences sur l'espace domestique. Cette pratique exploratoire des propositions romanesques conduit dans la troisième partie à des réflexions conclusives et à considérer ces œuvres comme des ressources d'innovation pour notre époque.

2. Nourriture de synthèse : pilules versus « mets véritables »

Marcellin Berthelot[4], dans son discours « En l'an 2000 » prononcé durant le banquet de la Chambre syndicale des produits chimiques le 5 avril 1894, annonce : « Un jour viendra où chacun d'entre nous emportera pour se nourrir sa petite tablette azotée, sa petite motte de matière grasse, son petit morceau de fécule ou de sucre, son petit flacon d'épices aromatiques, accommodées à son goût personnel [...] » (Berthelot, 1897, p. 513).

Cette projection, émise dans les dernières années du siècle n'est pas inédite. De nombreux auteurs de fiction l'avaient anticipée ou l'ont reprise par la suite. Citons notamment Charles Nodier, Émile Souvestre, Albert Robida ou Max-André Dazergues. Tous intègrent à leurs récits des aliments artificiels ou synthétiques[5] nés de la chimie, qui adoptent des formes diverses. Ernest Renan, dans ses *Dialogues philosophiques* revendique cet appel à la chimie :

> « Qu'on se figure seulement la révolution sociale qui s'accomplira quand la chimie aura trouvé le moyen, en imitant le travail de la feuille des plantes et en captant l'acide carbonique de l'air, de produire des aliments supérieurs à

---

[4] (1827–1907). Chimiste, il a été notamment professeur au Collège de France, à l'École de pharmacie, président de la Société chimique de France, secrétaire perpétuel de l'Académie des Sciences. (Voir Bensaude-Vincent, Stengers, 1993, p. 126).

[5] « Que désigne exactement la synthèse pour les chimistes du XIXe siècle ? Sur fond d'une idée générale de construction ou de composition d'une substance, ce terme recouvre plusieurs acceptions bien différentes. On a coutume de distinguer les synthèses en fonction de la nature du produit – soit une substance naturelle reproduite en laboratoire soit un produit artificiel –, et on combine ce paramètre avec la nature des éléments de départ : soit des substances artificielles, soit des éléments ou des composés empruntés à la nature. » (Bensaude-Vincent, Stengers, 1993, p. 197.

ceux que fournissent les végétaux et les bêtes des champs. » (Renan, 1876, pp. 84–85)

Les auteurs font preuve de diverses visions anticipatrices au sujet de l'alimentation. Si leurs projections ne sont pour la plupart pas encore réalisées à l'heure actuelle, ils ont développé un large panel de propositions au sujet de la cuisine et se sont interrogés à propos de la manière de manger.

2.1 Les pilules nutritives

Parmi toutes les propositions de substitution à l'alimentation émises dans notre *corpus*, la pilule est la forme la plus fréquemment mobilisée. On trouve dans les textes des comprimés de toutes les tailles, couleurs et compositions. Dans certains cas, une seule pilule remplace un repas, et dans d'autres, une pilule équivaut à un seul plat.

Dans *L'île aérienne*, les personnages principaux de Dazergues, naufragés sur une île volante, sont confrontés sans le savoir à cette innovation. La faim les tenaille. On leur remet trois pilules chacun sans les informer de leur nature. Elles sont un peu moins grosses qu'un pois, de couleur olivâtre et sont marquées en noir de la lettre G (Dazergues, 1946, pp. 92–93). Un peu plus tard, ils sont surpris d'être rassasiés et ont l'impression d'avoir mangé du pâté de canard (Dazergues, 1946, p. 95). Il leur est alors révélé qu'ils ont « absorbé chacun trois pilules gastro-nutritives » (Dazergues, 1946, p. 112), l'unique nourriture sur l'île, qui est « un aliment sain, nutritif, tout en demeurant agréable. Elles sont une nourriture synthétique [...] » (Dazergues, 1946, p. 112) concentrant un mets particulier, mise au point par le docteur Séramis.

La raison de l'usage de ces pilules est expliquée quelques lignes plus loin. Elles permettent de « parer aux difficultés d'approvisionnement, supprimer l'obligation des cuisines et ramener aussi au strict minimum le problème de la soif » (Dazergues, 1946, p. 112). Ce dernier est d'ailleurs résolu de manière étonnante, puisque la seule boisson disponible est le champagne. Au menu du soir, des comprimés de légumes (Dazergues, 1946, p. 163).

Quelques années avant Dazergues, Robida formulait une proposition assez similaire[6]. Dans *Un chalet dans les airs*, aliments et boissons sont tous

[6] Ses idées sont donc variables d'un texte à l'autre.

réduits à l'état de comprimés. Tout est comptabilisé, enregistré, prévu à l'avance. Durant leur voyage, ses personnages consomment uniquement des pilules rationnées, même si Robida prévoit un peu de marge.

> « J'emporte dix ans de vivres pour quatre personnes. À deux repas par jour, cela fait 730 repas par personne et par an, c'est-à-dire 7 300 repas pour dix ans. Multiplions par quatre, il me faut 30 000 pilules. J'en emporte 40 000, cela fait une petite marge pour quelques invités, à l'occasion. » (Robida, 1925, p. 27).

À tout cela, il faut ajouter les pilules de liquides concentrés : « cinq cents kilos de gouttes variées » (Robida, 1925, p. 27). Ces boisons et mets sont conservés dans des flacons (Robida) ou de petites boîtes (Dazergues).

Ainsi que nous le verrons ultérieurement, les pilules nutritives offrent de nombreuses possibilités de menus. La gourmandise n'est pas forcément de mise, mais la nourriture est roborative. Ces pilules peuvent être rapprochées de la nourriture lyophilisée, consommée à l'exclusion de toute autre forme d'alimentation par certains navigateurs ou les explorateurs spatiaux, même si dans la fiction la simple absorption de ces cachets, sans aucune transformation (eau ou cuisson), tient lieu de repas.

Les pilules nutritives font, pour certains, office d'alimentation exclusive du futur. Cette proposition, la plus largement répandue parmi les textes étudiés, est complétée par une seconde : de plats véritables, composés d'aliments plus ou moins comestibles, produits par des compagnies d'alimentation.

2.2 Les compagnies d'alimentation

Jules Verne et Albert Robida développent cette seconde solution, extrêmement rationnelle, pour la préparation des aliments : les sociétés ou compagnies d'alimentation. Si, selon Verne, le système est coûteux, « la cuisine est meilleure, et il a l'avantage qu'il supprime la race horripilante des cordons-bleus des deux sexes » (Verne, 1967, p. 204). Robida abonde dans le même sens :

> « [...] pas de chef ni de cuisinière ; la nourriture est assurée par un abonnement à la Compagnie nouvelle d'alimentation et elle arrive par des tuyaux comme les eaux de la Loire, de la Seine, de la Vanne et de la Dhuys. C'est là un progrès considérable. Que d'ennuis en moins pour la maîtresse de maison ! Que de soucis évités, sans parler de l'économie qui en est le résultat ! » (Robida, 1883, pp. 77–78).

Tous deux imaginent non pas une alimentation à base de pilules et autres comprimés, nourriture synthétique et synthétisée, mais bien une cuisine conçue à base de véritables aliments cuisinés en très grande quantité à l'extérieur du domicile et acheminée jusque sur la table des abonnés. Les menus sont composés de « nourriture qui convient à la saison » (Robida, 1890, p. 134). En plus de supprimer le chef et la cuisinière – qu'il s'agisse du personnel ou de l'équipement –, ces cuisines-usines fournissent à leurs abonnés des repas sains et hygiéniques. L'hygiène semble être l'une des principales préoccupations de l'État français au XIXe siècle, ainsi que le rappelle Stiénon, nombreuses sont les institutions liées à l'hygiène et la salubrité (Stiénon, 2018). La littérature et la presse spécialisée relayent les conseils d'hygiène pratique jusque dans les foyers et les écoles. Il s'agit, entre autres, de lutter contre aux grandes épidémies du siècle.

Ce service n'est toutefois implanté, selon Robida, que dans les plus grandes villes (Robida, 1890, p. 147). Son Paris des années 1950 compte six compagnies principales (il ne nomme pas les autres, si toutefois il y en a) : la Grande Compagnie, la Compagnie nouvelle, la Lucullus-Compagny, la Cuisine nouvelle, les Éleveurs-réunis et la Rosbif-Compagny (Robida, 1883, p. 80). Les deux premières sont les deux seules réellement exploitées dans le roman. Dans la nouvelle de Verne, Francis Benett « comme tous les gens à leur aise de notre époque [...] est un des abonnés de la grande *Société d'alimentation à domicile* » (Verne, 1967, p.204).

Produire des repas en grande quantité permet d'économiser sur les coûts de production. C'est très économique, d'autant plus lorsque les produits sont des succédanés, des ersatz ou des extraits concentrés et dilués. Cette idée de l'économie est également bien présente avec la solution des pilules.

Véritables usines, ces compagnies d'alimentation entraînent la disparition de la pièce cuisine et conduisent à une rationalisation extrême de la confection des repas. Nous reviendrons plus longuement sur les compagnies d'alimentation dans la seconde partie de notre texte, mais soulignons dès à présent leur existence dans le *corpus* car elles offrent un pendant à la nourriture sous forme de pilules.

2.3 Tout un menu !

À travers les différents exemples cités, nous commençons à entrevoir la nature des « plats » proposés. Si certains textes sont peu voire non détaillés, d'autres proposent de véritables menus avec entrée, plat, dessert et boissons. L'alimentation synthétique n'obligerait donc pas forcément à renoncer à la gourmandise ou tout au moins à la variété. En effet, ce sont les romans qui font appel aux pilules et autres aliments artificiels qui mentionnent la plus grande diversité de plats.

Celui qui fournit le plus de détails est Albert Robida dans *En 1965* et *Un chalet dans les airs*. La forme de la nourriture y est différente. Si, dans le premier il s'agit de mets synthétiques dits « véritables » (Robida, 1920), il s'agit de pilules dans le second. Les deux écrits offrent toutefois d'incomparables et appétissants menus.

Tout au long d'*Un chalet dans les airs*, nous trouvons des mentions de mets « dégustés » par les personnages : des pilules matinales d'extrait de chocolat[7], salade de homard aux ananas, bifteck aux pommes, omelette au lard, escalope de veau, faisan truffé et cachets de fruits glacés synthétiques…

À l'origine du voyage de ses amis dans le chalet aérien, M. Cabrol dresse lui-même une liste d'autres pilules et cachets gustatifs, dont certains très soignés sont spécialement réservés aux grands jours et aux dimanches :

> « … poulets rôtis, canards à la rouennaise, côtelettes d'agneau, chevreuil, civet de lièvre, andouilles de Vire, truite saumonnée *(sic)* ; des légumes : choux farcis, pommes sautées, petits pois, pâté de bécassine, etc., pour changer de la pilule de bouilli de bœuf ordinaire…» (Robida, 1925, p. 39).

Et en termes de boissons : du Clos-Vougeot[8], du Bourgogne et du Bordeaux, du champagne, du vin des Canaries et Moka, café et pousse-café, Sauternes, toujours sous forme de pilules.

Les convives sont d'ailleurs gourmands et le reconnaissent. Certains en abusent, comme ils abuseraient de toute forme de nourriture et/ou de boisson.

---

7 Ces éléments de menus sont tous cités, dans l'ordre de notre phrase dans (Robida, 1925, p. 46. puis p. 57, p. 69 et p. 25).

8 Ces boissons sont toutes citées, dans l'ordre de notre phrase dans (Robida, 1925, pp. 23–24, p. 60, p. 25, p. 57, p. 69, p. 25).

« ... il a le nez rouge et il engraisse un peu trop... Il fait quatre ou cinq repas par jour et il ne se contente pas d'une pilule ou deux, il en prend trois ou quatre, et bien arrosées, je vous assure, de pilules rafraîchissantes, Bourgogne ou Bordeaux, mouillées très peu... Cela lui jouera un mauvais tour, je le lui dis toujours et je lui refuse des pilules ; mais il a sa petite provision personnelle. » (Robida, 1925, p. 82).

Ces pilules agiraient donc comme de la nourriture véritable, un abus régulier se traduisant par une prise de poids. La synthèse des éléments nutritifs paraît donc particulièrement réussie de ce point de vue-là.

L'une des principales différences entre les propositions des différents textes est que dans certains le repas synthétique ne se compose que d'un seul élément absorbé (pilule, boisson), tandis que dans d'autres, le repas est composé de plusieurs éléments, à la manière d'un menu complet (Robida, 1925, pp. 123–124). Cela renvoie directement à l'art de recevoir très codifié au XIXe siècle, qui fait partie intégrante de la gastronomie, c'est-à-dire de la « connaissance de tout ce qui se rapporte à la cuisine, à l'ordonnancement des repas, à l'art de déguster et d'apprécier les mets[9] ». Le vocabulaire et les actions de la plupart des personnages renvoient également à cet art : « Savourez » (Robida, 1925, p.20), dit ainsi M. Cabrol après avoir déposé une pilule devant chaque convive. Le repas est réduit à un cachet, plus de temps perdu dans la dégustation, manger devient une action mécanique, scientifique.

2.4 Une alimentation saine ?

Tous les personnages ne sont pas forcément friands de cette nourriture synthétique. Certains rejettent les pilules et leur préfèrent les mets véritables (Robida, 1920). Un autre décrit les « vins chimiques des grandes usines » (Robida, 1883, p. 362). Un autre encore considère que les compagnies d'alimentation ne fournissent que de la nourriture de confection (Robida, 1890, p. 134).

Ces récriminations rejoignent celles qui sont faites à l'encontre de « la chimie appliquée à tout, à la fabrication en grand de denrées alimentaires, liquides ou solides » (Robida, 1890, p. 144). Et de préciser, « tout est faux, tout est feint, tout est fabriqué, imité, sophistiqué, adultéré, et nous

---

9 *Le petit Larousse illustré 2016*, Paris, Larousse, 2015, p. 535.

sommes, en un mot, tous empoisonnés par tous les Borgias (sic) de notre industrie trop savante ! » (Robida, 1890, p. 144).

Ces réflexions de Robida rejoignent celles de Jean Rameau dans *Un empoisonnement au XXI*^e^ *siècle*. À force de consommer des produits transformés par la chimie et l'industrie[10], les populations se sont déshabituées de la nourriture saine et naturelle.

Il est possible de rapprocher ces craintes de celles qui concernent aujourd'hui l'industrie agro-alimentaire : rejet des OGM dans certains pays, utilisation massive dans d'autres, additifs, produits transformés, développement de l'agriculture biologique et raisonnée, retour à de vrais produits… C'est l'ensemble de la chaîne de production qui demande à être repensée. Les rares personnages des romans qui le remarquent perdent confiance en leur nourriture tout en exigeant de la clarté quant à son origine. Peuvent-ils être assimilés à des lanceurs d'alerte ?

Notre *corpus* contient également une ambiguïté quant à la prise de nourriture sous forme condensée. Dans les réflexions des personnages, celle-ci est en effet fréquemment comparée voire assimilée à la prise de médicaments. Le terme même de « pilule » renvoie directement à la pharmacologie. Il peut être rapproché de « cachet » ou de « comprimé » dont les définitions sont très proches. L'alimentation est alors directement associée à la médecine. Dans *La Vie électrique*, où la nourriture est pourtant délivrée par des tubes, il est indiqué que ces derniers servent aussi à délivrer des médicaments et qu'en ville se trouvent des « restaurants pharmaceutiques » (Robida, 1890, p. 147 et 216). Alimentation et médicament se confondent dans ces lieux comme ils se retrouvent côte à côte dans les laboratoires des scientifiques par la recherche de la synthèse chimique. Durant la période étudiée, l'argument sanitaire renforce fréquemment la réclame pour vendre de nouveaux produits (Stiénon, 2018). Comme un clin d'œil, ce roman de Robida est d'ailleurs dédié à Angelo Marconi, préparateur en pharmacie et inventeur du célèbre vin Mariani très en vogue à la Belle Époque.

Au demeurant les pilules nutritives ne se distinguent des médicaments chez la plupart des auteurs que par le dessin ou la couleur. Alimentation et soin sont alors quasiment indifférenciés, ce qui renforce le caractère

[10] Robida imagine que les saisons ont été transformées, que la nature a été domptée pour le confort des hommes, l'amélioration des conditions climatiques et de l'agriculture. Cela a permis d'augmenter les rendements et la productivité.

scientifique et artificiel de la nourriture consommée. Se soigner et manger, l'assimilation rejoint notre réflexion précédente sur la gastronomie. L'un et l'autre sont alors réduits à des actions mécaniques, destinées à faire fonctionner la machine humaine. On fournit aux personnages de quoi se nourrir ou se soigner selon les besoins, individuels ou collectifs.

3. Laboratoires et usines alimentaires

L'alimentation du futur dans les textes de fiction, telle que décrite dans la première partie de cette communication, adopte des aspects variés. Elle peut être consommée de différentes manières. Si certains récits suggèrent une véritable recherche quant à la composition des repas, d'autres sont plus laconiques. Tous s'accordent cependant sur l'importance de la science dans la création de toutes ces denrées. Elles naissent de la synthèse et de la chimie, chères à Berthelot. L'alimentation devient alors un acte de science, une affaire de chimistes voire d'ingénieurs chez Robida. Pour certains auteurs, la cuisine devient un véritable laboratoire externalisé, une usine d'alimentation dans laquelle les plats sont produits à grands renforts de machines monstrueuses. La cuisine, « laboratoire » domestique de préparation culinaire, est détrônée par des sociétés privées plus efficaces et rentables.

> « [...] avec un poulet consommé brutalement, à la façon de nos grossiers aïeux, combien peut-on nourrir de personnes ? Deux au plus. Eh bien ! les usines, en les combinant avec quelques fucus, des essences, des condiments divers, en tirent 50 pilules, c'est-à-dire 50 repas complets. Vous voyez l'énorme avantage ! Autrement, comment nourrirait-on la terre surpeuplée, je vous le demande ? » (Robida, 1925, p. 40).

Le lieu de fabrication des pilules ou autres aliments synthétiques n'est en revanche pas précisé. Nous supposons par conséquent qu'elles sont elles aussi préparées dans ces grandes cuisines centrales, puis distribuées dans divers contenants et vendues aux consommateurs. Aliments condensés et aliments véritables se rejoignent : ils sont fabriqués ou cuisinés en dehors de l'espace domestique.

3.1 Une nourriture synthétique produite en laboratoire

Aux pilules développées précédemment, les auteurs ajoutent toute une gamme de produits synthétiques fabriqués en laboratoire.

Précédant les autres auteurs de notre *corpus*, Émile Souvestre, dans son *Monde tel qu'il sera en l'an 3000*, imagine transformer totalement la nourriture consommée dès le plus jeune âge. Sa proposition est unique dans notre *corpus* car elle est à destination des enfants. La chimie ayant jugé le lait maternel, autrefois seul « aliment convenable pour les nouveau-nés » comme « malsain et peu nourrissant », son Académie des sciences met au point une recette « plus rationnelle » (Souvestre, 2013, p. 78). Ce faux lait se compose de la façon suivante :

> « de quinze parties de gélatine, de vingt-cinq parties de gluten, de vingt parties de sucre et de quarante parties d'eau ; le tout composant une mixtion, connue sous le nom *supra-lacto-gune* ou *lait de femme perfectionné.* » (Souvestre, 2013, pp. 78–79).

Ce lait perfectionné et rationnel n'est malheureusement pas toléré par l'ensemble des bébés qui, refusant de le boire et faute d'une autre alimentation, décèdent au bout de quelques jours. La preuve, selon M. Atout, que ce breuvage est excellent : ceux qui n'en prennent pas en meurent… Les enfants sont nourris dans une salle des allaitements, où des biberons brevetés leurs tiennent lieu de mère. Ils sont nourris à heures fixes et doivent avoir « un même appétit et un même estomac, sous peine de jeûne ou d'indigestion » (Souvestre, 2013, p. 79).

Le lait mis au point par l'Académie des sciences chez Souvestre ou les pilules G de Dazergues sont issus de la chimie. C'est la science qui perfectionnerait la cuisine du futur, allant jusqu'à rendre insupportable la moindre nourriture naturelle au point d'être empoisonné par une simple goutte d'eau. To, personnage principal de *La vie électrique* de Jean Rameau ne consomme que des « aliments condensés » (Rameau, 1887a, p. 293).

Dans *Un empoisonnement au XXI*^{e} *siècle*, si la forme de la nourriture n'est pas précisée, sa composition révèle la face sombre de cette alimentation scientifique. Les Français ont été « lentement empoisonnés par leurs fournisseurs de comestibles » et se sont aperçu « que leur nature et leurs besoins avaient complètement changé et que, […] ils étaient non seulement armés contre le poison, mais encore qu'ils avaient besoin d'en absorber trois fois par jour, à moins de mourir d'inanition » (Rameau, 1887b, p. 185). Ils consomment désormais du vitriol, de la décoction de vieux gants de peau, de l'essence de térébenthine, de l'acétate de cuivre, de la brique pilée, de l'ammoniaque et de l'eau de javel, de la graisse à machine (Rameau, 1887a, p. 188–189). Ces « ingrédients » n'ouvrent pas l'appétit. Ceux que Souvestre assemble dans ses recettes pas davantage :

> « *Recette pour le chocolat pur caraque.*
>
> Prenez un tiers de haricots rouges, un tiers de sucre avarié, un tiers de suif ; aromatisez le tout avec des écorces de cacao, vous aurez du chocolat de santé.
>
> *Recette pour le miel.*
>
> Prenez de la mélasse, de la farine de seigle, aromatisez avec de la fleur d'orange *(sic)*, composée de sels de zinc, de cuivre et de plomb ; vous aurez du miel du mont Hymète.
>
> *Recette pour le sucre blanc.*
>
> Prenez de la poudre d'albâtre... » (Souvestre, 2013, p. 47).

Les recettes suggérées ici rejoignent celles des autres auteurs. L'alimentation du futur serait composée d'un savant mélange d'ingrédients « naturels », végétaux ou animaux, et d'éléments artificiels, tirés de la chimie notamment, le tout aromatisé et présenté sous forme de plats (pour les compagnies d'alimentation) ou de pilules.

Toutes ces denrées sont produites en usine et assemblées pour composer des mets. Cela ressemble assez à ce que Charles Nodier imagine dans le premier tiers du XIXe siècle. Son île des Patagons s'institue en manufacture culinaire, un laboratoire qui « savoit (*sic*) produire par des combinaisons chimiques tout ce que la création produit » (Nodier, 1853, p. 333). Chez Nodier comme chez les autres auteurs on peut donc imaginer produire des « plats » à la demande à partir de ressources organiques ou non.

Des laboratoires sont également à l'origine de la nourriture consommée dans *La Fin du monde* de Camille Flammarion. On procède à « l'extraction automatique des principes alimentaires tirés par la chimie de l'air, de l'eau et des plantes » (Flammarion, 1894, p. 342). Tout est produit par synthèse chimique en combinant en proportions savamment calculées carbone, hydrogène, oxygène, azote... (Flammarion, 1894, pp. 252–253).

Les formes que prennent ces nouvelles nourritures sont diverses : boissons exquises, fruits, gâteaux et pilules (Flammarion, 1894, p. 253). Pour Gustave Guitton dans *Ce que seront les hommes de l'an 3000*, la nourriture synthétique prend la forme de confitures et de boissons[11]. Dans *En 1965*, Albert Robida conçoit des « usines synthétiques » qui

[11] Nous n'avons pu, à l'heure actuelle, accéder à ce texte. Information rapportée par : P. Versins, *Encyclopédie de l'utopie, des voyages extraordinaires et de la science-fiction*,

« fournissent des mets véritables, la synthèse des produits végétaux ou animaux, avec tous leurs éléments et caractères particuliers [...]. Mais [les] produits synthétiques s'additionnent à une base solide d'éléments naturels, transformés par la chimie.» (Robida, 1920).

Si ses personnages rejettent fortement l'idée même de se nourrir avec des pilules, Robida tisse ici un lien direct avec les autres textes du *corpus* dans lesquels l'imaginaire des usines alimentaires est largement développé.

3.2 Les cuisines centrales, de véritables usines

Les compagnies d'alimentation, telles que décrites par Robida, renvoient directement au monde de l'industrie. Elles font appel à toutes les avancées scientifiques, chimiques et technologiques de leur temps pour répondre aux besoins de tous. Mais « tous » est entendu ici au sens littéral. Il ne s'agit pas de se préoccuper de chacun mais de considérer les abonnés de manière générale, comme une globalité : la nourriture est « rafraîchissante ou tonifiante, abondante en viandes forte ou en légumes quand elle [la Compagnie] le juge bon pour la santé générale... » (Robida, 1890, p. 134). Ces usines « sont sous la direction d'un comité d'hygiénistes des plus distingués, qui savent ordonner [les] repas selon les lois d'une bonne hygiène et [...] fournir une alimentation rationnelle...» (Robida, 1890, p. 134). Cela rejoint exactement la même idée que celle développée par Souvestre à propos de l'alimentation des bébés, où tous doivent manger en même temps, la même quantité. On uniformise, on nie les individualités, les besoins spécifiques et les goûts de chacun.

La nourriture délivrée à domicile est souvent composée de succédanés ou de produits peu appétissants au vu de leur description, à l'image des « ingrédients » de Souvestre et Rameau, mais qui permettent de composer des repas « chimiques » et synthétiques. Ce ne sont plus en effet des cuisiniers qui exploitent ces équipements industriels, mais bien des ingénieurs placés sous la direction d'un ingénieur en chef. Les plats sont contrôlés par un bureau de dégustation et un bureau de vérification. Ils sont analysés par des chimistes. Certifiés, on leur délivre un laissez-passer avant d'être acheminés à domicile (Robida, 1883, pp. 81–83). Cela

---

Lausanne, L'Âge d'homme, 1984 [1972], p. 397.

n'empêche pas les erreurs, telle la distribution aux abonnés des restes d'un cuisinier broyé avec le dîner... (Robida, 1883, p. 82).

Ces compagnies d'alimentation sont véritablement des usines. Robida emploie d'ailleurs le terme à plusieurs reprises pour les décrire, comme ici :

> « À propos, avez-vous jamais visité l'usine de la *Grande Compagnie* d'alimentation ? c'est une des curiosités de Paris... Vous connaissez le Creusot ? Eh bien, c'est plus imposant ! Les hauts fourneaux rôtisseurs qui font rôtir 20 000 poulets en même temps, ont été admirablement montés par des ingénieurs du plus haut mérite... C'est un spectacle effrayant... Nous avons aussi deux grandes marmites de brique et de fonte, contenant chacune cinquante mille litres de bouillon ! ces deux récipients sont sous la direction spéciale d'un ingénieur mécanicien qui reçoit des appointements de ministre ! [...] Je ne vous parle pas des hachoirs à vapeur pour la fabrication de la julienne, ni du marteau-pilon pour les purées... » (Robida, 1883, p. 82).

Le gigantisme est de mise. Tout est énorme : les dimensions des machines, le volume des marmites, la longueur des broches à rôtir. Oubliée la cuisine domestique face à toute cette mécanique ! Le lien usine alimentaire/monde industriel est renforcé par les illustrations de la main même de Robida qui accompagnent son texte : on trouve ainsi l'ingénieur en chef, le marteau pilon de l'usine alimentaire, l'intérieur de la grande usine alimentaire. Verne en revanche, bien qu'il introduise un système similaire dans *La Journée d'un Journaliste américain*... ne fournit absolument aucun détail sur le lieu de production, si ce n'est son nom. Bien plus qu'un renoncement, il s'agit d'une véritable disparition de la cuisine domestique, une révolution qui transforme l'espace et la conception des logements.

3.3 La disparition des cuisines domestiques

L'acte de cuisiner disparaît de la sphère domestique. Faire disparaître l'acte c'est faire disparaître le lieu : il n'est plus besoin de cuisine dans les logements puisque l'on consomme soit une nourriture livrée soit des aliments condensés. Au mieux, on dispose d'un office pour réceptionner les plats propulsés dans les tuyaux des réseaux d'alimentation.

> « Nous sommes abonnés à la Grande Compagnie d'alimentation et les repas nous arrivent tout préparés par une série de tubes et tuyaux spéciaux. On n'a

donc à s'occuper de rien. Économie de temps, ce qui est précieux, et, de plus, très notable économie d'argent ! » (Robida, 1883, p. 133).

Cette solution radicale peut être perçue comme une réponse apportée aux contemporains qui s'interrogent sur la salubrité ou l'insalubrité de cette pièce ainsi que sur son positionnement dans l'espace domestique[12]. La cuisine est souvent sale, poisseuse et embuée (Clarisse, 2004, p. 45). Elle disparaît dans les projections des auteurs. Francis Benett, personnage de Verne, renonce à la cuisine domestique tout comme les personnages de Robida et l'ensemble de ceux qui consomment des pilules et qui n'ont donc même plus de dressage à faire.

> « Une cuisine ! [...] C'est bon pour les rétrogrades et les tardigrades réfractaires au progrès ! D'ici vingt ans, il n'y aura plus de maisons à cuisines que dans les malheureux hameaux perdus au fond des campagnes. L'économie sociale bien entendue proscrit les petites cuisines particulières où l'élaboration des petits plats est forcément et de toute façon plus dispendieuse que l'élaboration en grand des mêmes plats dans une cuisine centrale. Il n'y aura pas plus de cuisine chez mon fils que chez moi.» (Robida, 1890, p. 133).

L'espace de la cuisine est effectivement en pleine transformation entre 1850 et 1930. La cuisine « laboratoire », ou tout au moins rationnelle, est alors en plein développement grâce aux travaux menés dans différents pays par le couple Gilbreth, Catharine Beecher, Paulette Bernège[13] ou un peu plus tard par l'architecte Margarete Schütte-Lihotzy. Plutôt que la pièce et son équipement, les romanciers proposent de rationnaliser la production et la consommation. Grâce aux abonnements aux compagnies d'alimentation ou aux pilules, il n'est plus besoin d'avoir une cuisine à domicile. Un confort scientifique règne désormais (Robida, 1890, p. 124) et les repas sont délivrés à des heures précises.

À l'heure dite, on tourne un robinet pour recevoir les liquides ou on ouvre une trappe dédiée pour les produits solides. Robida représente l'un de ces grands dressoirs dans l'office de l'hôtel de Gontran de Saint-Ponto. Des tuyaux à robinets sont alignés au-dessus du meuble à carreaux de faïence et trois trappes destinées à réceptionner les poissons, biftecks et rôtis les complètent. Cet office est le seul lieu de préparation culinaire domestique présent dans l'ensemble de notre *corpus*. Chez Verne, la série de robinets est « à portée de main » (Verne, 1967, p. 202), à côté de

---

[12] Voir (Boeglin, 2021, pp. 39–55).

[13] Voir notamment (Brayet, 2017).

la table, donc, nous le supposons, directement installée dans la salle à manger.

Ni Robida ni Verne ne décrivent en revanche le fonctionnement technique de la livraison par tuyaux. Verne précise tout de même que ce réseau est composé de tubes pneumatiques (Verne, 1967, p. 204). Mais ceux-ci sont-ils aériens ou souterrains ? Comment la nourriture peut-elle parvenir chaude dans l'ensemble des domiciles des abonnés ? Comment maintenir l'hygiène de ce système ? Comment livrer la juste dose de chaque plat si l'on peut actionner soi-même le robinet ? À toutes ces questions, Robida préfère décrire les inconvénients d'un accident de bouillon provoqué par une malveillance : des tuyaux ont été arrachés ou coupés dans une maison voisine. La chambre de Mme de Saint-Ponto se retrouve inondée par deux mètres de bouillon (Robida, 1883, pp. 82–86). Il semble donc que le réseau passe de maison en maison et ne dispose pas de sécurité en cas d'interruption des tuyaux.

En 1924, la revue *Comœdia* espère le jour où la chimie « nourrira la pauvre humanité au moyen de quelques comprimés qu'on avalera dans une gorgée d'eau. Alors les pièces consacrées aujourd'hui à la cuisine pourront enfin être transformées en salles de danse, de boxe [...]. Le monde aura réalisé un réel progrès » (*Comœdia*, 1924, p. 4).

La transformation de l'acte de manger correspondrait donc, sous la plume des romanciers ou de certains journalistes, à une disparition totale ou partielle de la cuisine – ou de ses dépendances, telles que l'office, le garde-manger, le cellier – de l'espace domestique, et de l'acte de cuisiner. À la même époque pourtant, un autre article loue l'art culinaire :

> « La cuisine est un art nécessaire. [...] le cuisinier expérimenté acquiert sur le choix et la préparation des aliments, sur la manière de les combiner, de les distribuer dans les repas, des notions supérieures à tout ce que la chimie et la physiologie ont su produire en matière de nutrition. » (Rigaut, 1898, p. 215).

4. Réflexions conclusives : les propositions romanesques comme ressources d'innovation

Les propositions formulées dans le *corpus* conduisent à des réflexions concernant l'actualité. Bien que nous n'ayons pas encore atteint le stade des pratiques évoquées par les romanciers, certains éléments existent bel et bien aujourd'hui. On peut, sous réserve de s'abonner ou de payer à chaque fois, se faire livrer des plats cuisinés « en gros » (service d'aide à la personne notamment) ou au détail (Ubereats, Deliveroo…). Mais ces livraisons ne sont pas assurées par des tubes pneumatiques… Malgré cette similitude fonctionnelle, les cuisines centrales de Verne et Robida s'avèrent peu crédibles. Comment imaginer dans nos espaces urbains saturés la mise en œuvre de tels réseaux ? Il faudrait mettre en place, dès la conception des villes ou des immeubles, des réseaux de tuyauteries courant d'un bâtiment à l'autre, en souterrain très certainement afin de ne gêner ni la circulation ni la vue. Ou bien recourir comme dans les situations existantes à des livreurs véhiculés transportant la nourriture préparée de domicile en domicile, mais à très grande échelle. Notre époque, plutôt que de s'intéresser à ces cuisines centrales, semble se diriger davantage vers l'alimentation synthétique. Non sous forme de pilules mais d'une alimentation créée en laboratoire et issue de la chimie.

Les deux thématiques que nous avons identifiées dans notre *corpus* : nourriture de synthèse et cuisines-laboratoires externes aux domiciles, nous évoquent deux réflexions conclusives liées à notre rapport actuel à la cuisine :

- Quelle est la place laissée à la gastronomie ?
- Quelles peuvent être les nouvelles ressources pour nourrir la planète ?

La première est une forme de constat. La cuisine fait pleinement partie de l'actualité et est en mutation : recherche de gain de temps et transformation des pratiques sont à l'œuvre. La réalité rejoint la fiction. La seconde, prolonge les propositions des auteurs. Les substituts à l'alimentation qu'ils mettent en scène sont pour la plupart des synthèses d'aliments réels transformés. D'autres toutefois imaginent des recettes à base de produits tout à fait étrangers à l'alimentation humaine. La recherche scientifique, aujourd'hui encore, explore cette voie et cherche à produire de nouvelles ressources.

Nous achèverons donc cette étude exploratoire en mettant en lien les pratiques imaginaires développées par les romanciers et des réflexions contemporaines auxquelles elles renvoient comme autant de sujets d'actualité.

Dans tous les textes étudiés, l'acte de cuisiner disparaît. Dans certains on prend le temps de manger, de déguster, de savourer, mais dans la plupart, le temps du repas est expédié : on avale ou une deux pilules et on passe à autre chose.

Cela revient donc à envisager la disparition de la gastronomie, c'est-à-dire à l'ensemble de ce qui se rapporte à la cuisine : de la préparation des repas à la dégustation. Selon Robida, elle est pourtant « le premier lien social » (Robida, 1883, p. 47). Pour la plupart des personnages, plutôt que de repas, il conviendrait davantage de parler de collations, prises sur le pouce plusieurs fois dans la journée.

Durant la longue période couverte par notre *corpus*, le temps du repas reste pourtant un moment très important de la vie sociale. Dans les familles modestes, on se rassemble autour de mets simples, souvent répétitifs, mais le temps passé ensemble est précieux. Dans les milieux sociaux les plus élevés, c'est à table et dans l'assiette que se joue une partie de la réputation d'une famille. On se donne en spectacle dans la salle à manger. Tout est pensé, du menu au plan de table (Ariès, Duby, Perrot, 1987, pp. 332–333). On retrouve cette idée de la gastronomie dans la liste des plats d'*Un chalet dans les airs*. Sous forme de pilules, ceux-ci ne sont pourtant pas forcément appréciés à leur juste valeur... or le temps de dégustation et la manière de savourer font pleinement partie de la gastronomie.

La plupart des auteurs se rejoignent sur ce point : l'acte de manger est considéré comme une perte de temps. Si l'on observe les statistiques de l'INSEE[14], cela ne tend pourtant pas à se vérifier. Au contraire, les Français ont tendance à passer davantage de temps à table ces dernières années. L'OCDE (Organisation de Coopération et de Développement Économiques) nous classe même champions du monde du temps passé à table, devant l'Italie et la Grèce[15], 2h13 par jour contre seulement 1h01 pour les Américains en 2015.

Le classement du « repas gastronomique des Français » en 2010 sur la liste représentative du patrimoine culturel immatériel de l'humanité, bien qu'il soit souvent confondu avec le fait de partager un repas[16], semble

[14] Chiffres de 1986 à 2010. https://www.insee.fr/fr/statistiques/1281016 (Consulté le 14 novembre 2020).

[15] Données pour 2015. http://www.oecd.org/gender/balancing-paid-work-unpaid-work-and-leisure.htm (Consulté le 14 novembre 2020).

[16] Voir : https://ich.unesco.org/fr/RL/le-repas-gastronomique-des-francais-00437 (Consulté le 29 octobre 2020).

reconnaître une pratique encore bien attestée, malgré les projections pessimistes de certains romanciers quant à la transformation ou la disparition de nos habitudes culinaires.

Notre seconde réflexion est ancrée dans l'actualité. Nous l'indiquions en introduction, en 2020 le jour du dépassement mondial a été atteint le 22 août, tandis qu'il a avancé au 29 juillet en 2021, soit 24 jours plus tôt[17]. L'impact de l'alimentation, bien que minoritaire par rapport aux autres critères de ce calcul est pourtant bien réel. Le changement global de nos habitudes, et particulièrement de notre alimentation, semble être l'une des solutions envisagées pour remédier aux risques de pénurie.

> « Depuis fort longtemps, la science se préoccupait sérieusement de la si grave question de la nourriture… Le développement de la population sur la terre appauvrie rendait le problème de jour en jour plus angoissant !… Comment tirer, d'un sol fatigué par endroits jusqu'à l'épuisement, les quantités de matières premières exigées par l'appétit des masses en surnombre ? Eh bien ! grâce aux usines synthétiques, que nous allons voir créer et se multiplier partout, ces sombres préoccupations s'évanouissent…» (Robida, 1920).

Tout comme dans les romans de Robida, on nous propose désormais de nouvelles sources de protéines : insectes ou viandes produits in-vitro en laboratoire (également dénommées viandes cultivées)[18] notamment. Des « viandes » de bœuf et de poulet élaborées par un laboratoire pour une start-up américaine sont ainsi autorisées à la consommation à Singapour depuis le 2 décembre 2020, soit seulement cinq jours avant le colloque Jean-Baptiste Says[19].

Les végétaux ne sont pas oubliés. Le coton pourrait devenir un aliment d'avenir, lui aussi riche en protéines. Des études déjà anciennes, mais toujours décriées[20], envisagent d'incorporer des graines ou amandes de coton génétiquement modifiées dans l'alimentation humaine. Portée principalement par un chercheur américain en biotechnologies,

---

[17] https://www.wwf.fr/jour-du-depassement (Consulté le 1er novembre 2021).

[18] Voir : https://www.futura-sciences.com/planete/actualites/rechauffement-climatique-viande-in-vitro-encore-pire-planete-vraie-75120/ (Consulté le 12 mai 2020) ; https://www.courrierinternational.com/article/alimentation-bientot-du-steak-synthetique-dans-nos-assiettes (Consulté le 30 juin 2020).

[19] https://www.lemonde.fr/planete/article/2020/12/02/singapour-autorise-la-vente-de-viande-artificielle-une-premiere-mondiale_6061926_3244.html (Consulté le 6 décembre 2020).

[20] Voir notamment : (Cornu, Delpeuch, Favier, 1977, pp. 349–364).

cette science pour une alimentation alternative n'est pas étrangère aux imaginaires déployés dans les œuvres fictionnelles analysées ici[21]. La Cour de Justice de l'Union européenne a toutefois rendu un avis défavorable à la diffusion de ce produit sur le vieux continent en 2018.

En 1920 déjà, Robida envisage d'exploiter les algues, « à la fois chair et légumes » (Robida, 1920), qui, transformées par la chimie, pourraient s'additionner aux autres mets et les enrichir. Des études dans ce sens sont menées depuis les années 1970.

La FAO (Organisation des Nations Unies pour l'alimentation et l'agriculture), recommande en 2015 dans un rapport intitulé « Comment nourrir le monde en 2050[22] », une réflexion globale sur la production alimentaire dans le monde, sur les aides apportées à cette industrie et sur la politique agricole en général afin de répondre aux besoins croissants de la planète. Un travail sur l'ensemble de la chaîne alimentaire, de la production à la consommation est déjà suggéré dans *La Vie électrique* de Robida et *La Fin du monde* de Flammarion. Selon Berthelot cité en introduction, la solution pourrait bel et bien venir de la chimie, ce que suggère également Renan.

Enfin, le végétarisme, prôné par Renan, Flammarion et Berthelot, pourrait être une autre réponse, les protéines et les nutriments indispensables à une vie en bonne santé pouvant être recherchés dans d'autres aliments ou artificiellement produits en laboratoire.

Ainsi que le souligne Jameson, les romans sont des projections de futurs possibles, plausibles et parfois redoutés (Jameson, 2005, p. 282). Ils sont pourtant bien plus que cela. Ils sont les reflets d'une époque, des craintes et des espoirs d'alors, des idées d'avenirs possibles. Nous pouvons également y déceler des préoccupations de notre époque, par transposition ou comparaison. Comment 90 à 180 ans plus tard la situation a-t-elle évolué ? Les auteurs étaient-ils dans le vrai ? Ont-ils anticipé ce qui est réellement advenu ou cela n'est-il pas encore atteint ?

---

21 « OGM : Allons-nous bientôt manger du coton ? », Article du 06/11/2018 https://www.futura-sciences.com/planete/actualites/agriculture-ogm-allons-nous-bientot-manger-coton-10058/ (Consulté le 8 novembre 2020).

22 Document publié en ligne suite à la tenue d'un forum d'experts les 12 et 13 octobre 2009. http://www.fao.org/fileadmin/templates/wsfs/docs/Issues_papers/Issues_papers_FR/Comment_nourrir_le_monde_en_2050.pdf (Consulté le 8 novembre 2020).

Nourrissons-nous les mêmes projections à l'heure actuelle vis-à-vis de notre futur ?

En installant leurs récits dans des temps plus ou moins éloignés, les auteurs se sont affranchis des limites de la science. Il leur a été possible d'imaginer toutes sortes de formes prises par l'alimentation, bien au-delà de ce qui était permis par les progrès et innovations scientifiques et chimiques. Ils ont conçu des rêves sans limites, ont familiarisé les lecteurs avec des modes d'alimentation encore impensables. Certains sont encore à l'état de projet, la science n'a pas encore rattrapé l'imagination des auteurs, mais qui sait ? Un jour peut-être consommerons-nous des repas sous forme de pilules tout en étant parfaitement rassasiés ?

Les avancées de la science, qu'elles aient abouti à des réussites, des échecs, des travaux toujours en cours, loués ou décriés, sont les réponses apportées aujourd'hui aux idées de ces romanciers du passé. La relation technique/imaginaire, demande à être acceptée par le grand public. Les fictions, en vulgarisant des procédés techniques, les rendent acceptables par la « création d'un langage commun. L'imaginaire n'est plus centré sur les innovateurs et les ingénieurs, mais destiné aux usagers » (Jarrige, Morera, 2006, p. 172). Discours littéraire et recherche scientifique s'entrecroisent en se nourrissant l'un l'autre. Selon Jarrige et Morera, « la relation dynamique nouée entre technique et imaginaire peut dès lors être interprétée comme un des éléments qui interviennent dans le processus d'innovation » (Jarrige, Morera, 2006, p. 173). Les textes fictionnels, en s'inspirant des recherches de leur temps et en anticipant les progrès scientifiques créent un imaginaire qui, lui-même, nourrit les recherches actuelles. La fiction devient source d'inspiration des innovations contemporaines. Ces romans d'imagination scientifique explorent des questions d'alors qui sont toujours actuelles, peut-être même davantage. Ils sont autant de fenêtres ouvertes sur l'innovation dans la cuisine et constituent des ressources d'innovation.

Bibliographie

Ariès P., Duby G. Perrot M. (dir.) (1987), *Histoire de la vie privée. De la Révolution à la Grande Guerre*, vol. 4/5, Paris, Seuil.

Atallah M. (2015), La nourriture de demain : pilules de rêve, *Alimentarium de Vevey*, [https://www.alimentarium.org/fr/magazine/nutrition/la-nourriture-de-demain-pilules-de-rêve].

Bensaude-Vincent B., Stengers I. (1993), *Histoire de la chimie,* Paris, La Découverte.

Berthelot M. (1897), En L'an 2000, Discours (1894), dans *Science Et Morale,* Paris, Calmann Lévy, pp. 508–515.

Boeglin N. (2021), 100 ans de projets pour l'automatisation de la maison : le cas de la cuisine, in *Une démocratie technique en travail,* sous la direction de Pierre Lamard et Yves Lequin, Belfort, Éditions de l'Université de Technologie Belfort-Montbéliard, pp. 39–55.

Boeglin N. (2018), Le Monde tel qu'il sera, un roman oublié, *Fabula/Les colloques,* L'art, machine à voyager dans le temps, [http://www.fabula.org/colloques/document4725.php].

Brayet A. (2017), *Des modes d'appropriation des objets techniques de la vie quotidienne : le cas des Arts ménagers culinaires,* thèse de doctorat en Épistémologie, Histoire des sciences et des techniques, Université de Belfort-Montbéliard.

Chouteau M., Nguyen C. (2019), La science-fiction pour former des ingénieurs aux liens technique et société. L'imaginaire technologique comme élément de la culture technique, *Technologie et innovation,* vol. 4, pp. 1–14.

Cornu A., Delpeuch F., Favier J.-C. (1977), Utilisation en alimentation humaine de la graine de coton sans gossypol et de ses dérivés, *Annales de la nutrition et de l'alimentation,* vol. 31, n° 3, pp. 349–364.

Dazergues M.-A. (1946), *L'île Aérienne,* Paris, Éditions Diderot.

Flammarion C. (1894), *La Fin Du Monde,* Paris, Ernest Flammarion.

Jameson F. (2005), Progress versus Utopia, or, Can We Imagine the Future?, in *Archeologies of the Future,* London–New York, Verso, pp. 281–295.

Jarrige F., Morera R. (2006), Technique et imaginaire. Approches historiographiques, *Hypothèses,* vol. 9, n° 1, pp. 163–174.

Nodier C. (1853), *Hurlubleu, Grand Manifafa D'hurlubière, Ou La Perfectibilité. Histoire Progressive, in Nouvelles, Suivies Des Fantaisies Du Dériseur Sensé,* Paris, Charpentier, pp. 317–345.

Rameau J. (1887a), La Vie Electrique, in *Fantasmagories : Histoires Rapides,* 2e Édition, Paris, Paul Ollendorff, pp. 292–300.

Rameau J. (1887b), Un Empoisonnement au XXIe siècle, in *Fantasmagories : Histoires Rapides,* 2e Édition, Paris, Paul Ollendorff, pp. 185–193.

Renan E. (1876), *Dialogues et fragments philosophiques*, Paris, Calmann-Lévy.

Rigaut A. (1898), La Science de gueule. La cuisine, *La Science Française*, n° 171, p. 215.

Robida A. (26 octobre 1919 au 18 janvier 1920), *En 1965,* Roman-Feuilleton paru dans *Les Annales Politiques Et Littéraires.*

Robida A. (1890), *La Vie Électrique*, Paris, À la librairie illustrée.

Robida A. (1883), *Le Vingtième Siècle*, Paris, Georges Decaux.

Robida A. (1925), *Un Chalet Dans Les Airs*, Paris, Librairie Armand Colin.

Souvestre E. (2013), *Le Monde Tel Qu'il Sera En L'an 3000*, Morlaix, Skol Vreizh.

Stiénon V. (2018), Prévision et prévention. Le roman d'anticipation dans les discours de l'hygiène, *COnTEXTES*, n° 21.

Verne J. (1967) *La Journée d'un Journaliste Américain en 2889, dans Hier Et Demain : Contes Et Nouvelles*, Paris, Hachette, pp. 177–199.

Versins P. (1984), *Encyclopédie de l'utopie, des voyages extraordinaires et de la science-fiction,* Lausanne, L'Âge d'homme.

L'histoire économique et des techniques au service du développement territorial : le cas de Fougerolles-Saint-Valbert en Haute-Saône, le pays du kirsch et de l'absinthe

Abdelhak El Mostain
IUT Le Creusot – Université de Bourgogne

1. Introduction

Une transition rurale est bel et bien en marche en France (Senil, 2021). En effet, aujourd'hui, la ruralité, à la fois vulnérable et dynamique, prend de plus en plus d'importance dans la réflexion et les actions des acteurs locaux et du gouvernement. Depuis quelques années, les acteurs locaux et les décideurs politiques (régionaux, nationaux et européens) mettent en place des actions de politiques publiques pour valoriser les territoires ruraux en misant sur une valorisation des ressources matérielles et immatérielles locales qui « contribuent à la transition des territoires ruraux, notamment en favorisant la cohésion économique et sociale et en intégrant la dimension environnementale[1] ».

1 Jean-Michel Baylet, Ministre en charge de l'Aménagement du territoire, de la Ruralité et des Collectivités territoriales au congrès « Le réseau rural national français (RRN) » qui s'est réuni les 29 et 30 juin 2016 sur le thème de la transition des territoires ruraux. https://agriculture.gouv.fr/le-reseau-rural-national-reflexions-la-transition-des-territoires-ruraux

La réflexion autour de la ruralité de demain doit intégrer des préoccupations d'ordre économique, environnemental et social en associant « ruralité » et « transition », ce dernier mot étant en passe de devenir le mot clé de ce début de XXIe siècle (Vanier, 2016). Cette réflexion s'alimente, entre autres, de l'engouement contemporain pour le patrimoine, qui permet d'initier un mouvement collectif autour de projets territoriaux fédérateurs (Bonerandi 2005). Dans cette transition, la valorisation du patrimoine rural a toute sa place. La ruralité, loin d'être un espace oublié, est un espace modifié à la croisée continuelle des chemins. Mais comment faire de ce patrimoine matériel et immatériel une ressource pour le développement territorial d'une commune de la Haute-Saône, Fougerolles-Saint-Valbert connue pour sa cerise et son kirsch, mais qui peine à préserver l'art de distiller détenu par les bouilleurs de cru et à valoriser son savoir-faire deux fois centenaire dans le domaine de la distillation de l'absinthe et de ses assimilés ? Cette question nous incite à explorer le passé de cette commune rurale pour expliquer comment elle a pu voir se développer sur son sol une activité de distillation qui va rayonner au niveau national et international, comment elle construit une représentation de son devenir dans un contexte de transition, et quels patrimoines sont mobilisés pour construire cette représentation, par qui et pourquoi ? D'une manière globale, comment appréhender le patrimoine comme une ressource à la transformation de la trajectoire d'un territoire malgré une incapacité historique du secteur à dépasser les divergences d'intérêts des acteurs locaux pour créer un consensus local ?

Nous nous intéresserons à ce patrimoine qui, en lien avec son territoire, génère non seulement une identité territoriale qui nécessite une action collective des acteurs locaux pour le valoriser, l'intégrer dans une offre territoriale cohérente, le faire évoluer et ainsi participer au développement territorial, mais aussi qui permet de nous relier au territoire en étant l'expression même de la relation sociale qui s'inscrit dans le temps et dans l'espace (2). À la lumière de ce développement théorique, nous nous intéresserons d'une manière empirique à Fougerolles-Saint-Valbert, commune rurale de la Haute-Saône, qui se présente comme le pays de la cerise et la capitale du kirsch. Nous nous intéresserons à la dynamique de cette commune à travers un diagnostic territorial en lien avec l'activité de distillation des alcools de bouche qui fait sa renommée (3), et tenterons de lui trouver une explication historique qui nous mènera à la belle époque de l'absinthe (1870–1915) marquée par la confrontation entre les boissons fermentées et les boissons distillées (4) qui a poussé les acteurs fougerollais à s'adapter au marché des alcools de bouche en faisant entrer l'activité locale de distillation dans une dimension industrielle grâce au progrès technique et à l'innovation (5). Enfin dans une dernière partie, nous nous appuierons sur ce passé pour imaginer le futur à travers quelques projets susceptibles de susciter une dynamique collective locale pour un développement territorial ! (6).

Dans ce cadre, les archives départementales de la Haute-Saône, de l'écomusée du pays de la cerise à Fougerolles-Saint-Valbert et des distilleries locales sont consultées et des entretiens semi-directifs en face-à-face avec des acteurs locaux sont réalisés entre juillet et septembre 2020, à savoir : Bernard Baud, PDG de la société des Grandes distilleries Peureux, créée en 1864, leader mondial sur le marché des alcools de fruits macérés ; Hugues de Miscault, PDG de la distillerie artisanale Paul Devoille créée à la fin du XIXe siècle ; Alain Grillot, premier adjoint à la Mairie de Fougerolles chargé des finances et premier vice-président de la Communauté de commune de la Haute-Comté chargé du développement durable ; Laetitia Morand, directrice de l'écomusée du pays de la cerise ; Sébastien Cornu, directeur de l'Office de Tourisme de Luxeuil-les-Bains-Vosges du Sud ; Claude Roussey, membre de la confrérie du kirsch AOC créée en 1991 par les producteurs et distillateurs du kirsch, et membre de l'association des amis de l'écomusée de Fougerolles créée en 1990, ainsi que deux bouilleurs de cru. Les entretiens sont basés sur une grille qui permet d'aborder les notions de transition territoriale et de patrimoine, tout en laissant à l'acteur interrogé la liberté d'aborder d'autres sujets. Parmi les questions abordées, les acteurs étaient notamment interrogés sur leur rôle, leurs relations avec d'autres acteurs locaux, leur perception de la transition territoriale en marche et la place qu'occupe le patrimoine dans cette transition.

2. Le patrimoine matériel et immatériel comme source de développement et de (re)dynamisation territorial

Le patrimoine est défini par Ollagnon (1989) comme « l'ensemble des éléments matériels et immatériels qui concourent à maintenir l'identité et l'autonomie de son titulaire dans le temps et dans l'espace par l'adaptation en milieu évolutif ». Il est défini comme un « ensemble, attaché à un titulaire (individu ou groupe) et exprimant sa spécificité, ensemble historiquement institué d'avoirs transmis par le passé, avoirs qui sont des actifs matériels, des actifs immatériels et des institutions » (Barrère, 2005). C'est en quelque sorte un héritage spatialisé qui incite à une forte implication des acteurs autour d'actifs matériels ou immatériels susceptibles d'être transférés et partagés de façon identique ou transformés entre générations (Debarbieux, 1995). Mais cet héritage est considéré aussi comme un « capital de ressources spécifiques, singulières, destinées à assurer la perpétuation du groupe tout en alimentant une dynamique collective propre, fondée sur un certain particularisme culturel, historique voire géographique » (Rautenberg, 2003). Il est alors le produit de l'histoire, plus ou moins ancienne, d'un territoire ou d'un groupe social (Vernières, 2015). Le territoire et le patrimoine sont étroitement liés. Le territoire comme socle patrimonial est considéré comme le lieu fondateur des identités locales et le ressort secret de leur survie (Bonerandi, 2005).

Mais le patrimoine est aussi un concept économique qui se définit comme un ensemble d'actifs et d'institutions en interaction entre elles, appartenant à un titulaire qui peut être individuel ou collectif (Requier-Desjardins, , 2009). Le patrimoine est ainsi attaché à un territoire qui lui confère une identité, avec un ancrage territorial (Benhayoun et al, 1999 ; Requier-Desjardins, 2009). Il participe avec ses éléments intangibles ou non marchands à la création de ressources territoriales et à l'accumulation des richesses (Du Tertre, 2007). Barrère (2003) fait d'ailleurs référence à cette approche économique dans l'exemple du Champagne AOC avec l'idée que la patrimonialisation est le résultat « d'un compromis entre acteurs locaux » qui opèrent dans un secteur traditionnel, dans un territoire avec une proximité géographique de dimension spatiale et une proximité organisée par nature relationnelle (Gilly, Torre, 2000 ; Pecqueur, Zimmermann, 2004). Néanmoins, cette patrimonialisation qui a bien souvent une image traditionnelle avec des caractéristiques immuables, transmises de génération en génération, ne doit pas faire oublier que le marché (offre, demande et distribution) est fluctuant avec la disparition et l'apparition de filières et l'évolution des systèmes de production qui s'adaptent à des environnements techniques et réglementaires changeants (Lewitt, March, 1988 ; Ferré, 2018). Ainsi, la tradition peut être dynamique et source d'opportunités économiques, dans lesquelles les sociétés locales puisent au gré de leurs besoins (Barel, 1981), comme elle peut être sclérosée (Celhay, Cusin, 2011). Elle doit savoir évoluer grâce à l'innovation pour s'adapter à son environnement dynamique (Dumoulin et Simon, 2008).

Longtemps envisagé sous le seul angle de sa valeur culturelle (Choay, 1992) avec une construction sociale progressive qui lui confère la qualité de producteur de sens et d'identité territoriale (Garat, Gravari-Barbas, Veschambre, 2001), le patrimoine apparaît aussi comme une ressource locale à valoriser dans une perspective de développement économique et social du territoire qui en dispose (Vernières, 2011). De ressource pour la construction du territoire, il devient une ressource pour le développement territorial (Landel, Senil, 2009). Il nécessite alors une action collective des acteurs locaux pour le valoriser à travers une conservation et puis une intégration dans son offre territoriale (Meyer et al, 2012) qui marie tradition et innovation que Dumoulin et Simon (2008) considèrent comme « les deux faces d'une même pièce ». Le patrimoine matériel et immatériel permet alors à la fois de conserver et de créer. S'il permet de faire vivre les multiples composantes d'un territoire (Sadorge et al, 1996), il est aussi une véritable force de cohésion sociale et spatiale (Micoud, 2005) et un levier de changement de modes d'habiter les territoires que l'anthropologue Jean-Louis Tornatore appelle « patrimoine-compagnon » (Tornatore, 2017).

3. Fougerolles-Saint-Valbert, une commune dynamique autour de son activité historique de distillation

Fougerolles-Saint-Valbert est une commune nouvelle située dans le département de la Haute-Saône, en région Bourgogne-Franche-Comté, créée le 1er janvier 2019 par la fusion des communes de Fougerolles et de Saint-Valbert. Elle s'étend sur 55 km^2 et compte 4 000 habitants. Elle est l'une des communes les plus étendues du département. Elle fait partie du Parc Naturel Régional des Ballons des Vosges et depuis 2018, elle est inscrite au patrimoine culturel immatériel de la France, une catégorie de patrimoine issue de la Convention pour la sauvegarde du patrimoine culturel immatériel adoptée par l'UNESCO en 2003, dans la rubrique des savoir-faire pour la culture de la cerise et la distillation du kirsch qui fait suite à une candidature proposée en 2017 par la Fédération Nationale des Sites Remarquables du Goût sous l'impulsion du Conseil municipal de Fougerolles-Saint-Valbert. L'objectif de cette démarche étant de faire vivre, recréer et transmettre des pratiques et des savoir-faire locaux.

L'histoire de Fougerolles-Saint-Valbert est étroitement liée à l'activité de distillation des alcools de bouche et il suffit de se promener dans cette commune et dans ses hameaux pour découvrir les nombreux vestiges qui subsistent comme un héritage visible rappelant l'importance de cette industrie ou de visiter l'écomusée du pays de la cerise, lieu de mémoire industrielle locale, créé en 1982 avec l'assistance du réseau des Musées des Techniques et Cultures Comtoises et inscrit, en 1984, à l'inventaire des Monuments Historiques, qui témoigne de deux siècles de savoir-faire dans les domaines de la distillation et de ses activités annexes, ou encore se référer aux différents maires qui ont géré la commune entre 1835 et 1995 pour s'apercevoir que 81 % des mandatures sont occupées par des maires distillateurs ou proches de cette industrie, soit 130 années de mandats sur 160. Pour Alain Grillot, le maire-adjoint de la commune de Fougeroles-Saint-Valbert « La culture des cerisiers et la fabrication du kirsch se révèlent un des fondements de l'identité fougerollaise et des environs. En dehors de l'aspect économique, les agriculteurs et distillateurs voient dans la cerise et le kirsch une expression de leur terroir et en quelque sorte d'eux-mêmes. Tous sont heureux de faire partager leurs expériences et leurs pratiques ».

En effet, la culture du cerisier et la fabrication du kirsch sont un fondement de l'identité fougerollaise qui permet de se rassembler et de se distinguer sans être figée car elle évolue et se transforme au fil du temps. Néanmoins, cet art de distiller va connaitre une crise majeure après la Deuxième Guerre mondiale suite d'abord aux lois prohibitives antialcooliques sous le régime de Vichy et au changement des habitudes de consommation marquées par la baisse de la consommation des alcools forts et l'arrivée de nouvelles boissons étrangères comme la vodka et le whisky. Si au début du XXe siècle on en comptait une quarantaine de distilleries à Fougerolles, en 2000, on ne compte plus que quatre : trois petites distilleries (Lemercier Frères, Émile Coulin et la distillerie artisanale Paul Devoille) et une distillerie de dimension industrielle, la société des Grandes distilleries Peureux. En 2015, elles ne sont plus que deux après le rachat des établissements Lemercier frères et Emile Coulin par la société Peureux. Malgré les difficultés que rencontre ce territoire pour s'imposer sur un marché des alcools de bouche en perpétuelle mutation, la préservation du savoir ancestral local a la volonté d'être actuelle et dynamique. Depuis le 5 mai 2010, le kirsch de Fougerolles est labélisé AOC sous l'impulsion du syndicat de défense du kirsch de Fougerolles créé en 2007 qui réunit les bouilleurs de cru, les producteurs de cerises et les distilleries professionnelles. Cette labélisation a pour objectif de sauver et préserver le savoir-faire local lié à la culture du cerisier et à la distillation. Il est le premier alcool de fruit à obtenir une AOC en France et la 4ème eau-de-vie après le Cognac et l'Armagnac en 1936 et le Calvados en 1942.

L'art de distiller est assuré par des bouilleurs de cru et deux distilleries. Une partie des bouilleurs de cru exerce son activité de distillation à titre individuel et l'autre partie adhère à une société d'intérêts collectifs agricoles « Kirsch et Terroir » qui met à la disposition des bouilleurs de cru un alambic ambulant pour la distillation, un magasin de vente directe et des outils de promotion marketing pour la commercialisation de leurs produits. À côté de ces distillateurs traditionnels qui maintiennent la tradition de distillation artisanale transmise de génération en génération, on compte deux distilleries professionnelles : La société des Grandes distilleries Peureux, leader mondial sur le marché des alcools de fruits macérés et la distillerie artisanale Paul Devoille (SAS) créée à la fin du XIXe siècle et reprise en 1985 par un distillateur alsacien, René de Miscault, qui la modernise, l'ouvre au public et la dote d'un « jardin secret de la Fée verte » qui rassemble des espèces de plantes distillées sur place comme la fameuse feuille d'absinthe.

La dynamique issue du savoir-faire local en matière de distillation alcoolique qui dépasse le cadre spatial de la commune de Fougerolles-Saint-Valbert bénéficie de l'appui et du soutien des pouvoirs publics à l'échelon de la Communauté de commune de Haute-Comté. En effet, depuis 2015, cette jeune collectivité née de la fusion de trois Communautés de Communes au 1er janvier 2014, s'est lancée dans l'élaboration d'un plan local d'urbanisme intercommunal (PLUI) destiné à traduire le nouveau projet territorial qu'appelle l'élargissement de son périmètre. Ainsi, à partir des éléments de synthèse du diagnostic territorial figurant dans le rapport de présentation du PLUI, les élus communautaires ont défini des objectifs d'organisation, de protection et de mise en valeur ou de développement de leur territoire formalisé en 2019, dans un projet d'aménagement et de développement durable (PADD) en affichant leur volonté d'agir sur quatre domaines : attractivité, durabilité, proximité et innovation. Ce PADD consacre une part importante à la préservation, au développement et la promotion du patrimoine matériel et immatériel local lié à la culture de la cerise et à la distillation du kirsch. Néanmoins, cette dynamique locale cache des tensions palpables entres les différents acteurs publics et privés liés de près ou de loin à la distillation des alcools de bouche. L'art traditionnel de distiller subit des tensions qui risquent de porter atteinte à sa préservation et à son développement comme créateur de valeur dans une commune qui en a bien besoin. C'est le cas des bouilleurs de cru, détenteurs du savoir-faire local (Guy, 1993) qui voient leur nombre se réduire avec les années à cause de la perte de leur privilège qui n'est plus transmissible par héritage depuis 1959 et voient se développer des innovations qui rompent avec la tradition (distillation des arômes et des épices, gel hydroalcooliques…). À cela s'ajoute leur confrontation avec les industriels locaux de la distillation sur un marché marqué par la baisse continue de la consommation directe des alcools forts et par le changement des habitudes de consommation comme l'explicite Bernard Baud, PDG des Grandes distilleries Peureux : « il y a 30–40 ans, une bouteille de 70 cl d'eau-de-vie de fruits était consommée à 80 % directement à la fin des repas, aujourd'hui, c'est 70 % en gastronomie et 30 % dans la dégustation directe. ».

Les bouilleurs de cru, détenteurs du savoir-faire ancestral en matière de distillation (Voisenat, 1988), se considèrent comme victimes des lois prohibitives qui réduisent leurs privilèges et qui découragent les générations suivantes à perpétuer la tradition de distiller leurs fruits ainsi que d'une concurrence industrielle déloyale qui tend à les cannibaliser. Ils dénoncent un processus de banalisation, au travers d'une perte de l'ancrage au territoire qui éloigne de la notion de proximité, comme le déclare un bouilleur de cru qui souhaite garder l'anonymat : « La distillerie Peureux utilise Fougerolles comme tête de pont pour commercialiser dans le monde entier ses griottines importées de Serbie ». Ainsi, dans un espace patrimonialisé représenté par le kirsch AOC et malgré une proximité géographique, des acteurs locaux qui, malgré les apparences, ne partagent pas les mêmes représentations (Caron, Torre, 2006), « semblent exclus ou s'exclure petit-à-petit d'une proximité organisée » (Pecqueur, Zimermann, 2004 ; Rallet, 2002 ; Torre, 2000). Cette proximité nécessite un partage de certaines valeurs et représentations que Torre et Beuret (2012) appellent « proximité territoriale » et qu'ils définissent comme « la combinaison entre proximité géographique et proximité organisée ».

Une inquiétude partagée par les élus locaux à l'instar d'Alain Grillot, premier adjoint à la mairie de Fougerolles chargé des finances qui déclare : « Notre rôle c'est de veiller à ce que la cerise soit au centre des différents projets de collaboration, des accords et des innovations au niveau local. Ce sont des éléments qui donnent une bonne image de Fougerolles. Les distillateurs installés à Fougerolles maintiennent leurs activités parce qu'ils tirent profit de l'environnement et de l'histoire locale avec une cerise de notoriété nationale et internationale ». La crainte de la disparition du savoir-faire local des bouilleurs de cru est réelle comme l'exprime un bouilleur de cru fougerollais : « Les jeunes ne veulent plus distiller, il n'y a plus de transmission du savoir-faire entre générations comme ça se faisait dans le temps [...], le kirsch AOC ne nous apporte rien de nouveau à part la vente de nos cerises. ». Cette inquiétude est d'autant plus grande que la fédération française des eaux-de-vie de fruits, par le biais de son président Bernard Baud s'oppose à toute formalisation de la transmission du savoir-faire local et donc à toute transformation de la filière et des pratiques professionnelles pour justement le préserver car, dit-il : « formaliser pour transmettre cette alchimie c'est la désacraliser » et d'ajouter : « faites le parallèle avec ce qui se passe dans la bière, c'est très intéressant ce qu'on apprend. Il y a 20–30 ans, les brasseurs ont créé des formations de brasserie de la bière avec l'éducation nationale et le ministère de l'Agriculture. Depuis une vingtaine d'années, on assiste à une explosion de microbrasseries qui entrent en concurrence directe avec les brasseries industrielles historiques. Les acteurs de la brasserie de la bière ont des difficultés majeures aujourd'hui à cause de la multiplication des brasseries et des microbrasseries ». La dynamique des microbrasseries pousse les grandes brasseries à innover en intégrant dans leurs offres des produits régionaux grâce à des stratégies de croissance externe ou à des partenariats avec des acteurs plus petits pour ne pas compromettre leur accès à la distribution (Olivesi, 2015).

Si le risque de disparition de l'art de distiller des bouilleurs de cru confirmé par Alain Grillot, premier adjoint à la mairie et vice-président de la Communauté de communes chargé du développement durable, qui déclare qu'« il y a une perte de transmission du savoir-faire. C'est une perte de mémoire culturelle. Il est temps de le préserver », il n'est tout de même pas l'unique problème auquel est confrontée la commune de Fougerolles-Saint-Valbert. En effet, cette tension locale autour de la distillation du kirsch occulte l'histoire d'un autre savoir-faire lié à la fabrication de la fée verte durant la belle époque de l'absinthe (El Mostain, 2020) interdite en France en 1915 et ré-autorisée en 2011 afin de contrer une tentative vaine de producteurs suisses de s'approprier cette appellation. Ce savoir-faire délibérément délaissé ou grossièrement évoqué pour promouvoir le produit local, le kirsch AOC, ne représente pourtant qu'à peine 5 % du volume de fruits travaillés dans les distilleries. Pourtant, il suffit de se promener dans cette commune pour découvrir les nombreux vestiges rappelant l'importance de cette industrie ou de visiter l'écomusée du pays de la cerise pour découvrir les nombreux appareils distillatoires qui ont été utilisés par les distillateurs fougerollais au XIXe siècle jusqu'au début du XXe. Il suffit aussi de consulter les archives départementales de la Haute-Saône ou tout simplement le service « Inventaire et Patrimoine de Franche-Comté » qui a recensé pas moins d'une cinquantaine de distilleries anciennes dont plus de la moitié se situent à Fougerolles-Saint-Valbert et ses alentours et de surcroit, spécialisées dans la fabrication de la liqueur d'absinthe.

À partir de ce constat et de ce diagnostic, nous essaierons de nous servir de la compréhension du passé pour préparer l'avenir. Nous nous appuierons sur ce voyage historique pour susciter une dynamique locale collective à Fougerolles-Saint-Valbert incluant les différents acteurs publics et privés autour de l'activité de distillation, patrimoine ancestral local, comme ressource de développement et de rayonnement territorial.

4. Fougerolles, le pays du kirsch, durant la belle époque de l'absinthe : le malheur des uns fait le bonheur des autres

Le patrimoine fougerollais résulte d'une construction sociale collective de plus de 200 ans qui s'est cristallisée durant la période 1870–1915, entre l'émergence de la crise viticole à la fin des années 1860 causée par le phylloxera, accentuée par la défaite de la guerre de 1870 contre les Prussiens et l'interdiction de l'absinthe par les pouvoirs publics en 1915. Les distilleries fougerollaises avec à leur tête, un certain Abel Bresson, le précurseur de l'industrie de la distillation à Fougerolles (Frœmer, 1884) vont alors profiter des avantages spécifiques qu'elles détiennent grâce au savoir-faire local dans les domaines de la culture du cerisier et de la distillation des alcools de bouche pour innover et ainsi asseoir leur notoriété sur le marché des eaux-de-vie de fruits à noyaux, d'abord grâce au kirsch et sur le marché des apéritifs, ensuite grâce à la fée verte, l'absinthe, qui deviendra l'apéritif le plus consommé en France à la fin du XIXe siècle. Fougerolles, le pays de la cerise, devient même le deuxième haut-lieu de l'absinthe en France, après Pontarlier dans le Haut-Doubs.

En effet, jusqu'au début des années 1870, le vin est le produit leader sur le marché des alcools de bouche. Il ne souffre d'aucune concurrence notable mais, avec l'avènement du phylloxera, un puceron qui ravage le vignoble français dès la fin des années 1860, les viticulteurs sont obligés de procéder à l'arrachage de leurs vignes. Ce ravage cause la baisse de la production nationale de vin durant une vingtaine d'années. La production de vin atteint son plus bas niveau en 1889 avec 23,2 millions d'hectolitres[2]. Cette crise profite à d'autres types d'alcools comme l'alcool industriel bon marché issu principalement de la distillation des betteraves qui remplace petit à petit l'alcool issu du vin qui entre dans la fabrication de plusieurs liqueurs comme l'absinthe. Cette crise viticole provoque un déplacement de la consommation vers les alcools forts comme les eaux-de-vie et les apéritifs de type absinthe. Le nombre de débits de boissons enregistre une augmentation de 32 % entre 1869 et 1913, celui des bouilleurs de cru, une augmentation de 1 078 % entre les deux mêmes dates[3], et les distillateurs professionnels voient leur nombre passer de 3 100 en 1876–1880 à plus de 24 038 en 1906[4]. Cet engouement apporte une prospérité financière aux fabricants, aux distributeurs et à l'État qui, en 1914, génère 50 millions de francs de droits et taxes.

Le succès des alcools suscite une levée de bouclier du lobby viticole qui, soutenu par les ligues antialcooliques, va faire pression sur les pouvoirs publics en dénonçant les méfaits des alcools industriels mais aussi des eaux-de-vie et de la liqueur d'absinthe qui devient l'ennemi à abattre. Cette lutte acharnée atteindra son objectif en 1915 avec la publication, le 16 mars, d'une loi interdisant la fabrication et la commercialisation de l'absinthe et des liqueurs similaires. Il faut attendre un siècle plus tard pour la voir autorisée à nouveau en France par la loi du 17 mai 2011 afin de contrer une tentative vaine de producteurs suisses de s'approprier cette appellation. Les bouilleurs de cru attachés à leur savoir-faire et à leur produit local, le kirsch, vont devenir des victimes collatérales de ce combat qui se joue devant eux entre les grandes distilleries et les viticulteurs, un match arbitré par les pouvoirs publics. En effet, bien qu'ils aient succombé au lucre de l'absinthe en y consacrant une partie de leur activité dénoncée par les industriels de la distillation, ils remettent en question une concurrence déloyale des industriels qui réussissent à réduire leurs coûts de production et proposer des kirschs moins onéreux (Michel, 1993). Pour affaiblir leur accès direct au marché des alcools de bouche, les industriels de la distillation n'hésitent pas à opter pour

2 Ministère des Finances, *Bulletin de statistiques de la France* (1951), p. 34.

3 *Bulletin de Statistiques et de Législation comparée*, 1914.

4 Annuaire statistique de la France. INSEE, 1951.

une stratégie de banalisation en achetant auprès des petits producteurs leur récolte de cerises et leur production alcooliques qu'ils revendent par la suite sous leur propre enseigne (Michel, 1993). Ils n'hésitent pas à dénoncer le privilège octroyé aux paysans-producteurs qui bénéficient d'une exonération de taxes sur une partie de leur production (El Mostain, 2017). Un rapport signé par le maire de Luxeuil-les-Bains le 31 janvier 1896, relate la réclamation d'un industriel local qui dénonce la concurrence des bouilleurs de cru : « La vente est très faible [...] la raison est la concurrence faite par les bouilleurs de cru dont les produits sont vendus en fraude[5] ».

Néanmoins, cette lutte entre bouilleurs de cru et industriels de la distillation a permis la préservation du savoir-faire fougerollais et le développement de deux circuits de distribution distincts mais complémentaires. D'un côté les bouilleurs de cru se regroupent pour développer un processus de spécification afin de faire connaitre leurs produits en participant à des foires et salons et récoltent prix et félicitations (Michel, 1993). C'est le cas en 1889 où le jury international de l'exposition universelle à Paris félicite les douze bouilleurs de cru qui ont concouru avec leur kirsch fougerollais : « la subtilité de leur parfum, leur saveur les placent au-dessus des meilleurs kirschenwasser de la Forêt-Noire, qui ne se débarrassent jamais d'un arrière-goût de fermentation ». D'un autre côté, les industriels profitant de ce savoir-faire local donne à l'eau de cerise de Fougerolles une dimension nationale et internationale. Par les deux filières, la transmission du savoir-faire fougerollais est préservée. Elle se fait d'abord dans le cercle familial chez les bouilleurs de cru avant de devenir un savoir-faire partagé au niveau de la commune grâce aux nombreux ateliers de distillation qui se sont développés suite aux périodes d'interdiction de la distillation à domicile[6]. En 1917, on compte 83 ateliers publics de distillation, en 1918, 125 et en 1923, 250 ateliers (Voisenat, 1987). Quant au savoir-faire des industriels de la distillation, il va dépasser les frontières locales pour se diffuser sur le territoire national grâce aux différentes unités de production installées dans plusieurs villes en France : Beaucaire, Dijon, Ivry-Port, Lyon, Marseille, Pantin, Pontarlier, Saint-Denis et à Saverne, Oran et Alger.

---

[5] Archives privées Marcel Saire, in Michel G.-J., « La distillation du kirsch à Fougerolles », *Bulletin SALSA n° 25*, Vesoul, 1993.

[6] Loi du 30 juin 1916, art. 4.

Sans oublier les nombreux entrepôts de distribution ouverts en France, en Algérie et en Belgique.

La belle époque de la distillation des alcools de bouche va durer jusqu'à l'interdiction de l'absinthe en 1915 en France. Plusieurs secteurs d'activité sont affectés alors à Fougerolles. De nombreuses distilleries ferment leurs portes car elles n'ont pas su anticiper cette crise. À Fougerolles, en 1914, l'absinthe constitue plus de 80 % de la production locale d'alcool[7]. Cette interdiction est dramatique pour l'économie locale car plusieurs distilleries mettent la clé sous la porte. Seules les quelques établissements ayant opté pour une politique de diversification et d'innovation de leurs produits ont pu lutter pour leur survie. Cette situation s'aggrave avec un fort exode rural suite à la première guerre mondiale qui oblige plusieurs fermiers à abandonner leurs exploitations et délaisser ce qui fait l'histoire et la richesse de Fougerolles, le cerisier.

5. Le progrès technique et l'innovation au service du savoir-faire fougerollais

Durant cette période marquée par la confrontation entre les boissons fermentées et les alcools distillés, les distillateurs fougerollais ont montré leurs capacités d'adaptation sur un marché fluctuant en recourant à des appareils distillatoires plus perfectionnés, à des techniques et technologies nouvelles de distillation et à des stratégies « marketing » innovantes et précoces.

5.1. Des techniques et des technologies de distillation perfectionnées et innovantes

À Fougerolles, la distillation s'opère au moyen d'appareils de diverses formes et de divers systèmes. On emploie à cet effet des alambics à distillation simple et à distillation continue avec une prédominance de la distillation à la vapeur qui permet à la fois d'économiser du combustible tout en augmentant la production, de produire des boissons de meilleure qualité et de faciliter le travail (El Mostain, 2018). Les alambics à distillation continue sont utilisés dans les structures de taille industrielle

7 « Le Chequeillot », *Bulletin n° 20*, Association Fougerolles Terroir et Traditions (FTT), décembre 2015.

qui peuvent supporter les coûts d'installation qui sont très élevés. Ces appareils sont surtout destinés à la production en grande quantité de spiritueux et des alcools industriels dits *trois-six*. Les alambics à distillation simple à feu nu et au bain-marie seront privilégiés par les bouilleurs de cru, par les petites distilleries professionnelles et par les grandes distilleries industrielles comme appareils d'appoint (El Mostain, 2017).

L'investissement dans des appareils perfectionnés fonctionnant à la vapeur est un gage de sécurité et de qualité qui acquiert aux industriels de la distillation un avantage concurrentiel comme le relate le journaliste A. Frœmer en 1884, dans l'hebdomadaire *Le Panthéon de l'Industrie*, où il dresse un portrait flatteur d'un distillateur fougerollais, Abel Bresson : « La supériorité du produit de la maison Abel Bresson tient surtout aux soins qu'elle apporte à la distillation des plantes, avec des appareils qui réalisent les derniers perfectionnements. [...] Il est certain qu'à cause du prix élevé des appareils et de la lenteur de l'opération, on ne se décide à employer la distillation à la vapeur que pour la fabrication de liqueurs tout à fait fines. Tel est le cas de la maison Abel Bresson, et c'est ce qui explique le succès et la grande vogue de sa marque » (Frœmer, 1884). L'ingéniosité de ce distillateur lui permet même d'apporter des améliorations aux appareils distillatoires utilisés et d'en faire la promotion auprès du gouvernement comme c'était le cas en « 1872 au moment où le gouvernement préparait le projet de loi sur les alcools, Abel Bresson, créateur d'un procédé spécial de rectification encore secret à l'heure présente, [il] fut appelé, à Paris, auprès du président de la commission du budget, et se décida à venir mettre au service du pays le trésor de connaissances qu'il avait amassées. » (Frœmer, 1884). Sept ans plus tard, un autre journaliste décrit, dans la même revue, un autre établissement fougerollais, Lemercier Frères, comme étant « un des établissements les plus beaux, les plus complets, et les mieux organisés. Les nombreux appareils qui y fonctionnent sont conformes aux perfectionnements les plus récents[8] ».

Pour dynamiser leurs ventes d'absinthe et se distinguer de la concurrence, plusieurs fabricants recourent à de nouveaux procédés technologiques et en font même un argument commercial comme

[8] G., « Une grande distillerie à Fougerolles », *Le Panthéon de l'Industrie*, n° 842, août 1891.

l'« absinthe ozonisée[9] » ou l'« absinthe oxygénée[10] » au moyen de l'ozone issu de l'électrisation de l'oxygène pur (Villon, 1902). Ce gaz est ensuite envoyé dans l'absinthe de telle sorte que toutes les particules liquides subissent son action. Suivant les qualités de la liqueur, on se sert d'oxygène pur ou d'oxygène électrisé ou alternativement, d'un mélange des deux. Il suffit de faire absorber 25 litres d'oxygène par hectolitre d'absinthe, pour avoir le résultat recherché (El Mostain, 2020).

Le succès de l'industrie de la distillation à Fougerolles et de sa notoriété nationale est aussi le fruit d'une recherche acharnée de la maîtrise d'une grande partie de la filière alcool et d'une croissance interne et externe qui ont permis la diffusion du savoir-faire local sur tout le territoire national. Dès la fin des années 1850, une importante distillerie est installée à Dijon produisant du kirsch et de l'absinthe respectant une stratégie de standardisation de la production. À la fin des années 1880, l'établissement fougerollais Abel Bresson acquiert trois distilleries d'alcool industriel à base de betterave en Côte d'Or qui seront réunies en 1906 dans une société anonyme sous la dénomination « Société anonyme des distilleries de la Côte-d'Or » dont le siège social est fixé à Genlis. Grâce à ces investissements, les distillateurs fougerollais ne dépendent plus des fournisseurs du Nord de la France, de Belgique ou d'Allemagne de cette indispensable matière première utilisée comme alcool de macération dans plusieurs liqueurs. Durant les années 1890, trois autres distilleries de même nature seront installées dans la commune de Fougerolles par trois distillateurs, Abel Bresson, Lemercier frères et Auguste Peureux, qui se lancent par la suite à la conquête du marché national en ouvrant des succursales dans plusieurs grandes villes françaises. En 1912, l'Établissement Abel Bresson se permet même d'acquérir le leader incontournable sur le marché national et international de l'absinthe et ses deux usines à Pontarlier et à Couvert en Suisse, l'enseigne Édouard Pernod.

---

9 Absinthe ozonisée Lemercier frères, marque déposée en 1908 par l'Établissement Lemercier frères, Fougerolles. Archives de l'Établissement Lemercier frères, Fougerolles-Saint-Valbert.

10 Archives de l'écomusée du pays de la cerise, Fougerolles-Saint-Valbert.

5.2. Des innovations produits et un marketing précoce

La première invention est à mettre au crédit des bouilleurs de cru qui ont su conditionner durant le dernier quart du XVIIIe siècle le kirsch dans une petite bouteille de 70 cl appelée « bot » du nom ancien « boteille » qui sert à la fois pour le vieillissement et pour la commercialisation de ce breuvage. C'est une bouteille de couleur sombre soufflée à la bouche, fabriquée principalement par les verreries installées à Darney et à Vioménil dans les Vosges (El Mostain, 2017). La personnalisation du kirsch fougerollais lui permet de se distinguer de son principal concurrent, le kirschenwasser de la Forêt-Noire.

La deuxième innovation est à mettre sur le compte d'Abel Bresson, le précurseur de l'industrie de la distillation à Fougerolles qui, pour anticiper une éventuelle interdiction de la liqueur d'absinthe, lance en 1872 une boisson qui ressemble à l'absinthe par la couleur et par le goût sans utilisation des feuilles d'absinthe tant décriées par les hygiénistes et le lobby viticole. Cette boisson est commercialisée sous la marque éponyme « Bressonide » (El Mostain, 2017, 2022). Abel Bresson n'hésite pas à en faire la promotion auprès des services de l'État (Frœmer, 1884) et auprès de sa clientèle en se présentant comme l'inventeur de cette boisson fabriquée à base « de plantes apéritives stomachiques et calmantes ne renfermant aucun des principes hilarants reprochés à l'absinthe et ne payant que 1,04 francs de droit par litre ». Elle est l'ancêtre des actuels pastis lancés durant les années 1920 qui ont bénéficié d'un transfert du savoir-faire de la Haute-Saône vers le sud de la France (Fort, 2019) grâce à des distillateurs fougerollais comme Abel Bresson et Auguste Peureux (El Mostain, 2017, 2022).

L'absinthe demeure le produit qui fait le plus appel à l'imagination des distillateurs. Chaque distillerie possède sa propre recette. Il y a au moins autant d'absinthes que de distilleries. Mais la marque d'absinthe la plus connue est bien entendu l'« absinthe Abel Bresson » qui bénéficie d'une notoriété nationale. Elle est la concurrente directe de la célèbre marque pontissalienne « Édouard Pernod ». Elle devient même la marque leader sur le marché national après l'acquisition en 1912 de l'enseigne Edouard Pernod par la maison Bresson. Cette boisson mythique bénéficie d'une forte communication dans la presse écrite comme c'est le cas sur le marché très attractif algérien avec des slogans : « Absinthe Abel Bresson, la meilleure[11] », « Demandez une absinthe Abel Bresson, la favorite des

[11] *La mutualité algérienne*, 10 mars 1911.

connaisseurs[12] », « L'absinthe Abel Bresson. La gouter c'est l'adopter[13] » ou encore avec un texte plus élaboré : « Un verre d'excellente absinthe Bresson ! Mais c'est le meilleur apéritif rêvé ! Puissamment organisée avec ses distilleries à Fougerolles (Haute-Saône), Ivry dans la région parisienne et Beaucaire, la Maison Abel Bresson vous prie de déguster son absinthe et de vous prononcer vous-mêmes sur ses qualités et le fini de sa fabrication[14] ». Cette stratégie de communication est appuyée par des affiches d'intérieur destinées aux débits de boissons en France et en Algérie et par des gadgets et des accessoires qui accompagnent sa commercialisation. Entre 1910 et 1914, l'enseigne Abel Bresson va même se lancer dans une collaboration avec des comités sportifs à Alger et à Oran pour organiser chaque année une compétition algérienne de football baptisée « Coupe Abel Besson[15] ». La presse locale s'en fait l'écho avec des annonce de type : « La coupe Abel Bresson offerte par la Fabrique d'Absinthe si réputée est arrivée, et sera exposée prochainement à l'Incroyable[16] ».

Ces stratégies de communication accompagnent une stratégie de distribution diversifiée avec des réseaux sélectionnés et une force de vente répartie sur tout le territoire national alimentée par de nombreux entrepôts ouverts en France, en Algérie et en Belgique. Nous avons répertorié en 1896 pas moins de 14 entrepôts dans autant de villes différentes. Les livraisons se font en général dans des wagons-réservoirs appartenant aux distillateurs fougerollais et dans des fûts, voire directement conditionnées en bouteilles. Certains distillateurs fougerollais n'hésitent pas à se joindre à des homologues d'autres régions pour créer des marques de fabrique communes comme c'est le cas en 1909 quand la maison Bresson signe une convention avec l'Établissement Barry Rohrer & Fils installé à Charenton pour l'exploitation de deux marques de fabrique liées à une liqueur d'absinthe « Primia » et « La Royale » destinées au marché parisien et à l'export (El Mostain, 2017). Trois ans plus tard l'Établissement fougerollais Lemercier frères les rejoint. Cette convention permet aux partenaires d'augmenter leurs capacités de production tout en luttant contre la forte concurrence sur le marché des apéritifs. Il est bien

12 *L'Impartial*, 12 janvier 1913.

13 *L'Écho sportif de l'Oranis*, 22 mars 1913.

14 *Les Nouvelles*, 25 décembre 1911.

15 *Le Petit oranais*, 14 janvier 1913.

16 *L'Écho sportif de l'Oranis*, 28 octobre 1911.

évident que les pratiques « marketing », bien qu'elles ne portent pas cet adjectif, sont présentes dans les stratégies commerciales des distillateurs fougerollais sur un marché très concurrentiel des alcools de bouche.

Après l'interdiction de l'absinthe en 1915 en France, les distilleries qui n'ont pas su innover et anticiper cette crise ferment leurs portes. Cette interdiction condamne les distilleries qui ont parié sur une stratégie mono-produit et permet à d'autres de maintenir leurs activités grâce à leurs stratégies de diversification et d'innovation produit. Cette interdiction est dramatique pour la commune de Fougerolles dont la production de la fée verte représente plus de 80 % de l'activité des distilleries[17]. Plusieurs établissements mettent la clé sous la porte. Seuls quelques établissements ont pu résister. De 1915 à 1920, on assiste à un retour aux sources autour du kirsch en attendant une relance du marché des apéritifs par le biais d'un nouveau produit miracle ! Ce sera le cas avec une boisson qui ressemble à la liqueur d'absinthe sans utilisation des feuilles d'absinthe. Il s'agit de la liqueur anisée autorisée en 1922[18]. C'est le début d'une belle époque des apéritifs qui connaît un foisonnement de boissons alcooliques et des marques de fabrique (Howard, 2006) avec parmi elles plusieurs marques fougerollaises comme *Bressonide* inventée au début des années 1870, *Bressu*, *Bressono*, *Junod*, *Édouard Pernod*, *Lou Felli* et *Peureux,* une marque très connue à Marseille (Daumalin et al, 2009). Mais l'attractivité du marché des apéritifs va prendre fin avec l'instauration du régime de Vichy qui se lance dans une stratégie de lutte antialcoolique avec l'instauration de mesures exceptionnelles en votant la loi du 23 août 1940 qui prohibe certaines boissons alcoolisées comme les apéritifs anisés et la loi du 24 septembre 1941 qui interdit les apéritifs à base d'alcool, les apéritifs à base de vin titrant plus de 18° et toute publicité sur les apéritifs. Durant cette nouvelle crise qui va durer jusqu'en 1951 et l'abrogation de la loi de 1941, plusieurs distilleries fougerollaises réorientent leur production vers le produit local, le kirch, qui bénéficie d'une dérogation à l'instar d'autres produits distillés tels que le cognac et l'armagnac qui « ont établi la juste réputation de la France[19] ».

---

[17] *Le Chequeillot*, *Bulletin n° 20*, Association Fougerolles Terroir et Traditions (FTT), décembre 2015.

[18] Loi du 17 juillet 1922 autorisant la fabrication et la commercialisation des liqueurs similaires à l'absinthe à base d'anis, titrant moins de 40°.

[19] « La loi contre l'alcoolisme a paru à l'officiel », *L'Ouest-Eclair*, 25 août 1940, p. 2.

6. Des ressources à exploiter et des perspectives de développement territorial

Le passé de Fougerolles nous montre que ce territoire est détenteur d'une richesse patrimoniale matérielle et immatérielle avec des acteurs qui possèdent des initiatives en matière d'innovation technique, organisationnelle et de produits. Ce passé est préservé et entretenu grâce à la capacité de résistance des acteurs économiques locaux sur un marché très concurrentiel subissant régulièrement des contraintes économiques, législatives et sociales. Ce passé mérite d'être mis au jour pour susciter une collaboration dynamique locale autour de projets concrets. Nous en retenons trois principaux : 1) des produits issus du savoir-faire local pour susciter une collaboration entre les bouilleurs de cru et les distillateurs professionnels, 2) l'écomusée comme lieu de préservation et de transmission du savoir-faire traditionnel et 3) le patrimoine matériel et immatériel local comme vecteur de succès d'un projet touristique de voie verte.

6.1. Des produits pour susciter une dynamique locale

La lutte entre les bouilleurs de cru et les industriels de la distillation, qui ne date pas d'aujourd'hui, doit permettre la préservation du savoir-faire fougerollais avec le développement de deux circuits de distribution distincts mais complémentaires. Les deux acteurs gagnent à collaborer pour promouvoir le savoir-faire local dont ils tirent tous les bénéfices. L'exemple du nouveau produit commercialisé sous la marque « Schrik », anagramme de Kirsch, lancé le 8 juillet 2021[20] par le syndicat de défense et de promotion du kirsch de Fougerolles qui réunit l'ensemble des acteurs du kirsch, des producteurs de cerises jusqu'aux bouilleurs et distillateurs, en est l'exemple. Cette collaboration est « l'aboutissement de plus de trois ans de travail collaboratif en filière », explique son président Bernard Baud. Six membres fondateurs membres du syndicat dont des bouilleurs de cru se sont réunis au sein d'une commission pour élaborer ensemble cette innovation qui recourt à des matières premières naturelles locales comme le précise Hugues de Miscault, PDG de la distillerie artisanale Devoille : « On est vraiment dans notre cœur de

---

20 *La Haute-Saône agricole*, 8 septembre 2021.

métier car on utilise des ingrédients naturels locaux pour fabriquer des produits moins transformés. Cette exigence de qualité est attendue par le consommateur ». Bien que le cahier des charges soit strict et s'impose à tous, chaque fabricant valorise son propre savoir-faire et élabore sa propre recette, tout en restant dans le cadre de la marque collective.

On ne peut pas dissocier le kirsch de son territoire qui l'a vu naître et prospérer. C'est un patrimoine bien ancré dans son territoire qui a donné lieu à une certification AOC en 2010. Malgré sa faible part de marché, il demeure incontournable. Néanmoins, comme nous l'apprend l'histoire industrielle locale, son succès est attaché à un autre produit aussi emblématique, l'absinthe. Le succès de l'un dépend de la notoriété de l'autre. Il est alors opportun de susciter une dynamique collective locale autour d'un projet de développement d'une absinthe IGP dont le savoir-faire est encore visible de nos jours à Fougerolles-Saint-Valbert. Un travail dans ce sens est déjà amorcé depuis 2017 en collaboration avec un chercheur en histoire et une distillerie artisanale locale qui a abouti au lancement de deux marques d'absinthe locales leaders sur le marché des apéritifs au début du XXe siècle : « Abel Bresson » et « Pierrot ». En effet, cette commune peut légitimement prétendre à cette labélisation qui, d'après l'INAO, « identifie un produit agricole, brut ou transformé, dont la qualité, la réputation ou d'autres caractéristiques sont liées à son origine géographique ». À l'encontre de l'AOC dont le cahier des charges peut exiger la provenance locale de la matière première, l'IGP est un label plus souple qui vise à garantir l'origine géographique du produit avec une partie des matières premières qui peut provenir des départements voisins. Les compétences accumulées depuis vingt ans par la distillerie Paul Devoille grâce à son « jardin secret de la fée verte » peut être une ressource opportune à développer à travers une collaboration avec les paysans locaux. Cette idée n'est pas nouvelle puisque Auguste Peureux, le fondateur de la distillerie qui porte encore son nom à ce jour, a tenté sans succès de cultiver la feuille d'absinthe à Fougerolles au début du XXe siècle (El Mostain, 2020). L'écomusée de Fougerolles peut jouer un rôle déterminant pour promouvoir ce produit en enrichissant le parcours proposé aux visiteurs, centré surtout sur le kirsch et la culture du cerisier, par l'introduction de l'histoire locale de l'absinthe. Cette idée est soutenue par Mme Morand, directrice de l'écomusée, qui considère que « c'est le rôle de l'écomusée que de faire la promotion du caractère traditionnel de l'art de distiller du kirsch et de l'absinthe locale ».

Le mariage historique entre le kirsch et l'absinthe à Fougerolles-Saint-Valbert a permis aux acteurs de la distillation d'innover en anticipant l'éventuelle interdiction de l'absinthe et le changement des habitudes de consommation à la lumière de l'évolution des règles législatives. C'est le cas d'une boisson anisée lancée par un distillateur fougerollais dès le début des années 1870 sous la marque *Bressonide.* Ce produit innovant est l'un des héritiers de l'absinthe interdite en 1915 et ancêtres des actuels pastis lancés durant les années 1920 et qui ont bénéficié d'un transfert du savoir-faire de la Haute-Saône vers le sud de la France grâce à des distillateurs fougerollais comme Abel Bresson et Auguste Peureux (El Mostain, 2022). Cette innovation produit est liée à l'histoire de l'absinthe et c'est pourquoi sa promotion doit accompagner le projet « absinthe de Fougerolles IGP » qui lui permet de se distinguer de sa concurrente pontissalienne labellisée IGP en 2012. Néanmoins, ce projet, comme celui des anisés, soutenu par des acteurs locaux avec à leur tête l'écomusée de Fougerolles, l'office de tourisme et surtout la distillerie Paul Devoille, fait ressortir des intérêts divergents qui ne débouchent pas encore sur un consensus local. Comme le soutient Sébastien Cornu, directeur de l'Office de Tourisme de Luxeuil-les-Bains-Vosges du Sud, « ce projet alimentera la notoriété et l'image de Fougerolles-Saint-Valbert, relancera la production des anisés à l'ancienne et les absinthes par extension et attirera un nouveau public sur le territoire ». Ce projet bénéficiera de la caution scientifique de l'écomusée du pays de la cerise et des travaux de recherche menés dans ce domaine (El Mostain, 2017 ; 2020). Ce projet peut s'appuyer sur un acteur local professionnel du tourisme et de la communication, l'Office de Tourisme de Luxeuil-les-Bains-Vosges du Sud qui a vu ses compétences s'élargir pour contenir les dissensions, initier et favoriser le développement de réseaux d'acteurs, ou encore limiter les coûts de coordination. Il peut s'avérer être un acteur clé qui fait circuler les informations, favorise la réciprocité entre les membres des réseaux et fait jouer les avantages de la collaboration (Giest, Howlett, 2014).

6.2. Une innovation pédagogique pour une dynamisation territoriale : l'écomusée, lieu de mémoire et de transmission du savoir et du savoir-faire

« L'art de distiller ne doit pas être le monopole des industriels de la distillation. Il faut préserver le caractère traditionnel de cet art ancestral développé par nos bouilleurs de cru », déclare Claude Roussey, membre de l'association des amis de l'écomusée de Fougeroles. Devant l'impossibilité de lancer une formation professionnalisante dans ce domaine à Fougerolles à cause, entre autres, des réticences de la fédération nationale des eaux-de-vie de fruits de s'y investir, l'écomusée du pays de la cerise peut jouer ce rôle pédagogique en devenant un lieu de transmission du savoir et du savoir-faire. En effet, l'écomusée possède un verger qui contient à peu près 90 cerisiers plantés à titre expérimental au début des années 1990 avec une vingtaine de variétés différentes. Avec la collaboration des producteurs de cerises et des bouilleurs de cru, ce verger peut servir de cadre pédagogique pour la transmission de l'art de produire la cerise et la distiller. Comme l'explique Alain Grillot : « le verger de l'écomusée est en quelque sorte la mémoire, la bibliothèque qui garde chaque référence de chaque cerisier expérimenté avec son distillat, sa bande génétique et la description des résultats obtenus [...] Des contacts sont en cours avec l'École nationale supérieure d'agronomie et des industries alimentaires à Nancy pour travailler sur la préservation de ce patrimoine vivant ». Une vocation partagée par Bernard Baud, qui souhaite étendre ce travail par la cartographie des vergers de la zone AOC, par type d'espèce et par nombre d'arbres. Cet inventaire, mené avec la chambre d'agriculture de Haute-Saône, doit « permettre d'asseoir la pérennité du verger et d'éviter que chacun plante dans son coin, sans savoir quelle variété correspond le mieux », selon Bernard Baud. C'est un travail de recensement, quantitatif et qualitatif pour voir les arbres les mieux adaptés. C'est aussi une photographie de la production pour la corréler à la qualité du kirsch. Cette base documentaire est donc amenée à servir de support pour les futurs producteurs et ainsi « aider les jeunes, à récupérer le savoir-faire des grands-parents », ajoute Bernard Baud.

Pour valoriser ce patrimoine naturel et rendre son exploitation concrète, la commune de Fougerolles-Saint-Valbert a installé un atelier de distillation dans l'écomusée avec un appareil distillatoire traditionnel de type bain-marie. Ce sera un retour à une tradition qui a débuté au début du XXe siècle, suite aux périodes d'interdiction de la distillation à domicile[21] car la commune de Fougerolles possédait un grand nombre d'ateliers publics. En 1917, on compte 83 ateliers publics de distillation, en 1918, 125 et en 1923, 250 ateliers (Voisenat, 1987). Cette action peut servir de cadre pédagogique pour développer une filière courte de transformation

---

[21] Loi du 30 juin 1916, art. 4.

comme le développe avec conviction Alain Grillot : « Les agriculteurs à Fougerolles ne doivent pas se contenter d'être des producteurs de matières premières. Ils doivent transformer une partie de leur production de cerises. Il faut qu'on revienne à nos traditions pour que nos paysans réapprennent à proposer un produit fini. Les industriels de la distillation ne pourront que se satisfaire du retour de ce savoir-faire traditionnel. Les produits issus de cette filière traditionnelle ne concurrencent pas les produits industriels. Ce sont deux créneaux parallèles différents qui ne se concurrencent pas ». On assiste bien à un désir de retour à un nouveau mode d'alimentation qui privilégie le local et la proximité.

6.3. Le patrimoine matériel et immatériel au sein d'un projet de développement touristique durable

Avec un investissement de 2,5 millions d'euros (50 % du budget global), la Communauté de communes de Haute-Comté s'inscrit dans un projet récent à consonance environnementale avec la création d'une voie verte de 67 kms reliant Port d'Atelier (70) à Plombières-les-Bains (88). Le projet du tronçon local concerne un parcours de 17 kms faisant la part belle à l'aire AOC kirsch avec un investissement de 600 000 euros depuis 2019. C'est un parcours qui dessert la totalité des communes concernées par la zone AOC kirsch et intègre les différents acteurs de la filière (fabricants et distributeurs). D'après Alain Grillot, ce projet permet de « faire connaître à nos habitants et aux visiteurs circulant à pied, à vélo ou à mobilité réduite, la richesse de notre patrimoine naturel et créer une dynamique commerciale économique et culturelle ». Dans ce projet, l'histoire industrielle liée à l'activité de distillation a toute sa place. C'est une opportunité pour valoriser le patrimoine naturel, culturel et industriel local via une « route touristique du kirsch et de l'absinthe ». On y découvre l'écomusée du pays de la cerise, les bouilleurs de cru, les prés-vergers de cerisiers et le patrimoine bâti grâce aux nombreuses distilleries disparues ou en activité et aux demeures bourgeoises des distillateurs qui ont marqué l'histoire industrielle locale comme la villa Bresson et son architecture néo-palladienne acquise en 2015 par la municipalité de Fougerolles-Saint-Valbert. Cette maison de maître construite en 1890 fait partie d'un patrimoine bâti d'une quinzaine de maisons répertoriées sur la commune qui rappelle le passé faste des entrepreneurs locaux dont le rayonnement a dépassé la frontière locale. C'est une façon de raconter l'histoire industrielle locale à travers les demeures des entrepreneurs distillateurs qui sont généralement à proximité des établissements de distillation.

Il existe bien de nombreuses dynamiques individuelles et collectives dans la commune de Fougerolles-Saint-Valbert et ses environs mais elles restent encore dispersées, isolées les unes des autres et manquent de synergies. L'objectif de notre développement est de faire dialoguer cette grande diversité d'initiatives de territoire autour des projets développés plus haut afin de tirer profit des divergences, de capitaliser la richesse de leurs expériences et d'identifier les facteurs clés de succès et les leviers indispensables à leur développement, ces derniers tirant profit du patrimoine matériel et immatériel local au service de l'attractivité territoriale. Ainsi, inscrire cette dynamique autour des trois projets développés plus haut, c'est rassembler toutes les chances de réussir à mener sur le territoire une dynamique collective qui réussira avec le temps à parvenir au « faire système » et doter le territoire d'une réelle capacité de résilience.

7. Conclusion

À l'instar de plusieurs projets de dynamiques territoriales comme le programme européen « Leader » en Auvergne et dans d'autres pays membres de l'Union européenne, le projet régional « Village du futur » en Bourgogne-Franche-Comté, et le pôle territorial de coopération économique local « Figeacteurs » dans le Lot, la dynamique autour de la filière kirsch et absinthe et assimilés à Fougerolles-Saint-Valbert peut susciter un projet collectif faisant l'objet d'un travail collaboratif associant acteurs publics et privés couvrant l'aire AOC kirsch qui doit s'intégrer dans un projet global inspiré par la politique générale de la Communauté de Communes de la Haute-Comté dont la répercussion et l'influence touchera tout le territoire sur la durée. Cette initiative aura l'avantage d'évaluer l'impact social, économique, culturel et écologique créée en s'attachant à mesurer toutes les retombées, qu'elles aient été anticipées ou pas. Cette action collective de développement territorial autour du patrimoine local deviendra alors un cas d'école d'application et d'évaluation du modèle de développement territorial du « panier de biens » développé par Pecqueur qui défend l'idée que la valorisation conjointe de biens et services locaux permet à certains territoires de dégager des avantages concurrentiels au travers de l'existence d'une rente territoriale (Pecqueur, 2001). Le cas de Fougerolles-Saint-Valbert est intéressant car on y voit un panier de biens générateur de rentes, composé de plusieurs produits diversifiés et complémentaires sur l'aire AOC kirsch avec un ancrage local. À titre d'exemple, nous pouvons citer : le kirsch, les eaux-de-vie, l'absinthe, les anisés, les deux AOC kirsch et munster, les trois IGP gruyère, emmental et andouille du Val d'Ajol, les différents produits fermiers (charcuteries, fromage, miel, maraîchage, glaces...), les visites de la ferme, des prés-vergers, des distilleries et de l'écomusée.

La trajectoire historique de la commune de Fougerolles-Saint-Valbert liée à la culture du cerisier et à la distillation du kirsch et de l'absinthe est un exemple intéressant pour mettre en avant la situation actuelle d'une commune et la construction de son devenir dans un contexte de transition en mobilisant son/ses patrimoines. Cette trajectoire marquée par une patrimonialisation surtout individuelle par les acteurs de la distillation fait ressortir une incapacité historique du secteur à dépasser les divergences d'intérêts des acteurs locaux pour créer un consensus local profitable à tout le territoire. C'est le cas par exemple du vin de Champagne qui a su tirer profit de la crise des années 1910–1911 pour imposer le régime de l'appellation « Champagne » et d'assurer un débouché final pour toute la filière (Barrère, 2000), ou encore la patrimonialisation de la vitiviniculture bourguignonne durant les années 1930 qui profite aux acteurs de la filière mais aussi au dynamisme touristique régional (Delaplace, Gatelier, 2014). Il a fallu attendre 1982, pour qu'à Fougerolles un écomusée dédié à l'histoire de la distillation se créée, 2010 pour voir enfin le kirsch de Fougerolles labellisé AOC grâce à une dynamique collective des acteurs locaux qui ont mis de côté leurs divergences au service d'une patrimonialisation collective, et 2021 pour lancer une marque collective « Schrik » qui profite à toute la filière locale. Cette dynamique territoriale qui se mobilise depuis quelques années autour du patrimoine local et qui concoure à la spécification du territoire, témoigne à la fois d'une capacité du territoire à rentrer en transition en cherchant à renouveler ses ressources et à innover, tout en restant ancrée dans l'histoire longue du territoire (Canova, Landel, 2017).

Le cas de Fougerolles-Saint-Valbert permet de prendre conscience de la difficulté d'une patrimonialisation collective due à des différences de perceptions et d'usages du patrimoine (Menetrier, 2017) malgré une dynamique territoriale qui se mobilise depuis quelques années autour du patrimoine local. Néanmoins, notre cas montre que les divergences d'intérêts des acteurs locaux peuvent se rejoindre, que patrimonialisation collective et individuelle peuvent se rencontrer autour d'un objectif collectif au service du développement du territoire grâce à une démarche participative et une coordination indispensable des acteurs privés et publics, qui peut être lente à se mettre en place, mais le processus demeure éminemment collectif. À suivre…

Bibliographie

Barel Y. (1981), Modernité, code, territoire, *Annales de la Recherche Urbaine*, n° 10/11, pp. 3–21.

Barrère C. (2000), La constitution d'un patrimoine juridique comme mode de construction d'un patrimoine économique : l'appellation d'origine Champagne, *Revue de Droit Rural*.

Barrère C. (2003), Un processus évolutionnaire de création institutionnelle d'une convention de qualité, l'histoire exemplaire de la création d'un produit de luxe, le Champagne, *Économie Appliquée*, n° 3, pp. 133–170.

Barrère C. (2005), Les dynamiques économiques du patrimoine, in Barrère C., Barthélemy D., Nieddu M., Vivien F.-D. (dir.), *Réinventer le patrimoine : de la culture à l'économie, une nouvelle pensée du patrimoine*, Paris, L'Harmattan, pp. 109–120.

Benhayoun G., Gaussier N., Planque B. (1999), *L'ancrage territorial du développement durable – de nouvelles perspectives*, Paris, Éd. L'Harmattan.

Bonerandi E. (2005), Le recours au patrimoine, modèle culturel pour le territoire ?, *Géocarrefour*, vol. 80/2, pp. 91–100.

Canova N., Landel P.-A. (2017), La culture territoriale en question, [En ligne] http://www.reseau-lieu.archi.fr/a1

Caron A, Torre A. (2006), Vers une analyse des dimensions négatives de la proximité, *Développement Durable et Territoires,* dossier 7.

Celhay F., Cusin J. (2011), Comment innover dans une organisation prisonnière de la tradition et de son succès et faisant face à un environnement réfractaire à la nouveauté ? Le cas des vins de Bordeaux, *Gestion*, vol. 36, n° 4, pp. 44–53.

Choay F. (1992), L'allégorie du patrimoine, Paris, Seuil.

Daumalin X., Domenichino J., Guillon J.-M. (2009), *Paul Ricard et le vrai pastis de Marseille*, Marseille, éditions Jeanne Laffitte.

Debarbieux B. (1995), Le lieu, le territoire et trois figures de rhétorique, *L'Espace géographique*, pp. 97–112.

Delaplace M., Gatelier E. (2014), Patrimonialisation individuelle et collective et développement de l'œnotourisme en Bourgogne, *Territoire en mouvement Revue de géographie et aménagement*, n° 21, pp. 40–53.

Du Tertre C. (2007), Création de valeur et accumulation : capital et patrimoine, *Économie Appliquée*, t. LX, n° 3, pp. 157–176.

Dumoulin, R., Simon, E. (2008), Innovation et tradition : les deux faces d'une même pièce, *Gestion 2000*, n° 3, pp. 19–31.

El Mostain, A. (2017), *L'industrie de la distillation des alcools de bouche à Fougerolles de 1839 à 1940. Capacité de résistance et dynamique socio-économique des firmes familiales rurales,* Thèse de doctorat de l'Université Bourgogne Franche-Comté.

El Mostain, A. (2018), Distiller les cerises à Fougerolles aux XVIIIe et XIXe siècles : une petite histoire du kirsch, *e-Phaïstos. Revue d'histoire des techniques*, n° VI-1.

El Mostain, A. (2020), La Belle Époque de l'absinthe à Fougerolles (Haute-Saône), *e-Phaïstos. Revue d'histoire des techniques,* n° VIII-2.

El Mostain A. (2022), Une société biterroise aux racines haut-saônoises. La société Abel Bresson. Du négoce à la firme industrielle (1839–1940), *Annales du Midi*, vol. 133, n° 313–314, pp. 129–148.

Fort (M.), Le pastis ne viendrait pas de Marseille, mais de Haute-Saône, *Sparse*, numéro 28, septembre 2019

Frœmer A. (1884), M. Abel Bresson, *Le Panthéon de l'Industrie*, n° 497, 7 septembre1884.

Garat I., Gravari-Barbas, Veschambre, V. (2001), Emergence et affirmation du patrimoine dans la géographie française : la position de la géographie sociale, *Faire la géographie sociale aujourd'hui*, Presses Universitaires de Caen, pp. 31–39.

Giest S., Howlett M. (2014), Understanding the pre-conditions of Commons Governance: The Role of Network Management, *Environmental Science & Policy*, vol. 36, pp. 37–47.

Gilly J.-P., Torre A. (2000), *Dynamiques de Proximité*, Paris, L'Harmattan.

Howard S. (2006), *Les images de l'alcool en France (1915–1942)*, Paris, CNRS éditions.

Landel P-A., Senil N. (2009), Patrimoine et territoire, les nouvelles ressources du développement, *Développement durable et territoires, Économie, géographie, politique, droit, sociologie*, Dossier n° 12.

Levitt B., March J.-G. (1988), Organizational Learning » *Annual Review of Sociology*, vol. 14, n° 1, pp. 319–338.

Menetrier L. (2018), Beaune et la patrimonialisation de la Bourgogne viticole. Le monde viticole, acteur de sa propre patrimonialisation, *Territoires du vin*, n° 8.

Meyer V., Sghaïer M., Smati N. (2012), Développement territorial, patrimoine et tourisme en zones fragiles et menacées : entre dynamiques économiques, démocratie participative et communication, *Revue des Régions Arides*, vol. 28, n° 2.

Michel G.-J. (1993), La distillation du kirsch à Fougerolles, *Bulletin SALSA n° 25*, Vesoul.

Micoud A. (2005), La patrimonialisation ou comment redire ce qui nous relie (un point de vue sociologique), in : Barrère C. et al. (dirs.), *Réinventer le patrimoine. De la culture à l'économie, une nouvelle pensée du patrimoine?*, Paris, L'Harmattan, pp. 81–107.

Ollagnon H. (1989), Une approche patrimoniale de la qualité du milieu naturel, in Mathieu N., et Jollivet M. (dirs.), *Du rural à l'environnement : la question de la nature aujourd'hui*, Paris, ARF Éd. L'Harmattan, pp. 258–268.

Olivesi S. (2015), La fabrique brassicole du goût. Entretien avec Jean Hansmaennel, *Politiques de communication*, vol. 5, n° 2, pp. 135–150.

Pecqueur B. (2001), Qualité et développement territorial : l'hypothèse du panier de biens et de services territorialisés, *Économie Rurale*, n° 261, pp. 37–49.

Pecqueur B., Zimmermann J.B. (2004), *Économie de Proximités*, Paris, Hermès.

Rallet A. (2002), *L'Économie de Proximités : Études et Recherches sur les systèmes agraires et le développement*, INRA Éditions, pp. 11–25.

Requier-Desjardins D. (2009), Territoires – Identités – Patrimoine : une approche économique ?, *Développement durable et territoires Économie, géographie, politique, droit, sociologie*, Dossier n° 12.

Rautenberg M. (2003), Comment s'inventent de nouveaux patrimoines : usages sociaux, pratiques institutionnelles et politiques publiques en Savoie, *Culture & Musées*, n° 1, pp. 19–40.

Sadorge J.-L., Chevallier D., Morvan G. (1996), *Quand le patrimoine fait vivre les territoires*, Paris, éd. du Centre national de la Fonction publique territoriale.

Senil N. (2021), Vers un tournant rural en France, *The Conversation*.

Tornatore J.-L. (2017), Patrimoine vivant et contributions citoyennes. Penser le patrimoine « devant » l'Anthropocène, *In Situ. Revue des patrimoines*, n° 33.

Torre A. (2000), Économie de la proximité et activités agricoles et agro-alimentaires. *Revue d'Économie Régionale et Urbaine*, vol. 3, pp. 407–426.

Torre A., Beuret J.-E. (2012), *Proximités territoriales*. Paris, Économica.

Vanier M. (2016) Ruralités et transitions, Séminaire réseau rural, Versailles.

Vernières M. (dir.) (2011), *Patrimoine et développement : études pluridisciplinaires*, Paris, Karthala éditions.

Vernières M. (2015), Le patrimoine : une ressource pour le développement », *Techniques Financières et Développement*, vol. 2015/1, n° 118, pp. 7–20.

Villon A.-M. (1902), *Dictionnaire de chimie industrielle*, Paris.

Voisenat C. (1988), La distillation : un réseau de transmission du savoir, *Terrain*, n° 10, pp. 122–123.

Voisenat C. (1987), Rapport de pré-enquête ethnologique : pratiques et usages de la distillation en pays fougerollais.

De l'éco-conception à l'innovation environnementale : Chronique d'un échec

Marie-France Vernier
Institute of Sustainable Business and Organizations. Confluences : Sciences et Humanités UCLy ESDES

1. Introduction

En 2006, le groupe SEB lance un aspirateur appelé le Shock Absorber sous la marque Rowenta. Cet aspirateur est une innovation environnementale qui permet de baisser significativement l'impact sur l'environnement toute sa durée de vie : de sa fabrication à sa fin de vie. Malheureusement, ce lancement se solde par un échec commercial et le produit ne restera que deux années sur le marché. Plus d'une décennie plus tard, que pouvons-nous apprendre de cet échec ? En retraçant l'histoire de cette innovation, nous souhaitons identifier des pistes pour encourager la diffusion d'innovations environnementales.

Pour réaliser cet aspirateur, Rowenta s'est appuyé sur l'éco-conception, méthode de conception qui permet de cumuler innovation et bienfaits pour la planète. Celle-ci conduit à des innovations environnementales dans lesquelles le produit final a des effets réduits sur l'environnement relativement à un produit fabriqué de façon conventionnelle (Kemp, Foxon, 2007). Ces innovations englobent ainsi « *l'ensemble des produits, services, procédés, méthodes etc. permettant de diminuer les conséquences de l'activité générale ou particulière sur l'environnement* » (Boutiller et al., 2012, p. 16). L'innovation environnementale peut se référer uniquement à l'emploi de plastique recyclé ou, dans une approche plus approfondie, à un impact réduit sur l'environnement sur plusieurs étapes de la vie d'un produit (fabrication, distribution, transport et utilisation). Ces innovations peuvent être considérées comme des solutions sociotechniques nouvelles ou améliorées qui vont préserver les ressources, réduire la dégradation environnementale et / ou permettre de redonner de la valeur à des substances déjà utilisées dans l'économie (De Jesus, Mendonça, 2018). L'échec du groupe SEB est emblématique des difficultés rencontrées par les entreprises souhaitant améliorer leur impact environnemental. En effet, elles doivent non seulement changer leurs pratiques au moment de la fabrication mais aussi susciter l'adhésion des acteurs intervenants sur le marché.

Nous verrons que la mise sur le marché du Shock Absorber a généré des résistances au changement car cet aspirateur est très différent des modèles proposés traditionnellement sur le marché. Dans une perspective historique, la résistance aux nouvelles techniques n'est pas nouvelle (Jarrige, 2009). Dans ce chapitre, nous verrons les consommateurs, fabricants et distributeurs résistent à l'introduction d'un produit nouveau du fait d'une conception permettant un impact réduit sur l'environnement.

Dans ce texte, nous souhaitons identifier les déterminants pouvant encourager ou freiner le développement de l'innovation environnementale en France à partir de l'étude du cas du Shock Absorber. Nous suivrons une double approche en distinguant les institutions qui encouragent ou découragent l'éco-conception et en analysant comment les relations entre les acteurs (entreprises, État, écoles d'ingénieurs, sociétés de conseil, consommateurs, distributeurs) permettent ou ne permettent pas ce type d'innovation.

Ce chapitre comprend trois sections. Dans une première section, nous présenterons notre méthodologie de recherche et les faits. Dans une deuxième section, nous mènerons une analyse en distinguant les institutions puis en étudiant les relations entre les acteurs. Nous terminerons avec une troisième section portant sur les obstacles rencontrés par le Groupe SEB avant de conclure.

2. Étude de cas : la tentative de développement de l'éco-conception par le groupe SEB

Nous présenterons dans cette section notre méthodologie de recherche et les principaux faits au sujet de cet échec.

2.1. Méthodologie de recherche et collecte des données

L'objectif de cette collecte est d'identifier les institutions qui encouragent ou découragent l'innovation environnementale, les acteurs intervenant sur le marché de l'aspirateur et les relations entre ces acteurs à partir du cas particulier du développement d'un aspirateur éco-conçu.

Nous avons suivi la méthode de l'étude de cas en procédant à la triangulation des données (Yin, 1984 ; Eisenhardt, 1989). Les études de cas permettent aux chercheurs de comprendre des phénomènes complexes. Nous allons observer comment les acteurs interagissent entre eux en tenant compte de la complexité et de la richesse de la situation sociale (Yin, 1984).

Nous avons collecté des données de multiples sources afin d'avoir une vision plus exhaustive et des informations pertinentes. Nous avons, d'une part, réalisé des entretiens individuels avec des personnes travaillant dans des entreprises actives dans le développement des innovations environnementales lors du lancement du Shock Absorber (tableau 1). Il était alors demandé à chaque personne de retracer l'histoire de la conception du Shock Absorber. Nous avons également recherché des informations dans la presse et auprès du groupe SEB (voir annexe).

2.2. Les faits

Cette recherche est fondée sur le cas de l'échec du lancement d'un aspirateur éco-conçu fabriqué sous la marque Rowenta au sein du groupe SEB. Nous avons choisi le groupe SEB pour trois raisons.

D'une part, le groupe SEB, se distingue par un engagement pour réduire son impact environnemental depuis le début des années 2000. En 2003 il entame une démarche pour obtenir la certification ISO 14001. Celle-ci vise à attester l'adoption d'un Système de Management Environnemental[1] de ses sites. La majorité des sites sont certifiés

[1] Un système de management environnemental vise à améliorer la performance environnementale de l'entreprise. Celle-ci développe un système de management

Tableau 1. Liste des entretiens

Poste occupé (entre 2008 et 2010)	Entreprise (entre 2008 et 2010)	Date de l'entretien	Numéro d'entretien
Directeur Général pour la marque Rowenta	Groupe SEB	16 avril 2008, 7 avril 2011 19 décembre 2018	Entretien 1 Entretien 2 Entretien 3
Chef de Projet	Pôle National Écoconception et Management du Cycle de Vie	16 septembre 2014	Entretien 4
Co-directeur	Faltazi (Agence de Design)	1er février 2019	Entretien 5
Chargé de Mission	Centre du design Rhône Alpes (CDRA)	15 mars 2019	Entretien 6
Ingénieur Éco-Conception	Agence de l'Environnement et de la Maitrise de l'Énergie (ADEME), Département développement Éco-conception et développement durable	17 janvier 2020	Entretien 7
Directeur Design Groupe SEB	Groupe SEB	4 février 2022	Entretien 8

ISO 14001 en 2006 (Entretien 1, PNEC 2008), près de 80 % d'entre eux seront certifiés en 2010. Depuis 2004, le groupe SEB est membre du pacte Mondial[2], qui comprend notamment des engagements volontaires en faveur de l'environnement (Groupe SEB, 2010). Le groupe SEB poursuit également une stratégie de logistique verte qui consiste à utiliser davantage les modes de transport doux et à améliorer le taux de chargement des unités de transport (camions ou conteneurs). Le choix de l'éco-conception est une suite logique en permettant d'aller plus loin en limitant davantage les émissions de CO2.

pour développer et mettre en œuvre sa politique environnementale (ISO, https://www.iso.org/fr/standard/60857.html)

2 Le Pacte Mondial créé par l'ONU, est une démarche volontaire basée sur dix principes fondamentaux touchant aux droits de l'homme, aux droits du travail, à la protection de l'environnement et à la lutte contre la corruption (https://www.globalcompact-france.org/).

D'autre part, Rowenta est aussi une des marques leaders sur son marché lorsque le groupe SEB décide de développer l'éco-conception. Sa part de marché en valeur sur ce marché est de 9.4 % en France, derrière Miele, Dyson, Electrolux et Tornado (*Le Figaro*, 16 mai 2007). La concurrence est très forte, les marques s'affrontent en mettant en avant les caractéristiques suivantes : compacité, ergonomie, capacité de succion, bruit, aspirateurs sans sac et sans fil. L'image de Rowenta est celle de produits haute qualité, robustes, solides, fiables et esthétiques. Rowenta consacre une part significative de son chiffre d'affaires à la Recherche et Développement (3 %, entretien 1). De même, au niveau du groupe SEB, en 2007, il est au 22ème rang mondial en nombre de brevet déposés et lance près d'une centaine de nouveaux produits par an (*Le Journal des Finances*, 23 février 2007).

Enfin, cet aspirateur éco-conçu est un des rares exemples connus d'entreprise qui a développé et vendu un produit éco-conçu alors que cela a été très peu communiqué aux consommateurs.

Nous allons maintenant présenter les faits. La mise sur le marché de l'aspirateur Shock Absorber est le résultat d'un projet démarré en 2004 avec l'aide financière de l'ADEME (Agence publique pour le Développement et la Maitrise de l'Energie). L'agence a financé le tiers de l'investissement total (*Les Échos*, 23 octobre 2007). L'ENSAM Chambéry, École Nationale Supérieure d'Arts et Métiers, qui propose une formation en Éco-Conception et management environnemental, a également collaboré. Elle a procédé à l'évaluation de l'impact environnemental (Les Échos, 23 octobre 2007, entretien 7). En 2006, Rowenta lance sur le marché le Shock Absorber. Cet aspirateur obtient le prix du Développement Durable du Ministère de l'Économie lors du salon Pollutec de novembre 2006 (communiqué de presse Orée – Crédit Coopératif, 2007). Six brevets ont été déposés[3] pour ce produit (Groupe SEB, 2011).

Les efforts de réduction des impacts environnementaux sont plus élevés que ceux accomplis pour les aspirateurs Rowenta précédents pour deux raisons. D'une part, le directeur général de la marque souligne que jusqu'à présent les efforts étaient limités au processus de fabrication : « N*ous n'avons pas changé de démarche. C'est une démarche qui est déjà très*

---

[3] Les brevets suivants sont déposés sur la base INPI : FR2896679, FR2896680, FR2896681 ; EP1815778, WO2007088260 et WO2007088261

largement intégrée dans les pratiques des concepteurs du groupe. Tous les concepteurs du groupe étaient déjà formés à l'éco-conception. » (Entretien 1). D'autre part, cet aspirateur a été conçu dans une démarche d'éco-conception (voir encadré 1) qui permet des innovations sur le produit et le processus de fabrication tout en diminuant l'impact environnemental. L'éco-conception a été réalisée avec une analyse cycle de vie complète sur 11 critères. Des gains liés à un moindre impact sur l'environnement de 10 à 50 % par rapport à un produit équivalent ont été atteints selon les critères. Les impacts les plus faibles sur l'environnement sont réalisés sur deux étapes du cycle de vie du produit : la fabrication et l'utilisation. Lors de l'étape de fabrication, un effort est fait sur les matières premières, la coque de l'aspirateur est en polypropylène expansé et non pas en polypropylène traditionnel. Cela réduit la quantité de matières premières nécessaires, le poids de l'aspirateur et le tri au démontage. La quantité d'énergie nécessaire à la fabrication est divisée par deux. Lors de l'étape de l'utilisation, le choix pour un moteur avec un meilleur rendement permettant une économie de 20 % de la consommation électrique pour une même performance d'aspiration. Enfin, l'aspirateur est conçu pour durer plus longtemps et être réparable (entretien 5).

La conception de l'aspirateur est réalisée en partenariat avec l'agence de design Faltazi, spécialisée dans l'éco-conception. Dans ce cas, la volonté est d'étendre les bénéfices de l'éco-conception à l'utilisateur final. Les innovations technologiques entrainent alors des modifications des sous-systèmes existants et des mécanismes de liaison (Entretien 5; Dizajn, 2006). Cette innovation est incrémentale (Tushman, Anderson, 2004) avec des modifications significatives sur les composants.

Au final, cet aspirateur présente trois avantages : il est éco-conçu, il résiste mieux aux chocs, notamment à une chute dans un escalier et ne laisse aucune trace en cas de choc avec un meuble. Ces deux derniers avantages expliquent le choix du nom *Shock Absorber*, l'aspirateur anti-choc. Il est très facile d'utilisation car il est plus léger, plus petit et demande une consommation électrique réduite pour des capacités d'absorption identiques. Enfin, cet aspirateur est conçu pour durer plus longtemps et être réparable facilement car il est composé de moins de pièces (entretien 5).

Avant le lancement de l'aspirateur sur le marché, des enquêtes de satisfaction ont été réalisées. Elles montrent alors la supériorité du produit par rapport aux produits concurrents.

Encadré 1. *l'éco-conception*

L'éco-conception est une approche qui associe le développement d'un produit et différents aspects du design et des considérations environnementales (Borchardt et al., 2009). La volonté est de réduire les impacts environnementaux du produit (ou du service) dans l'air et dans l'eau, relativement aux émissions de produits fabriqués de façon conventionnelle. L'outil le plus utilisé est l'analyse cycle de vie (ACV). Il fournit des informations systématiques sur les impacts environnementaux du produit en considérant différentes phases de la vie du produit : choix des matières premières, process industriel, stockage, transport, utilisation et fin de vie (Andriankaja et al., 2013). La méthode d'éco-conception peut conduire à des innovations incrémentales (amélioration d'un produit existant, remplacement ou modifications de composants) ou des innovations radicales (éco-conception innovante systémique qui peut conduire à changer de trajectoire technologique, Vernier, 2010).

L'aspirateur est mis sur le marché en 2006. La stratégie de communication valorise dans un premier temps les caractéristiques environnementales de l'aspirateur puis, au vu des faibles ventes en rayon, elle est abandonnée et remplacée par une stratégie vantant la solidité et la résistance aux chocs (entretien 8). Aucun message ne sera donné sur la méthode de conception. Cet argument est volontairement occulté « La faiblesse des ventes dans les premiers mois justifiait de changer de stratégie marketing » (entretien 8). La publicité est alors démonstrative : on voit ainsi la coque de l'aspirateur se déformer pour absorber les chocs ; la légèreté et la solidité de l'aspirateur sont aussi mises en avant[4]. Une importante campagne publicitaire télévisée a été déployée même si la publicité sur le lieu de vente est relativement faible. « On a fait cet effort d'accompagner ce produit parce qu'on savait très bien qu'on avait besoin de communiquer sur le produit » (Entretien 1). La presse économique souligne cette absence de communication sur les avantages écologiques de l'aspirateur (Stratégies, 10 avril 2008).

Cet aspirateur est positionné haut de gamme avec un prix au-dessus de la moyenne du marché, conformément à la stratégie du groupe SEB pour la marque Rowenta (*Le Figaro Économie*, 21 février 2007 ; entretien 8).

Malheureusement, les résultats sur le marché sont insuffisants : moins de 20 000 unités furent vendues. Rowenta réalise une nouvelle enquête

[4] La campagne publicitaire est accessible en ligne (https://www.youtube.com/watch?v=vH51CLSZfXY) (page consultée le 10 septembre 2021)

auprès des consommateurs. Elle montre alors que l'aspirateur a une esthétique très différente des autres aspirateurs avec une image négative. « Il était perçu comme un aspirateur fragile... les aspirateurs doivent être solides. Et même avec ses caractéristiques exceptionnelles en termes de résistance, le matériau était associé à du polystyrène et donc perçu comme fragile » (Entretien 1). Malgré la modification de la coque, avec l'ajout d'une coque en plastique traditionnel pour rassurer le consommateur, les ventes sont insuffisantes et la commercialisation arrêtée.

3. Analyse et discussion

En retraçant l'histoire du Shock Absorber, nous avons pu constater que le groupe SEB interagit avec différents acteurs : avec l'État (notamment l'ADEME), une école d'ingénieur, une agence de Design puis lors de la mise en vente, avec les distributeurs spécialisés dans l'électroménager et le marché. Nous allons étudier comment les institutions exercent des pressions sur ces acteurs en faveur ou en défaveur de l'éco-conception dans les domaines règlementaire, normatif et culturo-cognitif. Nous analyserons ensuite les conséquences sur les relations entre les acteurs.

3.1. Les pressions exercées sur les acteurs

Les entreprises sont soumises à des pressions venant des institutions. Ce sont des contraintes élaborées par les individus qui structurent les interactions politiques, économiques et sociales (North, 1991). Elles peuvent être considérées comme des règles qui expliquent la coordination et la structuration des activités (Geels, 2004). Nous distinguerons 3 types d'institutions : les institutions règlementaires, les institutions normatives et les institutions culturo-cognitives (Scott, 1995).

Les institutions réglementaires

Les politiques publiques en faveur des innovations environnementales peuvent être datées de 1997 avec la signature du protocole de Kyoto, dans lequel les États s'engagèrent formellement à limiter leurs émissions de gaz à effet de serre (Boutillier et al., 2012). Les exigences règlementaires ont alors augmenté et constituent des pressions qui incitent les entreprises à moins polluer. On peut mentionner la directive Emballage (1994) et la directive sur les équipements électriques et électroniques (DEEE,

2003) qui concernent directement le groupe SEB. Selon la DEEE, les producteurs d'équipements électriques et électroniques sont responsables de leur produit jusqu'à leur fin de vie. D'autres réglementations concernent les substances dangereuses pour l'environnement. En 2006, la directive européenne ROHS (Restriction on the use of certain Hazardous Substances in electrical and electronic equipment) établit une liste de substances interdites. Depuis 2007, la réglementation REACH (Registration, Evaluation, Authorization and Restriction of Chemical Substances) considère que le producteur est responsable de la gestion des risques chimiques et doit fournir des informations sanitaires sur ces produits. Des incitations fiscales (exonération, baisse de taux) permettent également d'orienter les choix des entreprises. Ainsi la TGAP (taxe générale sur les activités polluantes) rend les coûts de traitements de certains déchets plus élevés selon le principe du pollueur payeur. Cette dernière concerne directement le groupe SEB en 2006 qui a ainsi la responsabilité de la fin de vie des produits avec des équipements électriques et électroniques.

Par conséquent, le groupe SEB et ses concurrents doivent s'adapter en réduisant les déchets à la source. En effet, les réglementations obligent les acteurs à revoir leur processus de production en augmentant les coûts liés aux traitements des déchets générés en cours de fabrication et en fin de vie du produit. L'éco-conception est une réponse technique qui permet de réduire les déchets en fin de vie en améliorant la réutilisation, la valorisation ou le recyclage des composants d'un produit pour éviter de payer les coûts supplémentaires. Pour certaines entreprises « *l'éco-conception participe de l'éco innovation* » (Aggeri et al., 2005, p. 158), elle va alors orienter les projets de R&D. Sur le marché de l'aspirateur, le groupe SEB est le seul à utiliser la méthode de l'éco-conception. Ainsi, le taux de recyclage du Shock Absorber est supérieur à 95 % et dépasse le minimum exigé par la réglementation (90 %). D'autre part, cet aspirateur se différencie en raison de sa réparabilité et de sa durée de vie plus longue (entretien 5).

Les institutions normatives

Les institutions normatives sont des systèmes de valeurs et de normes qui conduisent à des obligations, des prescriptions et des jugements dans la vie sociale (Scott, 1995). Les individus comparent les comportements selon leurs valeurs. Les normes quant à elles permettent de définir comment un individu ou une entreprise devrait agir.

Sur la question environnementale, des normes et des labels apparaissent et encouragent le développement de l'approche par l'éco-conception. Ils résultent des actions des agences de normalisation, et aussi des associations professionnelles dans lesquelles les entreprises peuvent échanger et s'organiser pour développer des innovations environnementales.

En 2007, la France était ainsi parmi les 10 premiers pays dans le monde pour le nombre de certifications ISO 140001, certification qui atteste que les entreprises ont adopté un Système de Management Environnemental (ISO Survey 2009). D'autre part, l'écolabel officiel de la Commission Européenne est de plus en plus visible. C'est un instrument d'information du consommateur créé en 1992 par la Commission Européenne qui permet d'identifier les innovations environnementales concernant les produits. L'entreprise doit alors respecter un cahier des charges strict. Entre 2005 et 2010, le nombre de produit et service portant le label NF environnement (label officiel et délivré par l'AFNOR) passe de 65 à 110, pour l'écolabel européen (label officiel de l'Union Européenne) ce nombre grimpe de 47 à 235 (AFNOR).

Alors qu'à la fin des années 1990, l'éco-conception est le fait de quelques experts qui essaie de diffuser des outils clefs en main (Aggeri et al., 2005), au milieu des années 2000, des entreprises et des associations échangent et travaillent ensemble pour encourager les méthodes d'éco-conception. On observe une professionnalisation des pratiques d'éco-conception (Powell, Di Maggio, 1991). En 2005, le groupe SEB s'engage au sein du club DEMETER, qui comprend des distributeurs, des industriels, des spécialistes de la logistique et des agences publiques telle que l'ADEME. Sa vocation est la promotion de services de logistique et d'approvisionnement plus respectueux de l'environnement[5].

En 2005, la Chambre de Commerce et d'Industrie de Saint-Étienne créé un groupe de travail dédié à l'éco-conception. Rappelons que Saint-Étienne est une ville reconnue dans le domaine du Design industriel avec notamment l'École supérieure d'art et design fondée en 1803. En 2009, ce groupe de travail devient le Pôle National Écoconception et Management du Cycle de vie (PNEC, 2008). Ses objectifs sont d'élever la notoriété pour

5 Voir les pages du groupe SEB (http://www.groupeseb.com/fr/content/eco-logistique) et celles du Demeter (http://www.club-demeter.fr/les-membres-du-club-demeter-3-1.html).

cette méthode auprès des entreprises et de favoriser son développement en les accompagnant (Entretien 4). Ils proposent ainsi des diagnostics et des formations. En 2007, cinq entreprises créent le cluster CREER (Cluster Research: Excellence in Eco-design & Recycling) avec le CETIM (Centre technique des industries mécaniques) et l'ENSAM Chambéry pour développer la recherche sur l'éco-conception et le recyclage, partager des connaissances et des bases de données. Parmi les entreprises fondatrices, on notera la présence du groupe SEB (actu-Environnement, 19 avril 2017).

Nous pouvons identifier les conséquences des pressions exercées par les institutions normatives sur les acteurs du marché de l'aspirateur :

1) Nous avons vu que le groupe SEB est dans une démarche environnementale : la majorité des sites du groupe SEB sont certifiés ISO 14001 en 2006 (Entretien 1, PNEC 2008).
2) La conception du Shock Absorber est le résultat de la collaboration entre le groupe SEB, l'ADEME et l'ENSAM Chambéry. L'ADEME a financé une partie du projet et l'ENSAM Chambéry réalisé l'analyse cycle de vie.
3) Le groupe SEB est intégré dans les démarches de l'Union européenne en faveur de la réduction de l'impact environnemental parmi les industriels. En 2008, le groupe SEB travaille sur un programme Étiquette Énergie à destination des consommateurs pour établir une norme européenne pour les aspirateurs (Entretien 1). En 2014, les étiquettes énergie pour les aspirateurs deviendront obligatoires et la puissance électrique maximale autorisée d'un aspirateur devra être inférieure à 1600 W. En 2011, le directeur de l'usine Rowenta déclarait « Je suis favorable au programme Étiquette Énergie en tant qu'industriel, une réglementation technique est nécessaire. Avant, la concurrence se faisait sur la performance sans tenir compte de la consommation électrique, maintenant nous allons regarder la performance et tenir compte la consommation électrique » (Entretien 2)
4) Enfin, parmi les concurrents de la marque Rowenta, seul Electrolux se démarqua en 2010 avec sa gamme d'aspirateurs verts fabriqués avec des matériaux recyclés et avec un taux de recyclage du produit final plus élevé[6]. Les entreprises Samsung, Bosch, Hoover et Miele

---

6 Electrolux webpage : http://newsroom.electrolux.com/ch-fr/2010/09/15/environnement-propre-habitat-propre-de-nouveaux-aspirateurs-green/

présentèrent des aspirateurs avec une consommation électrique réduite les années suivantes. À la fin des années 2000, seuls Rowenta, et Electrolux dans une moindre mesure, ont proposé des innovations environnementales.

Au final, le groupe SEB a contribué aux institutions normatives en faveur de l'environnement en participant au développement des pratiques environnementales en tant que membre fondateur du club DEMETER et du cluster CREER, avec ses partenariats avec le PNEC, l'ADEME et l'ENSAM Chambéry pour le développement du Shock Absorber et son activisme au niveau européen en faveur de l'étiquette énergie. Le groupe SEB se situe dans un modèle d'économie à durabilité faible où les effets négatifs de la croissance sur l'environnement sont corrigés (Boisvert et al., 2019 ; Bodin, 2020).

Les institutions culturo-cognitives

Les institutions culturo-cognitives reflètent les représentations internes par les individus de leur environnement. La culture et la connaissance sont des notions souvent associées, elles contribuent à la construction de la réalité sociale pour chaque individu (Dequech, 2003). Les représentations sociales apparaissent sous la forme de symbole (mots, signes, gestes) et construisent une signification que les individus attribuent aux objets et aux activités (Geels, 2004)

La question environnementale occupe une place croissante dans les représentations sociales durant le XXe siècle. Après la seconde guerre mondiale, les premières controverses sur les conséquences de l'activité industrielle sur l'environnement apparaissent (Pessis et al., 2013). Au début des années 1970, avec la publication en 1972 du rapport Meadows sur les limites de la croissance, la tenue de la première conférence mondiale sur l'environnement à Stockholm et les incidents majeurs liés à l'activité industrielle, la prise de conscience par le grand public des risques associés à l'activité industrielle devient plus importante (Bontemps, Rotillon, 2007). À compter de la fin des années 1970, cette préoccupation déjà ancienne prend une importance nouvelle et des entreprises commencent à se situer sur ce créneau pour répondre à ces attentes spécifiques. En 1976, Anita Roddick ouvre le premier magasin The Body Shop en Angleterre avec des produits cosmétiques synonymes de respect de l'environnement. Elle refuse par exemple les tests sur les animaux (Laville, 2009). Le premier magasin a ouvert en

France en 1982. Dans le domaine alimentaire, la création de la FNAB (Fédération nationale d'agriculture biologique des régions de France) en 1978, puis du label de qualité agrobiologique en 1988 témoignent d'un intérêt croissant pour la question environnementale (Leroux, 2015). À la fin des années 1980, des entreprises s'emparent de cette question dans leur stratégie produit et leur communication. En 1988, l'enseigne Leclerc communique sur quelques actions de réduction des déchets dans certains supermarchés, sans pour autant modifier l'ensemble de son organisation. En 1990, Monoprix est la première enseigne à proposer des produits de qualité environnementale appelés Monoprix Vert (Agerri et al., 2005). En 1994, Reckitt-Benckiser introduit une nouvelle lessive sous la marque « la Maison verte ». En 1995, Patagonia développe des articles de sport en polyester recyclé (le polaire Synchilla). La même année, l'enseigne Leclerc commence à réduire les sacs en plastique et propose des sacs réutilisables. En 1998, elle rejoint l'opération Nettoyons la Nature avec le soutien des ministères de la Jeunesse et des Sports, de l'Environnement et de l'Agriculture (Le Parisien, 26 septembre 1998). En 2000, le groupe Lafuma, fabricant français d'article de sports, propose des produits éco-conçus avec le sac Protect. En 2003, les distributeurs généralistes suivent Monoprix et présentent des produits verts dans leurs rayons. En 2005, Patagonia lance une campagne de recyclage de ses vêtements et obtiendra le prix de la « marque écologique de l'année » à Munich en 2008 (Vernier, 2013). En 2006, Lafuma propose d'autres produits éco-conçus (chaussures de marche, jeans, tee-shirts et mobilier de camping) sous ses différentes marques (Vernier, 2010). On soulignera que certaines démarches sont volontaristes : l'entreprise fait des expérimentations et n'attend pas qu'une demande existe pour ces produits (Monoprix, Patagonia, Lafuma, The Body Shop par exemple). Ces démarches ne relèvent pas nécessairement d'un modèle d'économie à durabilité forte.

En parallèle, la question environnementale est plus présente dans le champ culturel avec la sortie en 2004 du film « Le jour d'après » où sont décrits des évènements climatiques catastrophiques et en 2006, « La vérité qui dérange », film documentaire sur le réchauffement climatique. Le contexte culturel immédiat a pu ainsi influencer les décisions du Groupe SEB.

Les institutions culturo-cognitives modifient la perception de l'environnement pour un nombre croissant d'individus. Quatre conséquences sont identifiables :

1) Le groupe SEB a réalisé une enquête auprès des utilisateurs avant la mise sur le marché du Shock Absorber portant sur la satisfaction à l'usage et non pas sur les besoins. Ils n'ont pas été interrogés sur leurs attentes. Lors des études auprès des consommateurs, c'est la nouvelle conception de l'aspirateur, qui permet un plus grand confort à l'usage du produit en raison de son faible poids et sa résistance au choc, qui est valorisée. Le sens des nouvelles techniques associées à ce produit n'est pas identifié par les consommateurs. Comme le montre Chouteau et al. (2017), l'innovation liée à l'usage du produit occulte les nouvelles techniques associées à celui-ci. En d'autres termes, le consommateur ne comprend pas les raisons ayant conduit à cette innovation.
2) Le Groupe SEB a changé de stratégie de communication au vu de la faiblesse des ventes en cessant de faire la promotion des caractéristiques environnementales du Shock Absorber. La nouvelle stratégie a alors souligné la solidité et la résistance au choc. Les valeurs associées à la conception du produit ne sont plus intégrées à la campagne de communication du groupe SEB. La presse compare ainsi les marques Rowenta et Kindy, qui ont en commun « de ne pas [faire] de l'éco-conception un argument publicitaire » (Les Échos, 1er juillet 2008). Selon le magazine Stratégies (10 avril 2008) les professionnels du marketing rencontrent des difficultés pour changer leur mode de pensée et de fonctionnement et intégrer le développement durable.
3) Le marché de l'aspirateur est porté par les ventes des aspirateurs sans sac et avec une puissance électrique synonyme de performance alors que la communication du groupe SEB sur le marché est centrée sur la solidité et la résistance au choc. Ainsi 2006, le taux de croissance en volume des ventes d'aspirateurs sans sac était de 36 % (La Tribune, 29 mars 2007) tandis que le lancement par Dyson du premier aspirateur sans sac en Angleterre date de 1993. D'autre part, les consommateurs recherchent des aspirateurs avec une forte puissance électrique, synonyme de forte capacité d'aspiration (Entretien 6). Ce n'est qu'en 2014 que les critères de choix des consommateurs changèrent en faveur d'une moindre consommation électrique avec l'introduction de l'étiquette énergie.
4) Les consommateurs avec une conscience sociale, qui tiennent compte des conséquences publiques de leur consommation privée ou qui essaient d'utiliser leur pouvoir d'achat pour produire du changement social (Webster, 1975) sont encore minoritaires. En

2007, 35 % des consommateurs déclaraient qu'ils choisiraient un produit fabriqué par une entreprise engagée dans la protection de l'environnement à un prix plus élevé (de 5 à 10 %) et 41 % déclaraient hésiter avec un bien fabriqué de façon conventionnelle (L'Usine Nouvelle, 1er février 2007).

3.2. Les relations entre les acteurs du secteur du petit électroménager

Nous allons maintenant analyser les relations entre les acteurs de la filière. Ces dernières sont déterminées par des stratégies divergentes, alors que la légitimité des innovations environnementales est en construction et que le groupe SEB a des difficultés à défendre sa propre légitimité vis-à-vis de son audience. Enfin, la tactique de communication du groupe SEB peut être qualifiée de compromis pour répondre aux différentes attentes.

Des relations déterminées par des stratégies divergentes

Nous avons identifié plusieurs acteurs intervenants lors du développement puis du lancement sur le marché du Shock Absorber. Ceux-ci opèrent au sein d'un champ organisationnel qui est une zone reconnue de l'activité institutionnelle (Powel, Di Maggio, 1991). Ils interagissent entre eux et leurs actions sont déterminées par les institutions. Les relations entre les acteurs présents dans le champ organisationnel de l'électroménager peuvent être favorables ou défavorables au développement d'innovations environnementales à partir de la méthode de l'éco-conception.

D'un côté, l'État français, l'Union européenne, des clubs professionnels, une école d'ingénieur et une minorité de consommateurs encouragent l'innovation environnementale. On distingue ainsi : l'État français et l'ADEME qui subventionnent l'éco-conception, l'ENSAM Chambéry qui réalise l'analyse cycle de vie et les entreprises qui s'organisent pour partager des pratiques et des données avec la création du PNEC, du cluster CREER et du club DEMETER. Le groupe SEB, comme souvent pour les entreprises qui développent des méthodes d'éco-conception, est conduit à coopérer étroitement avec des partenaires avec lesquels il n'a pas forcément l'habitude de collaborer (Aggeri et al., 2005). Il a ainsi travaillé avec l'ENSAM et également l'agence Faltazi, spécialiste en éco-conception. Le groupe SEB développe ainsi de nouvelles capacités dynamiques pour modifier sa trajectoire (Laperche, Uzunidis, 2012).

De l'autre côté, un aspirateur avec de meilleures performances environnementales n'était pas attendu par la majorité des acteurs du champ organisationnel. Au début des années 2000, la majorité des consommateurs, même si les intentions sont élevées, achètent peu de produits intégrant des critères sociaux ou environnementaux. Moins de 3 % des consommateurs européens achètent en fonction de critères sociaux et environnementaux en 2003 (Capron, Quairel, 2004). De même, la majorité des fabricants ne développaient pas encore d'aspirateurs avec un moindre impact environnemental. Leurs stratégies sont déterminées par la conception qui domine le marché : la performance à l'aspiration permise par des moteurs avec une forte consommation électrique ou les aspirateurs sans sac. Le marché de l'aspirateur est donc tiré par la très forte croissance des ventes d'aspirateurs sans sac et avec une forte consommation électrique. Il faudra attendre 2010 pour qu'Electrolux sorte une gamme d'aspirateurs « verts » et fassent de la communication sur son choix environnemental.

Légitimité des innovations environnementales et légitimité du groupe SEB

Cela nous amène à nous interroger sur la légitimité des innovations environnementales et sur la légitimité du groupe SEB. La légitimité reflète l'acceptation d'une entité dans son environnement social (Suchman, 1995) et en particulier auprès de son audience cible. La légitimité est ainsi un déterminant des stratégies des entreprises (Huault, 2009). Les organisations adoptent les pratiques acceptées socialement au sein de leur champ organisationnel, plutôt que celles qui sont les plus adaptées économiquement (Meyer, Rowan, 1991). Les institutions sont essentielles car elles contribuent à la légitimité des organisations en soutenant certaines pratiques (Scott, 1995).

Au milieu des années 2000, les pressions exercées par les institutions en faveur de l'intégration de l'environnement dans la conception des produits augmentent. Les institutions réglementaires (lois plus nombreuses), les institutions normatives (normes et labels environnementaux, développement de réseaux entre acteurs en faveur de l'environnement), les institutions culturo-cognitives (la problématique environnementale occupe de plus en plus d'espace dans les médias et les stratégies d'entreprise) poussent les firmes à intégrer l'environnement dans leur process. Leurs démarches contribuent ainsi à construire la légitimité des innovations environnementales auprès des consommateurs et des entreprises en général.

En ce qui concerne le groupe SEB, au sein de son champ organisationnel, la préservation de l'environnement semble peu présente. Quelques acteurs ont intégré l'environnement dans leur stratégie : un fabricant sur son marché (Electrolux) et quelques entreprises autour du cluster CREER et du Pôle National Écoconception et Management du cycle de vie qui développent des réseaux en faveur de l'environnement. Une minorité de consommateur déclare être prêt à acheter un produit lié à une innovation environnementale. Une partie du champ organisationnel est favorable aux innovations environnementales et légitime ainsi le choix du groupe SEB. Celui-ci réalise des changements significatifs en faveur de l'environnement mais sa stratégie de communication est finalement bâtie sur des caractéristiques (solidité et résistance au choc) qui ne sont pas environnementales. La problématique dans le champ organisationnel n'est donc pas le fait d'utiliser la méthode d'éco-conception mais l'absence de communication sur l'environnement.

La tactique du groupe SEB : le compromis

La stratégie du groupe SEB en 2006 est de développer une innovation environnementale, mais sa communication porte rapidement sur des aspects non environnementaux. Il n'est pas le seul à ne pas parler des choix environnementaux faits durant la conception, nous avons signalé plus haut le cas de la marque Kindy. D'autres marques ont également refusé de communiquer sur leurs achats responsables ou sur leurs actions de mécénat, pour éviter des mauvaises interprétations (Laville, 2009). Elles courent le risque d'attaques sur la réalité de leur implication (Libaert, 2010). Communiquer sur les engagements dans le domaine social ou environnemental est difficile pour les entreprises dans les années 2000 (Tixier, 2004). Cela semble une situation paradoxale avec des acteurs qui sont confrontés à des logiques divergentes. Les organisations peuvent développer cinq types de stratégies pour répondre aux pressions institutionnelles selon Oliver (1991) : obéissance, compromis, évitement, défiance et manipulation. Nous sommes dans le cas où une organisation est confrontée à des contradictions : les institutions en faveur de l'environnement se renforcent, certains acteurs résistent à ces pressions et le groupe SEB doit maintenir ses objectifs de rentabilité. Le groupe

SEB a recherché un équilibre entre ces demandes et adopté la tactique du compromis qui consiste à réaliser des arrangements entre des demandes multiples. Il développe donc un aspirateur éco-conçu avec l'appui de l'État et de l'ENSAM Chambéry, il trouve des soutiens avec des clubs professionnels et aussi probablement une minorité de consommateur, il commence avec une stratégie de communication mentionnant les efforts environnementaux puis l'abandonne et développe une campagne publicitaire TV centre sur la solidité et la résistance au choc. Enfin, il travaille peu avec les distributeurs pour soutenir les ventes dans les rayons. Il faut souligner que le groupe SEB est une grande entreprise et Rowenta est une marque ancienne, datant de 1884, l'innovation environnementale constitue une rupture avec l'image du groupe et de la marque sur le marché. Le conflit entre ces attentes contradictoires peut expliquer le choix final d'une absence de communication sur les valeurs qui ont présidée à la conception.

Par conséquent, avec le changement de stratégie de communication, la minorité de consommateur prête à acheter des produits ayant un meilleur impact sur l'environnement ne peut pas identifier le produit. Et les qualités mises en avant (la résistance aux chocs) sont insuffisantes face à l'attrait exercé par les aspirateurs sans sac ou avec une forte consommation électrique.

4. Les obstacles au développement des innovations environnementales

Le groupe SEB du fait des pressions exercées par les institutions et avec le soutien de quelques acteurs, a tenté de modifier les stratégies des industriels en faveur du développement d'innovations environnementales. Mais il est confronté à des obstacles internes et externes.

La tactique retenue par le groupe SEB constitue ainsi un obstacle. Au sein du groupe, le choix est d'abandonner la stratégie de communication fondée sur les qualités environnementales du fait des ventes faibles. La stratégie est donc de promouvoir les qualités de solidité et de résistance au choc. Elle repose ainsi surtout sur la télévision et moins sur la publicité en magasin. La tactique retenue finalement par le Groupe SEB n'a pas réussi. En magasin, l'esthétique de l'aspirateur (la coque semble en polystyrène), un poids et une consommation électrique réduits surprennent le consommateur qui ne voit pas quelle est la valeur apportée par ce produit : « Les aspirateurs sont seuls dans les rayons, cet aspirateur ne plaisait pas avec le côté trop brutaliste de sa matière » (Entretien 8). Malgré la forte campagne publicitaire, le consommateur rencontre des difficultés à comprendre le produit, très différents des aspirateurs des autres marques. Des effets de dissonance peuvent ainsi apparaitre chez le consommateur et entrainent une situation inconfortable qui peut freiner l'achat.

La divergence des stratégies des acteurs est un second obstacle au développement des innovations environnementales dans le champ organisationnel. Les relations entre les acteurs se caractérisent par des liens forts avec quelques entreprises et organisations en faveur de la méthode d'éco-conception et des liens plus limités avec des acteurs importants comme les distributeurs spécialisés et les consommateurs.

Ce cas illustre bien l'analyse de Geels (2004, p. 907) qui indique « les acteurs interagissent, luttent, font des alliances, utilisent leur pouvoir, négocient, coopèrent à l'intérieur des contraintes et des opportunités des structures existantes et dans le même temps ils agissent sur et restructurent ces systèmes ». Le retrait du Shock Absorber montre que le groupe SEB n'a pas pu défendre sa démarche dans la durée. Il a tenté d'agir au sein de son champ organisationnel pour soutenir les innovations environnementales. Les lois étaient-elles assez incitatives, les normes environnementales étaient-elles suffisantes pour changer les stratégies ? En 2007 sera lancé le Grenelle de l'Environnement qui réunira au sein de groupes de travail les acteurs du développement durable (état, collectivités, ONG, entreprises, salariés). Les lois adoptées entre 2008 et 2010 auront pour objectif notamment de réduire l'impact environnemental de certains secteurs d'activité, des mesures seront prises pour responsabiliser davantage les producteurs de déchets (Tran Dieu, Vernier, 2017). Les institutions réglementaires seront renforcées et soutiendront des démarches environnementales plus poussées. Cela encouragera les acteurs à changer de stratégies.

5. Conclusion

L'objectif de ce chapitre est d'identifier les déterminants pouvant encourager ou freiner le développement de l'éco-conception en France à partir de l'étude du cas du Shock Absorber. Nous avons suivi une double approche en distinguant les institutions qui encouragent ou découragent l'éco-conception et en analysant comment les relations entre les acteurs (Entreprises, État, écoles d'ingénieurs, sociétés de conseil, consommateurs, distributeurs) permettent ou ne permettent pas ce type d'innovation. Nous avons identifié deux obstacles au succès du Shock Absorber. 1) la difficulté pour le groupe SEB a mené sa démarche d'innovation environnementale jusqu'au consommateur comme le montre le choix final d'une communication silencieuse sur les choix de conception, 2) les divergences de stratégies des acteurs du champ organisationnel, une majorité privilégiant la conception dominante à savoir des aspirateurs sans sac et avec une forte consommation électrique.

La chronique de l'échec du Shock Absorber montre que l'innovation est un processus qui s'inscrit dans le temps. On peut ainsi se demander si le groupe SEB ne s'est engagé trop tôt dans une démarche environnementale. D'une part, la mise sur le marché de cet aspirateur est antérieure à deux changements institutionnels : les premières lois du Grenelle de l'environnement (2009) et l'obligation de l'étiquette énergie (2014). D'autre part, un acteur majeur de son champ organisationnel, Electrolux, lance une gamme d'aspirateurs « verts » en 2010, 4 ans après la mise sur le marché du Shock Absorber.

Que s'est-il passé depuis 2008 ? Le groupe SEB a continué ses démarches de conception avec un moindre impact sur l'environnement. En 2009, le groupe a lancé le « Silence Force Éco-Intelligence », aspirateur conçu pour une meilleure efficacité énergétique. Six mois avant l'étiquette énergie, le groupe SEB a alors communiqué sur les performances environnementales de l'aspirateur et les consommateurs furent au rendez-vous. En 2012, le Groupe a défini un premier Guide d'éco-conception continuant ainsi la diffusion de la démarche au sein des équipes. En 2015, le groupe s'est engagé sur une durée de réparabilité de 10 ans sur plus de 90 % des produits des marques internationales puis à 15 ans en 2019. Enfin en 2021, une gamme labellisée ECOdesign a été lancée en Europe. L'expérience du Shock Absorber fut probablement une période d'apprentissage pour le groupe lui permettant de mieux affirmer ses choix environnementaux. La nouvelle stratégie en faveur de la réparabilité témoigne en effet d'une orientation en faveur de l'économie circulaire, qui, elle, est une approche visant essentiellement à réduire les déchets.

Annexe : Liste des ressources documentaires

Titre	Date	Type de publication
Rowenta	12 septembre 2006	Communiqué de presse
Design Plus Magazine (publié par le Centre du Design Rhône-Alpes)	2006, n° 26	Presse spécialisée
Financial Times	14 octobre 2006	Presse économique
[dizajn]	Automne 2006	Presse spécialisée
L'Usine Nouvelle	1er décembre 2006	Presse spécialisée
Orée-Crédit Coopératif	2007	Communiqué de presse
L'Usine Nouvelle	1er février 2007	Presse économique
Le Figaro Économie	21 février 2007	Presse économique
Journal des finances	23 février 2007	Presse économique
La Tribune	29 mars 2007	Presse économique
La Tribune	3 avril 2007	Presse économique
Le Figaro	16 mai 2007	Presse
La Croix	3 août 2007	Presse
Les Échos	23 octobre 2007	Presse économique
Stratégies	10 avril 2008	Presse économique
Environnement Magazine	1er juin 2008	Presse spécialisée
Les Échos	1er juillet 2008	Presse économique
Les Échos	23 février 2010	Presse économique
Paris Normandie	5 octobre 2010	Presse
Chronique du bien vivre. Les 150 ans du groupe SEB. Felix Torres Editeur.	2010	Groupe SEB

Titre	Date	Type de publication
Le retour vers le Futur	2011	Document interne Groupe SEB
Nest	10 juin 2011	Presse
L'Express	11 janvier 2012	Presse
L'Usine Nouvelle	2 décembre 2012	Presse économique
Actu-Environnement	19 avril 2017	Site d'information spécialisé

Bibliographie

Aggeri, F., Pezet E., Abrassart C., Acquier A. (2005), *Organiser le développement durable. Expériences des entreprises pionnières et formation de règles d'action collective,* Vuibert.

Andriankaja H., Bertoluci G., Millet D. (2013), Development and integration of a simplified environmental assessment tool based on an environmental categorisation per range of products, *Journal of Engineering Design*, *24*(1), pp. 1–24.

Boisvert V., Carnoye L., Petitimbert R. (2019), La durabilité forte : enjeux épistémologiques et politiques, de l'économie écologique aux autres sciences sociales, *Développement durable et territoires*, *10*(1).

Boidin B. (2020), Enfin la soutenabilité forte ? Économie hétérodoxe et monde post-Covid-19, *Développement durable et territoires*, *11*(2).

Bontemps P., Rotillon G. (2007), *L'économie de l'environnement*, Paris, La Découverte.

Borchardt M., Wendt M.-H., Pereira G.-M., Sellitto M.-A. (2011), Redesign of a component based on ecodesign practices: environmental impact and cost reduction achievements, *Journal of Cleaner Production*, *19*(1), pp. 49–57.

Bouttillier S., Djellal F., Gallouj F., Laperche B., Uzunidis D. (2012), *L'innovation verte. De la théorie aux bonnes pratiques,* Peter Lang.

Capron M, Quairel-Lanoizelee F. (2004), *Mythes et réalités de l'entreprise responsable. Acteurs – Enjeux – Stratégies*, Paris, La Découverte.

Chouteau M., Forest J., Nguyen C. (2017), Quand la culture d'innovation fait écran à la culture technique. *Technologie et innovation*, *17*(2), pp. 21–40.

De Jesus A., Mendonça S. (2018), Lost in transition? Drivers and barriers in the eco-innovation road to the circular economy, *Ecological economics*, 145, pp. 75–89.

Dequech D. (2003), Cognitive and Cultural Embeddedness: combining institutional economics and economic sociology, *Journal of Economic Issues*, *37*(2), pp. 461–470.

Eisenhardt K.-M. (1989), Building Theories from Case Study Research, *The Academy of Management Review*, *14*(4), pp. 532–550.

Geels F.-W. (2004), From sectoral systems of innovation to socio-technical systems: Insights about dynamics and change from sociology and institutional theory, *Research policy*, *33*(6–7), pp. 897–920.

Huault I. (2009), *Paul DiMaggio et Walter Powell. Des organisations en quête de légitimité'*, in Charreire Petit S., Huault I. (dirs.), *Les grands auteurs en Management*, Caen, EMS, pp. 119–134.

Jarrige F. (2009), *Face au monstre mécanique. Une histoire des résistances à la technique*. Paris, IMHO, coll. Radicaux libres.

Kemp R., Foxon T. (2007), Typology of eco-innovation. *Project Paper: Measuring Eco-Innovation*, *5*(1), pp. 10–23.

Laperche B., Uzunidis D. (2012), Les caractéristique de la firme « éco-innovante » et le développement durable, in Boutillier, S., Djellal, F., Gallouj, F., Laperche, B., Uzunidis, D., *L'innovation verte. De la théorie aux bonnes pratiques*, Peter Lang, pp. 165–189.

Laville E. (2009), *L'entreprise verte : le développement durable change l'entreprise pour changer le monde,* Paris, Eyrolles, Graines de changement, 3e édition.

Leroux B. (2015), L'émergence de l'agriculture biologique en France : 1950–1990, *Pour*, 227, pp. 59–66.

Libaert T. (2010), *Communication et environnement, le pacte impossible*, Paris, Presses universitaires de France.

Meyer J.-W., Rowan B. (1991), Institutionalized organizations: formal structure as myth and ceremony, in Powel W.-W., Di Maggio P.-J. (dirs.). *The new institutionalism in organizational analysis,* Chicago: The University of Chicago Press, pp. 41–62.

North D.-C. (1991), Institutions, *Journal of economic perspectives, 5*(1), pp. 97–112.

Oliver C. (1991), Strategic responses to institutional processes, *Academy of management review, 16*(1), pp. 145–179.

Pessis C., Topçu S., Bonneuil C. (dir.) (2013), *Une autre histoire des « Trente Glorieuses ». Modernisation, contestations et pollutions dans la France d'après-guerre*, Paris, La Découverte, coll. « Cahiers libres ».

PowelW.-W.,DiMaggioP.-J.(1991)(1983),Theironcagerevisited:institutional Isomorphism and collective rationality in organizational fields, in Powel W.W., Di Maggio P.-J. (dir.). *The new institutionalism in organizational analysis,* Chicago: United State, University of Chicago Press, pp. 63–82.

Scott W.-R. (2008) (1995), *Institutions and Organizations. Ideas and Interests*, Thousand Oaks, Sage.

Suchman C.-M. (1995), Managing Legitimacy Strategic and Institutional Approaches. *Academy of Management Review, 20*(3), pp. 571–610.

Tixier M. (2004), Faut-il communiquer sur la responsabilité sociale ? les années 2000 : un tournant dans l'entreprise, *Revue Française du Marketing, 200*(5), pp. 13–26.

Tran Dieu L., Vernier M.-F. (2017), La prévention des déchets : une analyse empirique des déterminants du comportement des entreprises, *Revue d'économie industrielle*, 159, pp. 79–111.

Tushman M., Anderson P. (2004), *Managing strategic innovation and change: A collection of readings*. Oxford USA, Oxford University Press.

Vernier M.-F. (2010), Éthique sur le marché : comment permettre le succès de produit intégrant une démarche éthique. Le cas de l'éco conception, *Revue Éthique et économique, 7*(1), pp. 1–22.

Vernier M.-F. (2013), Les facteurs clés de succès de l'écoconception : leçons tirées de quelques cas d'entreprises, *Gestion, 38*(3), pp. 67–74.

Yin R.-K. (2009), *Case Study Research: Design and Methods*. Fourth Edition. Beverly Hills, California, Sage Publications.

Webster F.-E. Jr. (1975), Determining the Characteristics of the Socially Conscious Consumer, *Journal of Consumer Research, 2*(3), pp. 188–196.

Autres sources

Club Demeter : www.club-demeter.fr/.../COMMUNIQUE-CLUB-DEMETER-API-2014/

Electrolux : http://newsroom.electrolux.com/ch-fr/2010/09/15/environnement-propre-habitat-propre-de-nouveaux-aspirateurs-green/

ISO Survey (2009) : http://www.iso.org/iso/iso-survey

Pôle National Écoconception et Management du Cycle de Vie, PNEC, 2008, Fiches entreprises.

Groupe SEB : http://www.groupeseb.com/fr/content/eco-logistique/

Le retard de Sanofi dans la course au vaccin contre la Covid-19. Raisons technologiques, managériales et institutionnelles

Sophie Boutillier, Blandine Laperche et Didier Lebert
Université du Littoral-Côte d'Opale
Université du Littoral-Côte d'Opale
ENSTA Paris – École Polytechnique de Paris

1. Introduction

La pandémie de la Covid-19, qui a débuté fin 2019 et explosé début 2020, a placé le monde dans une situation inédite depuis la grippe espagnole à la fin de la Première Guerre mondiale (Berche, Perez, 2021 ; Bercé, 2020 ; Deleersnijder, 2021). Depuis cette période, les sociétés ont été exposées à un grand nombre de maladies, mais aucune ne s'était étendue aussi rapidement et durablement au niveau mondial, fragilisant l'économie et contribuant à l'augmentation des inégalités sociales (Berche, Perez, 2021). Cet événement pandémique constitue un défi majeur pour l'industrie pharmaceutique, qui appartient aux secteurs investissant la plus grosse part de leur chiffre d'affaires (CA) dans la recherche & développement (RD). Parmi les 30 premiers groupes mondiaux investissant le plus dans la RD, 11 sont des groupes pharmaceutiques (IRI, 2020). Ils dépensent en moyenne 10 % de leur CA en RD[1].

---

1 https://www.leem.org/recherche-et-developpement

L'industrie pharmaceutique telle qu'elle existe à l'heure actuelle est née au lendemain de la Seconde Guerre mondiale, après une longue période de gestation qui a débuté au cours de la seconde moitié du XIXe siècle avec la création de grandes entreprises toujours présentes, comme Pfizer, 1849, Bayer, 1863 ou Johnson & Johnson, 1886. Parmi ces grands groupes mondiaux, nombre d'entre eux, en s'associant généralement à des start-ups de biotechnologies, ont, dès début 2020, conçu et produit des vaccins contre la Covid-19, notamment à base d'ARN messager. Pfizer associé avec l'entreprise de biotechnologie BioNTech a mis au point un vaccin de ce type, tout comme Moderna. De leur côté, l'Université d'Oxford et AstraZeneca ont conçu un vaccin à vecteur viral. Au total, fin 2020, ce sont 184 vaccins contre la Covid-19 qui étaient en cours de développement post-clinique ; 105 en développement clinique, dont 27 en phase 2/3 ou 3[2].

En 2020, Sanofi était le septième groupe pharmaceutique mondial. Entreprise relativement jeune, créée en 1973 par l'entreprise publique pétrolière Elf Aquitaine pour se diversifier dans l'industrie pharmaceutique et des cosmétiques, Sanofi est d'abord une filiale d'une dizaine de salariés impliqués dans un même projet intrapreneurial, mais elle se développe comme une véritable start-up largement financée par Elf. Sanofi se développe d'emblée par fusion et acquisition d'entreprises existantes françaises et étrangères. Cette croissance externe lui permet de maitriser rapidement de nouveaux savoirs et de se positionner progressivement à l'international. Le retard de Sanofi dans la mise au point d'un vaccin contre la Covid-19 a marqué les esprits, alors que de grands espoirs avaient été placés par les autorités publiques françaises dans sa réussite. Comment expliquer ce retard alors même que dès les années 1990, l'entreprise s'était intéressée à l'ARN messager et que des scientifiques français, via l'Institut Pasteur, avaient joué un rôle pionnier en la matière au début des années 1960 ? Quels sont les signes avant-coureurs (prodromes) expliquant cette situation ?

Pour répondre à ces questions, nous nous appuierons sur l'analyse de la capacité des entreprises à s'adapter aux changements technologiques en fondant notre approche sur la théorie évolutionniste et sur la théorie des ressources. Celles-ci ont d'ores et déjà été illustrées par quelques cas emblématiques, dont Kodak ou Nokia (Doz, Wilson, 2018 ; Lucas, Mein

---

2 https://www.sciencesetavenir.fr/sante/coronavirus-combien-y-a-t-il-de-vaccins-contre-le-covid-19_150562

Goh, 2009 ; Yuzawa, 2018). Ces théories mettent en avant non seulement la maîtrise des technologies, mais aussi et surtout les choix managériaux et stratégiques, lesquels sont la résultante des routines que l'entreprise crée au fil de son histoire (partie 1). Ce qui nous conduit par conséquent à retracer l'histoire de Sanofi et des technologies vaccinales, à partir de l'analyse de la littérature académique, mais aussi de la presse généraliste ou économique. Ces deux types d'information sont complémentaires car les publications académiques apportent des analyses approfondies sur le plan scientifique, alors que la presse est source d'informations factuelles (partie 2). Grâce à cette rétrospection, nous pourrons retracer les grandes étapes de l'évolution de Sanofi. Il s'agira de montrer son développement d'une filiale à un groupe international majeur, les choix technologiques effectués et les difficultés rencontrées depuis ces deux dernières années notamment. Enfin, nous discuterons des causes à la fois techniques et managériales susceptibles d'expliquer le retard actuel de Sanofi dans le domaine des vaccins contre la Covid-19 (partie 3).

2. Trajectoire technologique et (in)capacité des entreprises à s'adapter au changement

2.1. La trajectoire technologique de la firme, forces et faiblesses

Selon l'approche évolutionniste, la dynamique de la firme suit une trajectoire technologique. La notion de trajectoire est aussi associée à l'analyse théorique de la firme, de ses frontières et de sa spécialisation, même si le terme de « sentier d'évolution » est généralement préféré. Dans l'approche basée sur les ressources (*Resource Based Theory*), la firme est conceptualisée, dans la continuité du travail de Penrose (1959), comme un portefeuille de ressources, d'activités à gérer. Les questionnements principaux concernent la cohérence de la firme (degré de proximité entre les activités d'une grande firme moderne) et son évolution (changement de portefeuille d'activités ou d'activité principale), donc de sa maîtrise du progrès technique (Dosi et al., 1990 ; Teece et al., 1994). Ses évolutions et ses objectifs courants sont définis au fil des processus d'apprentissage et de coordination exploratoires et/ou tâtonnants (*search*). Ils aboutissent à des résultats satisfaisants et la font avancer le long d'une trajectoire technologique. En raison de la rationalité limitée des acteurs de la firme, qui s'explique notamment par l'information imparfaite et l'incertitude dans laquelle ils agissent et interagissent, les choix techniques de la firme sont restreints et dépendent à la fois des ressources disponibles au moment donné et des choix passés.

Pour l'approche évolutionniste de la firme, l'apprentissage est un processus par lequel la répétition et l'expérimentation font que, au cours du temps : (1) des tâches sont effectuées de mieux en mieux et (2) de nouvelles opportunités dans les modes opératoires sont expérimentées. Ce processus cumulatif engendre la production de connaissances individuelles et collectives qui se matérialisent dans des « routines organisationnelles », définies comme des modèles d'interactions qui constituent des solutions efficaces à des problèmes particuliers. Elles forment une « mémoire organisationnelle », un stock de connaissances mobilisé par l'entreprise dans son activité courante (Nelson, Winter, 1982 ; Lazaric, 2000). Ces connaissances sont intégrées dans les compétences des salariés, des managers, etc., mais aussi dans les documents, les archives, les artefacts de la firme. Ces routines, en partie tacites, constituent, pour la firme, des « actifs spécifiques » difficilement transférables (Dosi et al., 1990 ; Teece et al., 1994) : ils lui confèrent une certaine singularité.

La firme évolue en suivant un sentier déterminé par les compétences accumulées par le biais de l'apprentissage. Les actifs spécifiques déterminent donc le sentier d'évolution ou la trajectoire de la firme ; ils ont, en quelque sorte, une force d'inertie. Ce sont les actifs secondaires ou complémentaires à l'actif principal qui, présents le long de la chaîne de valeur, permettent à la firme de changer de direction. De ce fait, l'approche évolutionniste de la firme permet de comprendre sa transformation endogène au cours du temps, et ce même si des facteurs externes interviennent dans sa dynamique.

Les travaux récents sur les routines mettent l'accent sur leur lien avec le changement organisationnel ; ils soulignent leur « dynamique interne » (Feldman, Pentland, 2003 ; Feldman et al., 2016). Elles forment des schémas répétitifs et reconnaissables d'actions indépendantes, menées par de multiples acteurs au sein de la firme (Feldman, Pentland, 2003). Feldman et al. (2016) montrent comment les routines sont mises en œuvre dans des temps et des espaces spécifiques (elles sont situées), comment elles sont des modèles d'actions liés aux tâches accomplies par l'organisation dans le cadre d'une routine, comme l'embauche, l'établissement d'un budget, la fixation des prix, etc., et comment elles interagissent, c'est-à-dire comment elles s'influencent mutuellement et fonctionnent ensemble pour soutenir la stabilité et le changement. Les

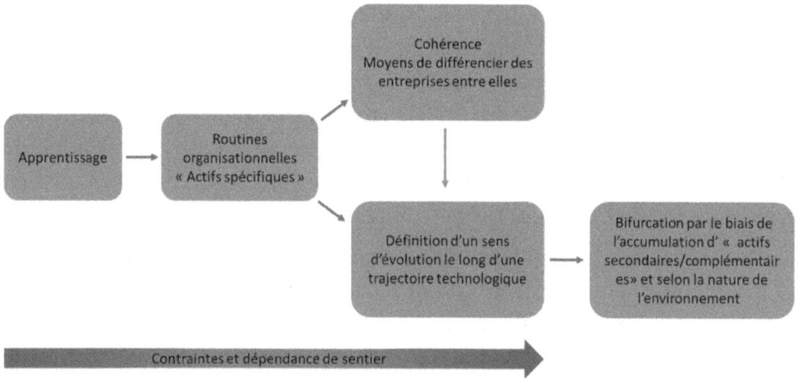

Figure 1. Le sentier d'évolution de la firme selon l'approche évolutionniste
Source : Laperche, 2020.

routines sont les dépositaires des capacités organisationnelles, forgées par l'histoire. Elles ne préservent pas seulement le passé, mais sont à la base des capacités d'apprentissage de la firme et de son futur développement (Becker et al., 2005) (figure 1).

2.2. *Blocages et rigidités, les exemples emblématiques de Kodak et Nokia*

Le concept de capacités dynamiques développé par Teece et al., (1997) inscrit les routines accumulées par la firme dans une vision dynamique. Les capacités dynamiques se réfèrent à l'aptitude de la firme à intégrer, construire et reconfigurer des compétences internes et externes, pour répondre rapidement aux changements de l'environnement (Teece et al., 1997). La perception des opportunités et des menaces de l'environnement, la sélection des problèmes courants à résoudre, s'effectue donc à l'intérieur de la firme par la mise en œuvre de ces capacités dynamiques.

Si les compétences accumulées permettent de différencier les firmes et renforcer leur avantage concurrentiel, elles peuvent aussi constituer un piège. Sources d'inertie, les routines enferment la firme dans une trajectoire donnée et peuvent freiner ou empêcher son développement. La dépendance de sentier explique cette dynamique « forcée », contrainte par les investissements passés de la firme. Engluée dans ses routines, elle néglige de nouvelles opportunités technologiques ou des changements de son environnement. Les situations de blocages (*lock in*) peuvent résulter non seulement de la rigidité de certaines routines jouant le rôle de « trappes de compétences » (Levitt, March, 1988) ou encore de « core rigidities » (Leonard-Barton, 1992), mais également de l'existence de rendements croissants (Arthur, 1989). L'enjeu pour la firme est donc de parvenir à maîtriser la direction de sa trajectoire technologique tout en évitant de tomber dans les pièges tendus par ses routines.

Les sources de rigidités dans le cas d'une forte discontinuité technologique peuvent être nombreuses. Elles peuvent être liées à l'obsolescence technologique des entreprises en place, mais aussi à l'incapacité du management à faire muter le modèle économique de la firme. Des cas emblématiques d'échec à saisir des opportunités technologiques nouvelles ont été traités dans la littérature.

Il s'agit d'abord de Kodak, qui n'a pas su passer de la technologie argentique à celle du numérique alors même qu'elle a, en 1975, inventé le premier appareil photo numérique. D'après Lucas et Mein Goh (2009), les compétences clés qui ont forgé le succès de Kodak (dans la production et le développement de films, donc dans la chimie) se sont transformées en rigidités et n'ont pas permis le passage au numérique. Malgré une Direction sensible au tournant numérique, notamment avec le recrutement comme Président-Directeur-Général (PDG) de George M. C. Fisher, venu de Motorola où il avait œuvré pour la transformation digitale de l'entreprise, et des investissements importants en RD, les managers intermédiaires étaient réticents à des changements susceptibles de mettre en péril leur emploi. Selon les auteurs, le management et la culture de Kodak sont à la source de l'échec de cette firme internationale. C'est ce que confirme l'étude de Yuzuwa (2018), qui souligne aussi le fait que les Directeurs qui se sont succédés ont mis en place des stratégies contradictoires, fragilisant ainsi Kodak.

Les raisons managériales sont également invoquées pour expliquer l'échec du Finlandais Nokia dans le domaine des Smartphones (Doz, Wilson, 2018). Après avoir atteint une part de marché mondiale de plus de 40 % au début des années 2000 dans le secteur des téléphones mobiles, la stratégie de segmentation des marchés et de différentiation des produits selon les besoins supposés des consommateurs n'a pas été profitable. Nokia a perdu sa capacité à défendre sa position face aux nouveaux entrants, dont les iPhones et les téléphones Android, et a perdu en compétitivité. Nokia a tenté de se revitaliser. D'abord en s'appuyant sur ses actifs et son système d'exploitation Symbian. Puis en négociant une alliance stratégique avec Microsoft et son système d'exploitation Windows. Mais les téléphones s'appuyant sur le système d'exploitation Windows n'ont jamais atteint une popularité suffisante. Finalement, Nokia a vendu son activité de téléphonie mobile à Microsoft, en 2013. Là encore, alors que l'entreprise maitrisait les technologies et les standards, ce sont les choix managériaux (conflits entre managers) et stratégiques (différentiation des produits, organisation matricielle et conflictuelle, contrôle des coûts aux dépens de la qualité) qui sont pointés pour expliquer l'échec d'adaptation de la firme.

L'approche évolutionniste de la firme donne un cadre utile pour comprendre la dynamique, positive ou régressive, de la firme. Cette approche a été exemplifiée par différents cas de firmes multinationales de référence, dont Kodak et Nokia. Il s'agit maintenant de l'illustrer dans le cas de Sanofi. En retraçant ses grandes phases, nous pourrons mettre en évidence sa trajectoire, expliquer ses choix technologiques et managériaux, notamment les décisions managériales qui ont conduit à privilégier les formes de croissance externe, voire à revendre des entreprises acquises dans le passé. Des éléments institutionnels ne doivent cependant pas être négligés pour expliquer l'échec de Sanofi à fournir un vaccin au même moment que ses concurrents. Parmi ceux-ci on peut citer la libéralisation des marchés dès les années 1980, l'évolution des technologies pharmaceutiques (de la Chimie vers la Biologie et la Génétique) au moment même où, en France, la baisse globale de l'effort de RD en Biologie a fragilisé les liens entre les universités et les entreprises (Lanciano-Morandat, 2019).

3. Les grandes étapes de l'histoire de Sanofi : d'une entreprise d'État à une multinationale puissante

3.1. Une décision publique dans un contexte économique changeant

Sanofi n'est pas une firme créée par un capitaine d'industrie ambitieux. Elle est d'abord une filiale du groupe pétrolier français Elf Aquitaine, créée grâce à une mise de fonds d'un milliard de francs, en 1973 (*Les Échos*, 20/12/1996). Cette intra-entreprise prend le nom d'Omnium Financier Aquitaine pour l'Hygiène et Santé, puis de Sanofi. L'évolution de cette firme s'inscrit dans une histoire longue de l'industrie chimique en France qui commence au cours du XIXe siècle. Nous en retracerons les principales étapes pour bien comprendre dans quel contexte historique Sanofi a été créée.

Au moment de la création de Sanofi, le marché français du médicament était protégé. Jusqu'en 1972, il n'était pas possible de vendre un médicament fabriqué à l'étranger (Chauveau, 1998). Pour entrer sur le marché français, des laboratoires étrangers, notamment américains et britanniques, rachetèrent donc des laboratoires français qu'ils transformèrent en filiales (Chauveau, 2021). Entre 1941 et 1972, l'autorisation d'un médicament est soumise à l'obtention d'un visa, qui ne pouvait être attribué qu'aux médicaments fabriqués en France. En 1972, la procédure commença à s'assouplir. La fabrication de médicaments à l'étranger fut autorisée pour ceux ayant obtenu l'autorisation de mise sur le marché en France. Les groupes américains diffusèrent leurs produits grâce à des accords de licence et à des créations de sociétés mixtes (Chauveau, 2003). Celle de Sanofi s'inscrivit donc dans le cadre d'une politique délibérée de l'État français. Il s'agissait de créer des champions nationaux à même de moderniser l'économie nationale et d'accroitre sa compétitivité internationale dans une économie de plus en plus ouverte (Abecassis, Coutinet, 2018 ; Coutinet, Abecassis, 2008).

En créant Sanofi, Elf Aquitaine avait pour ambition de se diversifier dans l'hygiène et la santé. À partir des années 1970, l'internationalisation de l'industrie pharmaceutique franchit un nouveau pas, notamment par l'augmentation des parts de marchés détenues par des multinationales sur des marchés nationaux, mais aussi par la création de filiales aux activités plus ou moins diversifiées (production, marketing, RD). Ce mouvement d'internationalisation se traduisit aussi par l'augmentation du nombre de fusions et acquisitions. Les années 1970 furent également marquées par l'épanouissement de nouvelles connaissances scientifiques. Par exemple, la découverte de l'ADN, au début des années 1960, donna naissance, en 1973, à la technologie de l'ADN recombinant par Herbert W. Boyer et Stanley N. Cohen. L'industrie pharmaceutique fut aussi largement poussée par le développement des antibiotiques. La recherche pharmaceutique privée était alors fortement soutenue par le développement de la recherche publique (Krafft et al., 2014 ; Galambos, Sturchio, 1996 ; Malerba, Orsenigo, 2001, 2015).

Issue de la chimie, la pharmacie n'est pas le cœur de compétences de Sanofi ; la spécialisation a été progressive. Ces considérations nous ont conduit à distinguer quatre phases de l'histoire de Sanofi qui ne sont pas liées spécifiquement aux vaccins. La première est celle de sa préhistoire, avant 1973, qui ne doit pas être négligée. La deuxième période commence en 1973 et se termine en 2004, date à laquelle Sanofi devient Sanofi-Aventis. Cette période est marquée par deux phénomènes majeurs : (1) l'affirmation progressive de l'entreprise dans la pharmacie au détriment des produits d'hygiène et cosmétiques et (2) le début de son internationalisation. La troisième période est relativement courte. Allant de 2004 à 2011, elle est marquée par l'affirmation de la stratégie d'internationalisation du groupe et par sa financiarisation. En 2011, il poursuit sa mutation. Sanofi-Aventis devient Sanofi (*L'Usine Nouvelle*, 6/5/2011). Cette décision conduit à d'importantes réductions des effectifs, y compris en RD d'une manière générale. Dans le tableau 1, nous proposons une fresque panoramique mettant en parallèle les grandes étapes de l'histoire de Sanofi avec celles de l'industrie pharmaceutique mondiale.

3.1.1. Première période : avant 1973 ou la préhistoire de Sanofi

La création de Sanofi en 1973 est le produit d'une lente évolution dont les racines remontent au XIXe siècle, période à partir de laquelle la pharmacie devient à la fois scientifique et industrielle. Avant cette date, elle était l'affaire d'officines familiales (Dillemann, Michel, 1984 ; Lafont, 2003 ; Ruffat, 1995 ; Rasmussen, 2004). Un codex établissait la liste des médicaments qui pouvaient être livrés sans prescription médicale et les autres.

En 1895, la Société Chimique des Usines du Rhône dans les colorants artificiels est créée, puis Rhodiaceta, en 1922, dans les textiles artificiels. La même année, la Société Chimique des Usines du Rhône s'associe avec Poulenc Frères, créée en 1900, pour donner naissance au groupe Rhône-Poulenc. À partir de 1928, Rhône-Poulenc commence à s'intéresser à l'industrie pharmaceutique. Ce n'est pas un cas isolé, bien au contraire puisque l'industrie des colorants chimiques a fait ensuite la fortune de grands groupes pharmaceutiques comme Bayer, Hoechst, etc. (Bonnet, 2005 ; Gaudilière, 2007 : Malerba, Orsenigo, 2001, 2015). Au début des années 1960, Rhône-Poulenc, premier producteur français de produits pharmaceutiques et de textiles artificiels, comptait environ 200 sociétés réparties dans une trentaine de pays et contrôlait en France 45 usines et laboratoires. Les années d'après-Guerre ont été importantes dans l'industrialisation du médicament. C'est à partir de cette période que les gouvernements

Tableau 1. Les grandes étapes de la trajectoire de Sanofi, versus vaccins et dans le monde (Sources : Auteurs à partir de L'usine Nouvelle, Les Échos, Le Monde et https://fr.statista.com/statistiques/501619/chiffres-d-affaires-medicaments-france).

Période	Sanofi (événements majeurs)	Grandes tendances de l'industrie pharmaceutique française	Grandes tendances de l'industrie pharmaceutique mondial
Avant 1973 ou la préhistoire de Sanofi	Fin 19e siècle-années 1950 industrialisation progressive de la production de médicaments, augmentation de leur consommation (via le développement des systèmes de santé dans les pays industriels)	Entre les années 1950-1970, l'industrie pharmaceutique française est dominée par un grand nombre de petites entreprises (absence d'économies d'échelle), malgré quelques grands groupes (Rhône-Poulenc et Roussel-Uclaf).	Depuis les années 1950, l'industrie chimique mondiale est dominée par des conglomératsde la chimie créés majoritairement au cours du 19e siècle, en dépit d'un grand nombrede petites entreprises
		Marché français très protégé jusqu'en 1972 grâce au visa nécessaire pour mettre un médicament sur le marché	7 grands groupes dominent l'industrie pharmaceutique mondiale dont les Allemands Hoechst et Bayer
1973	Création de Sanofi par Elf Aquitaine pour se diversifier dans le secteur de la santé et de la beauté, suite à l'acquisition du laboratoire belge Labaz	Roussel-UCLAF, un des plus grands laboratoires français, passe sous le contrôle de Hoechst	
1973-2003	1985 : la branche vaccins de l'Institut Pasteur, Pasteur production, créé en 1974, est rachetée par l'Institut Mérieux, donnant naissance à Pasteur Vaccins	Entre 1970 et 2018, le nombre d'entreprises pharmaceutiques en France passe de 422 à 240, alors que le chiffre d'affaires global augmente	Dans les années 1970 : Création des premières start-ups de biotechnologies aux Etats-Unis

Tableau 1. Suite

Période	Sanofi (événements majeurs)	Grandes tendances de l'industrie pharmaceutique française	Grandes tendances de l'industrie pharmaceutique mondial
Création d'un groupe international	1990 : création de Pasteur Mérieux Sérums & Vaccins 1999 : Pasteur Mérieux devient Aventis Pasteur au sein du groupe Aventis 1999 : fusion de Sanofi avec Synthélabo (filiale de L'Oréal)		1980 : Bayh-Dole Act qui ouvre la voie à la brevetabilité du vivant Années 1980 : accroissement de la concentration de l'industrie pharmaceutique mondiale et orientation vers les biotechnologies Années 1990 : apparition des premières sociétés de biotechnologies en Europe et financiarisation (via la libéralisation des marchés financiers) de l'industrie chimique. Les conglomérats se recentrent sur la pharmacie, notamment sur les domaines thérapeutiques les plus rentables (blockbusters) 1999 : L'allemand Hoechst et le FrançaisRhône-Poulenc s'allient et donnent naissance à Aventis. 1999 : fusion d'Astra et Zeneca 2000 : Pfizer devient le numéro 2 mondial en rachetant l'américain Warner-Lambert et se débarrasse des produits hors pharmacie 2002 : Pfizer acquiert Pharmacia, entreprise suédoise de pharmacie

(*suite*)

Tableau 1. Suite

Période	Sanofi (événements majeurs)	Grandes tendances de l'industrie pharmaceutique française	Grandes tendances de l'industrie pharmaceutique mondial
2004	Sanofi-Synthélabo absorbe Aventis et devient Sanofi-Aventis		Début des années 2000 : Crise du modèle blockbuster, l'industrie pharmaceutique se diversifie en : 1/ cherchant à contrôler le marché des génériques des pays émergents et 2/ en développant la « médecine personnalisée » en combinantlabiotechnologie et la génomique selon le profil du patient et dédiés à des maladies rares 2006 : Pfizer vend une partie de ses produits à Johnson & Johnson. 2007 : rachat par AstraZeneca de la biotech américaine Medlmmune 2009 : Pfizer acquiert l'américain Wyeth qui détient 17% du marché mondial des vaccins. 2013 : AstraZeneca acquiert la biotech Spirogen, spécialisée dans le traitement du cancer 2014 : Pfizer échoue pour le rachat AstraZeneca 2015 : Pfizer rachète l'américain Hospira spécialisé dans les produits pharmaceutiques injectables et en perfusion 2019 : Pfizer rachète l'Américain Biopharma (traitement du cancer) et fusionne avec l'Américain Mylan

Tableau 1. Suite

Période	Sanofi (événements majeurs)	Grandes tendances de l'industrie pharmaceutique française	Grandes tendances de l'industrie pharmaceutique mondial
2004-2010 Affirmation d'une stratégie d'internationalisation	2005 : Développement d'un nouveau vaccin antipoliomyélite oral en réponse à une demande de l'OMS 2007 : décision de construire une unité de production de vaccins contre la grippe en Chine 2009 : premier vaccin candidat contre la dengue en cours de développement 2010 : 37 acquisitions et partenariats réalisés par Sanofi		
2011	2011 : Sanofi-Aventis devient Sanofi		
Depuis 2011 Affirmation d'une stratégie d'internationalisation et de financiarisation	2011 : Sanofi perd sa place de numéro 1 mondial des vaccins 2013 : Sanofi est le 4ème groupe pharmaceutique mondial 2019-2020 : Sanofi est le 7ème groupe pharmaceutique mondial et le quatrième producteur mondial de vaccins		

se dotent d'une législation autorisant les brevets des substances thérapeutiques alors que les officines s'y opposaient depuis le XIXe siècle. C'est aussi à partir de cette période que le médicament devient un marché de masse (Chauveau, 1998). De plus, depuis le début du XXe siècle, les procédés mécaniques pour fabriquer des médicaments et les procédés chimiques peuvent faire l'objet de dépôt de brevets (Gaudilière, 2007).

Au début des années 1970, l'Institut Pasteur, fondation privée à but non lucratif, est confronté à des difficultés financières. Il est conduit à demander l'aide de l'État, qui en contrepartie le contraint à créer une filiale dédiée à la production. L'Institut Pasteur Production est porté sur les fonts baptismaux en 1972. Sanofi en sera l'un de ses actionnaires. Cette position n'est guère surprenante. En effet, Sanofi se développe d'emblée en suivant une stratégie prédatrice. Elle rachète des laboratoires existants, français et étrangers, parfois très anciens, dont la création remonte précisément au XIXe siècle (Deroy, 2008).

3.1.2. Deuxième période : 1973-2003, création d'un groupe pharmaceutique international

Sanofi n'est pas une simple filiale créée par Elf. Sa naissance est le résultat de la prise de contrôle de la société pharmaceutique Labaz par Elf Aquitaine (Ibrahimi, Taghzouti, 2014 ; L'affaire Labaz, 1979). Labaz est une entreprise pharmaceutique belge créée en 1941. En 1973, une offre publique d'échange (OPE) fait passer la société dans le groupe Elf Aquitaine. L'opération était intéressante pour celui-ci. Labaz est alors le quatrième groupe pharmaceutique français, derrière Rhône-Poulenc, Roussel-Uclaf et Clin-Midy Industries, eux-mêmes issus de rachats et de fusions.

Dès sa création, Sanofi prend des participations dans des laboratoires pharmaceutiques en France, avec les laboratoires Michel Robilliart, puis les laboratoires Choay. En 1985, deux nouvelles entités sont créées : Pasteur-Sanofi Diagnostics pour la production de produits diagnostic (réactifs biologiques) et Pasteur-Mérieux pour la production de vaccins et de sérums. Pasteur-Mérieux a été initialement créé en 1897 par Marcel Mérieux, un ancien élève de Louis Pasteur, pour produire des vaccins antitétaniques et antidiphtériques. En 1989, Sanofi rachète le groupe canadien Connaught Laboratories.

À cette occasion Pasteur-Mérieux est renommé en 1990 Pasteur Mérieux Connaught. En 1999–2000, Pasteur-Mérieux devient Aventis-Pasteur, avec la fusion de Rhône-Poulenc et Hoechst pour former Aventis.

Peu à peu, Sanofi se concentre exclusivement sur la pharmacie et les vaccins, délaissant ainsi les produits d'hygiène et cosmétiques. Cette stratégie de spécialisation dans la pharmacie s'accompagne d'un mouvement d'internationalisation. En 1980, Sanofi achète la division santé des Clin-Midy Industries, créé en 1971. Cet achat lui permet de doubler de taille et d'accroitre sa présence à l'international (*Le Monde*, 21/2/1993). Entre 1983 et 1989, Sanofi acquiert plusieurs laboratoires, dont le Hongrois Chinoin, lui permettant ainsi de développer ses activités en Europe de l'est. En 1994, Sanofi rachète aussi les activités des médicaments sans ordonnance de la société anglaise Sterling Winthrop Pharmaceuticals à l'Américain Eastman Kodak.

Sanofi est privatisée en 1994, comme un grand nombre d'entreprises publiques (Bonnet, 2005 ; Labrouche, Kechidi, 2016). Cette décision conduit Sanofi à renforcer son internationalisation. Le groupe prend ainsi part à un phénomène marquant l'industrie pharmaceutique de cette époque. En 1989, les dix premiers groupes contrôlent un quart du marché mondial, alors qu'en 2000, seulement quatre groupes se partagent ce marché. Les années 1980 sont marquées par le développement de stratégies d'alliance en amont pour la recherche de nouvelles molécules et pour le développement de nouveaux médicaments, grâce notamment aux progrès réalisés en matière de biotechnologies, dont les applications entrainent aussi la création de start-ups aux États-Unis, puis en Europe (Chauveau, 2003).

En 1999, les actionnaires de Sanofi et de Synthélabo décident de fusionner leurs sociétés pour créer Sanofi-Synthélabo. Synthélabo était un groupe pharmaceutique français né en 1970 de la fusion du Laboratoire Dausse, fondé au début du XIXe siècle, et du laboratoire Robert & Carrière, fondé à la fin du XIXe siècle. Synthélabo avait été racheté par L'Oréal en 1973. En 2004, Sanofi et Aventis fusionnent, pour créer Sanofi-Aventis.

3.1.3. Troisième période : 2004–2011, affirmation de la stratégie internationale du groupe

En 2004, Sanofi-Synthélabo devient Sanofi-Aventis en absorbant Aventis, une société deux fois plus importante qu'elle, issue de la fusion, en 1999, du français Rhône-Poulenc Rorer[3] et de l'Allemand Hoechst Marion Roussel. Ce groupe est lui-même issu de la fusion du groupe allemand Hoechst, fondé en 1863, et de l'Américain Marion Merrell Dow, fondé en 1989, et du français Roussel-Uclaf, fondé en 1911. Selon le Président de Sanofi, en 2005, cette opération boursière était nécessaire pour les deux groupes : « Sanofi comme Aventis avaient toutes les chances de perdre leur indépendance dans les dix ans ! C'était le seul espoir de garder un champion européen » (*Les Échos*, 01/6/2005). Par ailleurs, Aventis apporte sa position forte dans les vaccins (numéro un mondial des vaccins), secteur dans laquelle Sanofi souhaite se renforcer. La fusion offre aussi à Sanofi, l'opportunité d'accroitre sa place sur le marché américain. En 2004, Sanofi-Aventis devient le troisième groupe pharmaceutique mondial. En 2009, il achète le groupe tchèque Zentiva, spécialisé dans les médicaments génériques. En 2010, Sanofi-Aventis fait une offre publique d'achat (OPA) pour la société américaine de biotechnologies Genzyme, spécialisé dans les maladies rares. En 2009, un ancien cadre de Sanofi-Aventis crée une spin-off, Fab'entech, pour développer des traitements permettant de faire face aux risques pandémiques et aux maladies infectieuses émergentes, par exemple les grippes aviaires H5N1 et H4N9, le virus Ebola, les maladies respiratoires liées aux coronavirus (*L'Usine Nouvelle*, 26/6/2014).

3.1.4. Quatrième période : 2011-..., poursuite de l'internationalisation et développement de la financiarisation du groupe

En 2011, Sanofi perd sa place de numéro Un mondial des vaccins, concurrencé par l'Anglais GlaxoSmithKline (GSK) et le Suisse Novartis (*L'Usine Nouvelle*, 28/3/2011). La performance du groupe anglais est largement due à son vaccin contre la grippe H1N1.

Sur une période d'une cinquantaine d'années, Sanofi s'est développé progressivement en absorbant et en rachetant des laboratoires français

---

[3] En 1991, Rhône-Poulenc avait racheté le groupe pharmaceutique américain Rorer, créé en 1910.

et étrangers, pour former, en 2020, le huitième groupe mondial de la pharmacie, avec un chiffre d'affaires de 43 milliards d'euros. Sanofi se place toutefois derrière Johnson & Johnson, Roche, Pfizer, Bayer et Novartis (*Le Monde*, 26/11/2020). Parmi ces grands groupes, Sanofi est le plus récent. Johnson & Johnson a été créé en 1886 ; Roche, en 1896 ; Pfizer, en 1849, et Bayer, en 1863. Seul Novartis dénote puisque ce groupe a été créé en 1996, de la fusion de Ciba-Geigy, créé en 1884, et de Sandoz, créé en 1886.

Le marché mondial du vaccin présente une particularité notable : il est beaucoup plus concentré que celui de la pharmacie. Cinq laboratoires se le partagent : Johnson & Johnson, Pfizer, Merck, GSK et Sanofi, le tout pour pour un chiffre d'affaires de 27 milliards d'euros, soit 3 % du marché du médicament (*Le Monde*, 26/11/2020).

Pour résumer nos propos, la figure 2 illustre la trajectoire de Sanofi depuis sa création.

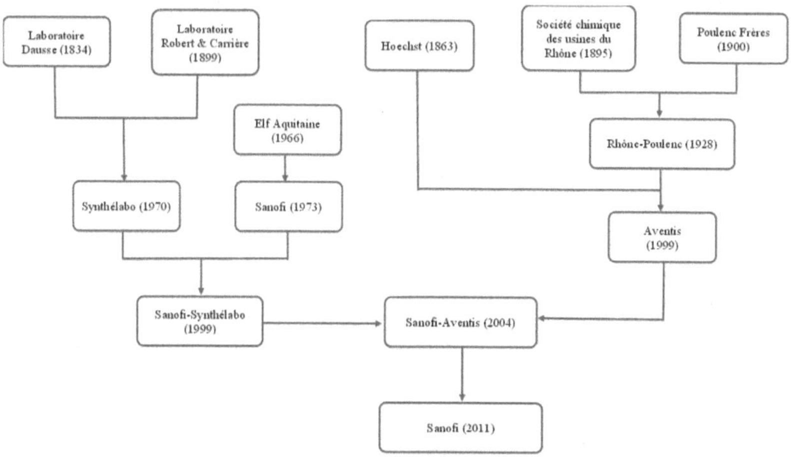

Figure 2. Représentation simplifiée de l'origine complexe de Sanofi (Source : auteurs, à partir de Ibrahimi, Taghzouti, 2014, p.10 et de la presse économique).

3.2. Evolution des technologies vaccinales et positionnement de Sanofi

Si l'histoire de la vaccination ne commence véritablement qu'à la fin du XVIIIe siècle, la vaccination moderne apparait à partir de la fin du XIXe siècle (Boarini, 2018 ; Moulin, 1996dir), avec l'industrialisation progressive de l'activité pharmaceutique (Chauveau, 1995 ; Malerba, Orsenigo, 2001, 2015 ; Ramussen, 2004). L'industrie du vaccin se développe progressivement, notamment grâce aux deux Guerres Mondiales. De plus, très tôt, au début du XXe siècle, l'État français a rendu obligatoire la vaccination contre la variole. Il en fut de même dès les années 1920 avec le BCG, fortement conseillé aux enfants des familles tuberculeuses (Moulin, 1996dir ; Moulin, 2007). En France, le vaccin antidiphtérie est obligatoire dès 1938, le vaccin antitétanique l'est à partir de 1940, le BCG de 1950 et le vaccin anti-poliomyélite le sont à partir de 1964 (Torny, 2009). En deux siècles, les technologies vaccinales ont bien évidemment évolué. En partant du vaccin atténué de Louis Pasteur et l'ARN messager aujourd'hui, on peut distinguer trois types de technologies permettant de produire des vaccins dits « anciens », « modernes » et « futuristes » (*Le Monde,* 25/6/2020 ; Dagorn, 2021). Le premier type est constitué par les vaccins à virus atténué, inactivé ou à vecteur viral. Le deuxième type l'est par les vaccins à méthode de sous-unité. Ils n'utilisent que les parties très spécifiques d'un virus ou d'une bactérie permettant au système immunitaire de les reconnaitre. Ces unités peuvent être des protéines ou des sucres. Le troisième et dernier type concerne les vaccins à matériel génétique. Ce type utilise un fragment du matériel génétique pour fournir les instructions pour des protéines spécifiques. L'ADN est transféré dans l'ARN messager, ensuite utilisé comme modèle pour fabriquer des protéines spécifiques. Avant la pandémie du Covid-19, aucun vaccin de ce type n'avait été lancé sur le marché (OMS, 2021[4]).

En 2019, avant la pandémie de la Covid-19 donc, Sanofi est le quatrième producteur mondial de vaccins, avec un chiffre d'affaires de 5,973 milliards d'euros, derrière GSK, Merck et Pfizer [5]. Les vaccins

---

4 https://www.who.int/fr/news-room/feature-stories/detail/the-race-for-a-covid-19-vaccine-explained

5 https://fr.statista.com/infographie/21717/entreprises-pharmaceutiques-laboratoires-chiffre-affaires-production-vente-vaccins/

Tableau 2. Répartition des vaccins dans le chiffre d'affaires vaccin de Sanofi en 2020 (Source : https://fr.statista.com/statistiques/507015/repartition-chiffre-d-affaires-vaccins-groupe-francais-sanofi/).

Type de vaccin	Part dans le chiffre d'affaires
Vaccins polio-coqueluche-hib-hépatite B	30,6
Vaccins grippe	43,3
Vaccins méningite/pneumonie	9,7
Vaccins voyageurs et maladies endémiques	5,3
Vaccins rappel adulte	8,3
Autres	2,8
Total	100,0

ne représentent qu'environ 16 % du chiffre d'affaires de Sanofi, contre 72 % pour les produits pharmaceutiques et 11 % pour la santé grand public[6]. La part relative du chiffre d'affaires associé aux vaccins est constituée principalement par les vaccins contre la grippe, la polio/coqueluche, la méningite/pneumonie et les rappels adultes (tableau 2). À l'heure actuelle, la majeure partie des vaccins produits et commercialisés par Sanofi appartient au premier et au deuxième type. Cela signifie que les compétences clés du groupe se situent bien dans les vaccins à la fois anciens et modernes, comme Imovax Polio (1982), Stamaril (fièvre jaune) (1986), Vaccin rabique Pasteur (1988), Vaxigrip Tetra (2016), Tubertest (2020), Pentavac (Diphtérie, tétanos, poliomyélite, …) (2002) et Hexyon (Diphtérie, tétanos, poliomyélite, …) (2013)[7].

L'activité de production vaccinale de Sanofi est largement tournée vers l'international. En 2007, Sanofi Pasteur décide de construire une unité de production de vaccin contre la grippe en Chine. Ce site s'ajoute à deux autres, localisés en France et aux États-Unis. En 2007, Sanofi contrôlait 40 % du marché des vaccins contre la grippe (*L'Usine Nouvelle*, 26/11/2007). En 2008, la Russie choisit le vaccin anti-poliomyélite de Sanofi pour vacciner les enfants. D'autres pays utilisent également le vaccin de Sanofi (Mexique, Turquie, Indonésie)[8]. En 2009, Sanofi développe un premier vaccin candidat contre la dengue. 350 millions d'euros sont

6 https://www.abcbourse.com/analyses/chiffres/SANp

7 https://www.sanofipasteureurope.com/fr/nos-vaccins/hexyon.html

8 https://www.caducee.net/actualite-medicale/8551/la-russie-choisit-le-vaccin-polio-inactive-de-sanofi-pasteur-pour-la-primo-vaccination-universelle-des-enfants.html

investis en France pour créer une unité de production. En 2011, Sanofi fait don à l'Organisation Mondiale de la Santé (OMS) d'une souche vaccinale contre la poliomyélite [9](*L'Usine Nouvelle*, 28/3/2011). En 2014, un premier vaccin contre la dengue est développé (*L'Usine Nouvelle*, 5/6/2012). Cependant, ce vaccin aboutira à un échec après la mort suspecte de plusieurs enfants et à des procès (*Le Monde*, 6/3/2018 ; *Les Échos*, 20/2/2019 ; Benz et al., 2021).

Le principal site de Sanofi pour la production de vaccins est situé près de Lyon. Ce serait le plus grand site de RD et de production de vaccins dans le monde employant 3 000 personnes[10]. Un autre site situé en Normandie héberge la plus grosse usine de production de vaccins contre la grippe du monde. Cet établissement emploie 1 500 personnes (*Industrie Pharma*, 18/5/2009, *Ouest France*, 23/9/2019). En 2020, Sanofi reste le leader mondial du vaccin contre la grippe (*L'Usine Nouvelle*, 11/9/2020). Toutefois, Sanofi n'est parvenu que très récemment début 2022 à mettre au point un vaccin contre la Covid-19 avec le Britannique GSK (*Les échos*, 25/2/2022) la production en série a commencé en septembre 2022 (La Tribune, 14/09/2022).

4. Le retard de Sanofi dans l'élaboration d'un vaccin contre la Covid-19 : une première analyse causale

La littérature consacrée aux échecs industriels leaders technologiques de premier plan distingue deux grands types de causes : (1) des facteurs technologiques et scientifiques et (2) des facteurs managériaux. Ces deux types se combinent en fonction des circonstances. L'analyse de ces échecs doit donc tenir compte de causes contingentes relatives au contexte économique, à l'évolution des technologies, à la politique scientifique et technique des pays, etc.

---

[9] https://www.sicavonline.fr/index.cfm?action=m_actu&ida=487097-sanofi-fait-don-a-l-oms-d-une-souche-vaccinale-contre-la-polio

[10] https://www.sanofi.fr/fr/nous-connaitre/nos-sites-en-france/le-site-de-production-et-de-recherche-developpement-de-marcy-l-etoile/sanofi-veut-faire-de-lyon-un-hub-mondial-dedie-aux-vaccins

4.1. Premier type de cause : l'inexploitation de performances scientifiques et techniques

Selon une récente enquête publiée dans *L'Express* en 2021[11], depuis ces vingt dernières années, Sanofi n'aurait pas innové de manière radicale. Le groupe s'est contenté d'apporter des améliorations à des produits existants. Selon cette enquête journalistique, les chercheurs ne seraient pas encouragés dans leur activité : « Quand je suis arrivé, ils avaient même l'interdiction de se rendre dans les colloques scientifiques ! Je leur avais dit : “Il faut s'ouvrir, sinon on va s'atrophier” », affirme un ancien directeur de la RD de Sanofi. Cette situation est incompréhensible à la fois au regard de l'importance des investissements de RD dans l'industrie pharmaceutique. Cependant, elle l'est moins lorsque l'on s'interroge sur les modalités de développement de Sanofi, essentiellement par croissance externe, lui permettant d'acquérir des connaissances nouvelles et de maitriser par ses achats de nouvelles technologies.

Pourtant, dès le début des années 1990, un chercheur de Sanofi, Pierre Meulien, est l'un des premiers à faire des recherches en matière de vaccins de troisième type, avant de renoncer. Il publie, en 1993, avec d'autres scientifiques, un article sur le sujet dans *l'European Journal of Immunology* (Lenzen et al., 1993). Leurs recherches portent sur la grippe du rat (*Le Figaro,* 17/2/2021). Cette piste semble délaissée par le groupe, sans que l'on en connaisse les raisons.

L'internationalisation croissante du groupe ne se réduit pas à la conquête de marchés et aux rachats de sociétés existantes, mais également à celle de son activité de RD. En 2011, Sanofi obtient un financement de l'Agence de Recherche de l'Armée américaine (*Biomedical Advanced Research and Devlopment Authority*, BARDA) pour développer un vaccin à ARN messager (vaccin de troisième type). Sanofi participe à ce projet avec le groupe allemand CureVac, créé en 2000, et une petite société française, In-Cell-Art, créée en 2005 par une équipe de scientifiques, dont Jean-Marie Lehn, Prix Nobel de chimie en 1987. En 2017, toutefois, le financement est arrêté et le projet également. En 2016, Sanofi signe un nouvel accord de coopération avec la BARDA, cette fois-ci pour développer un candidat vaccin contre le virus Zika. Les travaux sont menés par Sanofi Pasteur (*L'Usine Nouvelle*, 06/7/2016). La même

---

[11] https://www.lexpress.fr/actualite/sciences/enquete-sanofi-un-fiasco-francais_2144091.html

année, Sanofi annonce la construction d'une nouvelle usine de vaccins en France pour produire un nouveau vaccin contre la grippe (vaccin Vaxigrip Tetra), le plus récent des vaccins antigrippaux de Sanofi, appelé « quadrivalent »[12] car comprenant deux souches A et deux souches B du virus.

En 2017, Sanofi était le numéro deux mondial des vaccins derrière l'Anglais GSK. La même année, le groupe français achète l'entreprise de biotechnologie américaine Protein Sciences, créée en 1983, spécialisée dans les vaccins antigrippaux, et ce pour renforcer sa présence aux États-Unis (*L'Usine Nouvelle*, 12/10/2017). Le renforcement sur le marché américain est très important pour Sanofi car le groupe a délocalisé, depuis ces dix dernières années, une bonne partie de ses activités de RD dans ce pays (*Le Monde,* 08/02/2021). La BARDA débloque 10 milliards de dollars pour inciter les industriels à trouver un vaccin contre la Covid-19, dont 2,5 milliards pour l'accord Sanofi/GSK [13].

Par contre, le projet de partenariat échoue avec Moderna. La pandémie de Covid-19 conduit tardivement Sanofi à mettre l'accent sur le développement de vaccins ARN messager (*L'express*, 04/02/2021), ce qui indique que ses compétences clés se sont transformées en rigidités. Certes, Sanofi et GSK s'étaient lancés dans la recherche d'un vaccin de ce type contre le Covid-19, mais ils ont été devancés par les autres concurrents que nous connaissons, puisque le vaccin n'a été mis au point que début 2022. Pourtant, avant la pandémie de Covid-19, Pfizer et Sanofi avaient l'un et l'autre cherché à développer des vaccins à ARN messager par le biais de partenariats. Ceux-ci avaient été noués entre Sanofi et Translate Bio, un spécialiste de l'ARN messager racheté par le groupe français en août 2021. Toutefois, Translate Bio n'avait pas encore testé sa méthode pour introduire l'ARN messager dans l'organisme humain. Sanofi a acheté, en avril 2021, une autre start-up américaine spécialiste dans l'ANR messager, Tidal Therapeutics[14].

Quand la pandémie de Covid-19 s'est déclarée, Sanofi a commencé par développer un vaccin « moderne », reposant sur une technologie

---

12 https://www.legeneraliste.fr/actu-medicale/vaxigriptetrar-remplace-vaxigripr-des-present-dans-les-pharmacies-francaises

13 https://www.sanofi.fr/fr/Actualites/notre-reponse-a-la-covid-19

14 https://www.sanofi.com/fr/media-room/communiques-de-presse/2021/2021-04-09-19-45-00-2207664

éprouvée, à base de protéine recombinante, qui était au cœur des compétences clés du groupe. En mars 2020, Sanofi avait donc écarté la technique ARN messager qui n'avait jamais encore abouti à un vaccin. Cette technique demande beaucoup de temps et les tests sur l'homme n'ont commencé qu'en septembre 2020. Avant la pandémie de la Covid-19, les vaccins étaient considérés par les industriels et les investisseurs comme une « bonne activité stable », mais « pas sexy », selon une analyste de la banque UBS (Kuchler, Abboud, 2021). Sanofi n'a pas souhaité prendre de risque en développant un vaccin du troisième type. Pourtant, compte tenu de l'accélération depuis 2020 des innovations de vaccins reposant sur l'ARN messager, il est fort probable que la conception de tous les vaccins, y compris contre la grippe saisonnière pour lequel Sanofi a une position de leader mondial, va évoluer au cours des années à venir (*Le Monde*, 13/08/2021). Les rapports de concurrence entre les groupes maitrisant ou non cette technologie vont fortement évoluer au cours des années à venir. Mais, si en 2021 (*La Tribune*, 29/9/2021), la presse avait annoncé que Sanofi serait en train de mettre au point un vaccin ARN messager contre la grippe saisonnière, début 2022, le groupe pharmaceutique français ne semble plus en position de force face à ses concurrents américains et allemands (*Le Monde*, 17/02/2022).

Après l'annonce, début 2021, du retard de Sanofi dans la mise au point d'un vaccin anti-covid-19, le groupe n'avait cependant pas abandonné son projet (*L'Usine Nouvelle*, 18/3/2021), compte tenu du marché potentiel qu'un tel vaccin représente. Son objectif était de développer un vaccin basé sur la technologie recombinante, soit une technologie moderne, avec le britannique GSK (*La tribune*, 29/9/21). Le Président de Sanofi France affirmait ainsi : « Sanofi est le seul groupe au monde à avancer et à pouvoir sortir deux solutions vaccinales avec simultanément de la production pour les deux concurrents » (*L'Usine Nouvelle*, 18/3/2021). Mais, pour l'heure, ce sont principalement des annonces. Le nouveau Dirigeant de Sanofi déclarait, début 2020 : « Sanofi doit arrêter de faire des « copycat » (des produits répliquant les succès de ses concurrents) et se focaliser sur le traitement où il peut vraiment faire la différence : les « best in class » qui à terme doivent représenter 80 % du portefeuille ». Il promet d'investir 6 milliards d'euros dans la RD en France d'ici trois ans, surtout dans les secteurs prioritaires, dont les vaccins. Pourtant, si la technologie de l'ARN messager a été abandonnée pour la mise au point d'un vaccin contre la Covid-19, Sanofi poursuit ses travaux pour mettre au point un vaccin anti Covid-19 à base d'une protéine. Dans le contexte de la concurrence mondiale et compte tenu de la position dominante acquise à l'heure actuelle par le vaccin Pfizer-BioNtech, Sanofi semble se positionner sur un vaccin pour une troisième ou quatrième dose pour des patients vaccinés avec ce dernier vaccin (*La tribune*, 29/9/21).

4.2. Second type de causes : de graves erreurs de gouvernance

Sanofi est le produit d'une décision étatique. Un homme a joué un rôle majeur dans le développement du groupe : Jean-François Dehecq, alors ingénieur chez Elf Aquitaine. Il a été assisté de Jean-René Sautier, énarque et directeur des affaires économiques dans la même entreprise. Leur projet intrapreneurial a démarré au début des années 1970, à une période durant laquelle l'État français jouait un rôle industriel prépondérant. Tout change à partir des années 1980–1990, notamment marquées par la libéralisation des marchés. Cette dépendance accrue du groupe au marché financier se traduit, à partir des années 2010, par le changement régulier du président-directeur général du groupe, alors que le premier, Jean-François Dehecq, était resté en place pendant 37 ans (*Le Figaro*, 16/12/2011, *Les échos*, 06/03/2006, 17/05/2010).

Si Sanofi grandit grâce à de multiples opérations de croissance externe, il semblerait que Jean-François Dehecq n'ait pas vu l'opportunité de passer de la chimie à la biotechnologie, à la génétique et à la médecine de précision. « Alors que la biotechnologie, la génétique, la médecine de précision balaient l'industrie, Dehecq, lui, n'y croit pas », selon un dirigeant de Sanofi. Autre erreur stratégique : lorsque Sanofi rachète Aventis, en 2004, Jean-François Dehecq décide de se séparer de la branche immunologie du groupe, un secteur qui est, à l'heure actuelle, plus que jamais essentiel dans la mise au point des vaccins ARN messager (*L'Express*, 04/02/2021).

En 2010, Jean-François Dehecq est remplacé par Serge Weinberg, qui a fait une partie de sa carrière dans le groupe ACCOR (*La tribune*, 17/05/2010) et ne connaît pas la pharmacie. Il est remplacé à son tour par Chris Viehbacher, qui reste en poste jusqu'en 2014 (*L'usine Nouvelle*, 29/10/2014). Chris Viehbacher n'est pas un scientifique, il a une formation de comptable et de financier. Il aurait joué un rôle important dans la financiarisation du groupe, en définissant une stratégie en faveur des actionnaires. Il est pourtant écarté par le Conseil d'Administration, qui lui reproche un « mangement trop personnel ». Selon Chris Viehbacher,

Sanofi « est devenu dépendant d'alliances-clés », dans lesquelles il affirme avoir « joué un rôle décisif » (*Challenges*, 29/10/2014). Au moment du renvoi de Chris Viehbacher, de nombreux articles sont publiés dans la presse économique qui font état de la rapidité avec laquelle la décision a été prise. Pourtant *Les Échos* (29/10/2014) soulignent qu'il a permis à Sanofi de se hisser dans les sommets des entreprises du CAC 40.

En 2015, le nouveau dirigeant de Sanofi est Olivier Brandicourt, un biologiste spécialiste des maladies tropicales[15]. Il a une expérience dans l'industrie pharmaceutique puisqu'il a notamment travaillé chez Pfizer. Mais en 2019, le Conseil d'Administration de Sanofi, insatisfait de ses résultats, le remplace par Paul Hudson (*Les échos*, 01/09/2019). Diplômé en marketing, il connait l'industrie pharmaceutique pour avoir travaillé notamment chez GSK, Synthélabo et AstraZeneca[16]. Il est à l'origine d'une nouvelle stratégie « Play to win » qui consiste, pour un groupe pharmaceutique, à se recentrer sur quelques activités : immunologie, vaccins, hémophilie, oncologie et maladies rares. L'objectif de Paul Hudson est aussi de développer des traitements individualisés en fonction de la pathologie du malade, car leurs prix sont plus élevés que les traitements standards. Cette politique de prix élevés a largement été dénoncée par le Parlement français, qui y voit une source importante d'inégalités sociales pour l'accès aux soins[17].

Pour résumer, après une longue période de stabilité de 37 ans avec Jean-François Dehecq, Sanofi a connu à sa tête, en l'espace d'une quinzaine d'années, quatre dirigeants aux stratégies différentes. D'autres éléments de faiblesse sont à souligner : (1) le groupe dépend en grande partie d'un seul médicament, le Dupixent, un produit contre l'eczéma pour lequel il est en quête d'autres applications (*L'Express*, 04/01/2021) ; (2) il est fragilisé par l'échec de la mise au point d'un vaccin contre la dengue. Non seulement celui-ci lui a fait perdre beaucoup de temps et d'argent (*L'Usine Nouvelle*, 28/4/2020), mais le vaccin s'est révélé dangereux et a été à l'origine de plusieurs morts suspectes. Des responsables de Sanofi ont été mis en examen aux Philippines, l'un des premiers pays où le vaccin a été injecté (*Le Monde*, 01/03/2019).

---

15 https://www.planete-business.com/2020/06/28/olivier-brandicourt-patron-du-geant-pharmaceutique-sanofi/

16 https://www.sanofi.com/fr/nous-connaitre/gouvernance/comite-executif/paul-hudson

17 http://www.senat.fr/questions/base/2020/qSEQ200114100.html

Au fil des rachats et des absorptions (plus de 300 au total) (Benz et al., 2021), un conglomérat s'est ainsi formé, qui a privilégié une stratégie d'innovation ouverte. Selon Labrouche et Kechidi (2016), sur la période 2008–2014, les dépenses en RD du groupe et les effectifs dédiés baissaient régulièrement, le nombre de brevets augmentait. Le bénéfice de Sanofi a progressé en 2020 de 340 % par rapport à 2019. Ce résultat est lié à une importante plus-value de plus de 7 milliards d'euros générée par la vente d'actions que Sanofi détenait dans son partenaire Regeneron, une entreprise de biotechnologies américaine avec laquelle le groupe français coopérait depuis 2003. Regeneron développe notamment des anticorps de synthèse pour soigner la Covid-19. Par ailleurs, 1 700 suppressions de postes sur trois ans ont été annoncées par la Direction de Sanofi, dont 364 en RD (*Le Monde*, 05/2/21). De plus, dès 2014, Sanofi déplace ses activités de RD vers les États-Unis (*L'Usine Nouvelle*, 26/6/2014).

Pendant plusieurs décennies, Sanofi a tiré profit de cette stratégie de prédation, à tel point que « sans le partenariat avec Regeneron depuis 2003 et le rachat de Genzyme, en 2011, deux entreprises américaines, le groupe n'existerait plus » selon un haut dirigeant de Sanofi (*L'Express*, 04/01/2021). Sanofi n'a pas réussi à développer les vaccins à base d'ARN messager alors que le groupe avait commencé à travailler dessus dès le début des années 1990 (*L'express*, 04/01/2021). Par la suite, Sanofi a manqué son objectif que ce soit avec Moderna, puis avec Translate Bio, toutes deux spécialistes des vaccins de troisième type. La situation difficile de Sanofi est le résultat de la transformation d'un modèle d'affaire passé d'un objectif de santé publique visant à mettre au point des médicaments soignants le plus grand nombre de personnes à un objectif financier (Montalban, 2010 ; Montalban, Sakiç, 2013). Facteur aggravant, le passage de la recherche de molécules chimiques à la recherche en génomique a considérablement augmenté les coûts de la RD. Ce phénomène a conduit les groupes pharmaceutiques à sous-traiter leur recherche à des start-ups, ce qui, en retour, à renforcer la financiarisation de l'industrie pharmaceutique. Cette dynamique a conduit Sanofi à négliger ses chercheurs, voire à licencier un certain nombre d'entre eux. Pourtant, à l'heure actuelle, environ 60 % des molécules de Sanofi seraient pourtant issues de la RD interne (*Le Monde*, 19/3/2021).

4.3. Troisième type de causes : la contingence institutionnelle en matière de recherche

Depuis le début du XXIe siècle, le coût du développement de nouveaux médicaments a augmenté de l'ordre de 10 % par an. Cette augmentation est due à trois facteurs : (1) l'augmentation du coût des recherches cliniques lié à la complexité des protocoles ; (2) l'augmentation de la durée des études et (3) l'augmentation du taux d'échec[18]. Face à cette augmentation et à la nécessité de s'ouvrir à l'international pour contrôler une part de plus en plus importante de ce marché oligopolistique, Sanofi est conduit, comme ses concurrents, à rechercher sans cesse de nouveaux partenaires. Les groupes pharmaceutiques doivent donc créer un véritable écosystème comprenant notamment des laboratoires universitaires et des start-ups pour produire et valoriser des connaissances. À titre d'illustration, BioNtech a été créée par des chercheurs allemands et Moderna par un biologiste de Harvard. Toutefois, en France, contrairement aux États-Unis et à l'Allemagne, cet écosystème est extrêmement fragile : il manque de moyens financiers et humains. Entre 2011 et 2018, les crédits publics en RD pour la santé ont augmenté de 11 % en Allemagne alors qu'ils ont baissé de 28 % en France (Kyle, Perrot, 2021). De plus, un récent rapport de la Cour des comptes (2021) montre que l'effort en RD contre la Covid-19 réalisé par la France est beaucoup moins élevé que celui des principaux pays européens en termes relatif et absolu, soit 502 millions d'Euros en France contre 1,3 milliard pour le Royaume-Uni, 1,5 milliard pour l'Allemagne et 9,63 milliards pour les États-Unis. Les rédacteurs du rapport ont identifié trois causes à cette situation : (1) l'éparpillement des initiatives marqué par un grand nombre d'appels à projets, ce qui suggère un grand émiettement du contrôle de l'ensemble ; (2) l'insuffisante priorisation des recherches car le lancement d'appels à projets flash est incompatible avec une rigoureuse structuration de la recherche sur le long terme, et (3) de fortes rigidités administratives retardant le lancement des programmes de recherche. Par effet système, la particularité du contexte institutionnel français en matière de recherche publique pharmacologique a sans doute nuit au développement rapide d'un vaccin contre la Covid-19 par Sanofi. En effet, si le groupe a localisé une partie de ses activités de RD aux États-Unis, aujourd'hui, les laboratoires français représentent encore 44 % du budget mondial et 40 % des effectifs de la division RD,

---

18 https://www.leem.org/recherche-et-developpement

alors même que la France représente seulement 6 % des revenus globaux du groupe (*L'Obs*, 25/3/2021).

Le tableau 3 offre une synthèse des trois types de causes identifiés ci-dessus.

5. Conclusion

Comme nombre de groupes pharmaceutiques mondiaux, Sanofi est le fruit d'une succession d'opérations de croissance externe. Alors que l'entreprise avait été créée au début de la décennie 1970 suite à une décision étatique, elle a très vite cherché à développer une activité à l'international, en privilégiant la conquête de nouveaux marchés. Le groupe a développé des routines organisationnelles alors que le marché du médicament était sur une phase ascendante ; il a aussi créé des compétences clés dans le domaine des vaccins anciens et modernes, qui se sont transformées en rigidités lorsque les vaccins du troisième type ont été lancés sur le marché. Cette dépendance de sentier ne lui a pas permis de s'adapter rapidement à un contexte économique de plus en plus incertain, marqué par des changements technologiques importants et des relations de concurrence de plus en plus vives.

Les vingt années qui ont suivi la fin de la Seconde Guerre mondiale furent celles de l'âge d'or de l'industrie pharmaceutique française, soutenue par des politiques publiques généreuses. Les années 1980 furent à la fois marquées par la libéralisation des marchés, la financiarisation, l'augmentation du coût de la RD et le développement des biotechnologies. Ces quatre mouvements ont conduit les groupes pharmaceutiques à racheter des start-ups innovantes, mais aussi à créer autour d'eux de véritables écosystèmes d'innovation sortant largement des frontières nationales et sectorielles. Si l'évolution de Sanofi est de ce point de vue conforme à celle de ses principaux concurrents, cependant, la crise sanitaire du Covid et le retard pris par l'entreprise à produire un vaccin efficace reposant sur une technologie nouvelle semble mettre en évidence des limites à sa stratégie en matière d'innovation.

L'histoire de Sanofi montre en effet qu'éviter l'enfermement, c'est-à-dire ici impulser de nouvelles trajectoires technologiques de croissance, est crucial pour l'entreprise en contexte de forte incertitude. Dans les littératures en économie de l'innovation et en management stratégique, la capacité de « lock-out », c'est-à-dire de sortie de l'enfermement

Tableau 3. Causes plausibles du retard de Sanofi dans la mise au point d'un vaccin contre la Covid-19 (Sources : auteurs à partir de la presse économique citée dans le texte).

Facteurs technologiques et scientifiques	Facteurs managériaux	Facteurs institutionnels
Compétences clés dans les vaccins anciens et modernes Une stratégie prédatrice récente de rachats pour acquérir les connaissances en matière d'ARN messager Années 1990 : premières recherches sur l'ARN messager Tentative de rattrapage du retard basée sur une stratégie de rachats et de partenariats : 2011 : partenariat avec la BARDA sur l'ARN messager 2020 : partenariat avec GSK 2021 : rachat de Translate Bio	1973–2010 : présidence du groupe par Jean-François Dehecq (37 ans) 2010–2014 : Chris Viehbacher 2015–2019 : Olivier Brandicourt 2019– : Paul Hudson Le dirigeant historique n'a pas identifié le potentiel de l'ARN messager. Les trois dirigeants suivants qui se succèdent en dix ans privilégient une stratégie de profits à court terme soutenue par des décisions de croissance externe et la délocalisation des activités de RD vers les États-Unis	Depuis le début du 21e siècle, baisse de l'effort pour le financement de la recherche en biologie. Faiblesse des financements français comparés aux efforts internationaux pour la recherche contre la Covid-19. Des initiatives éparpillées en l'absence de contrôle, manque de priorisation de la recherche et lourdeurs administratives dans l'attribution des fonds aux chercheurs

des entreprises résulte de la combinaison de facteurs multiples. Ils peuvent avoir traits à la compétition technologique stricto sensu, c'est-à-dire à la capacité de l'entreprise à intégrer de nouvelles trajectoires à partir de compétences anciennes qu'elle possède et qui lui permettent d'absorber les nouvelles (diversification technologique « liée », Breschi et al., 2004) ou à partir d'acquisition de ces mêmes compétences par croissance externe. D'autres facteurs ont trait aux capacités managériales et organisationnelles à sortir de cercles vicieux où les transformations de l'environnement de l'entreprise s'accompagnent d'une rigidification de ses processus de prise de décision (« routinisation »). Si des travaux récents se centrent sur la dynamique interne des routines et son lien avec le changement organisationnel, à notre connaissance ils n'y associent pas l'inflexion des trajectoires technologiques (par exemple, les travaux de Feldman et al., 2016).

Ces angles d'approche de la sortie de l'enfermement – technologique, managérial et organisationnel – doivent donc s'articuler autour d'un enjeu clé, qui est celui de la capacité du management à contrôler les trajectoires technologiques de l'entreprise dans un contexte d'incertitude. Dans ce cadre, l'histoire de Sanofi montre que des opportunités ont été sous-exploitées, voire ignorées ou, pire encore, sorties du capital savoir de l'entreprise (Laperche, 2007, 2017), c'est-à-dire exclues de son système technique et perdues pour la mise en œuvre d'une diversification liée autour de l'ARN messager. Les annonces récentes du Premier Ministre français sur un plan d'investissement d'ampleur de Sanofi (*La Tribune*, 28/01/2022) marque sans doute un nouveau tournant dans l'histoire de l'entreprise, voire de l'industrie pharmaceutique française en général : le retour de l'État stratège et garant de la souveraineté industrielle nationale.

Bibliographie

Abecassis P., Coutinet N. (2018), *Économie du médicament*, La découverte.

Arthur W.B. (1989), Competing Technologies, Increasing Returns, and Lock-In by Historical Events, *The Economic Journal*, 99–394, pp. 116–131.

Bercé Y.-M. (2020), *La naissance du vaccin. Entre utopie et rejet*, Histoire Lexio.

Becker M.-C., Lazaric N., Nelson R.-R., Winter S.-G. (2005), Applying organizational routines in understanding Organizational Change, *Industrial and Corporate Change*, *14*(5), pp. 775–791.

Berche P., Perez S. (2021), *Pandémies. Des origines à la Covid-19*, Perrin.

Boarini S. (2018), L'inoculation de la petite vérole à Lyon : de la condamnation à l'acceptation (1779–1811), *Revue d'Histoire des sciences,* 71, pp. 25–48.

Bonnet J. (2005), De Rhône-Poulenc à Sanofi : intérêts régionaux et logiques mondiales, *L'information géographique, 69*(2), pp. 117–131.

Breschi, S., Lissoni, F., Malerba, F. (2004), The empirical assessment of firms' technological "coherence". The economics and management of technological diversification, pp. 69–97.

Chauveau S. (1995), Les origines de l'industrialisation de la pharmacie en France avant la première guerre mondiale, *Histoire, économie et société,* 14-4, pp. 627–642.

Chauveau S. (1998), Entreprises et marchés du médicament en Europe occidentale des années 1880 à la fin des années 1960, *Histoire, économie et Société,* 1, pp. 49–81.

Chauveau S. (2003), Entre mondialisation et régionalisation : les multinationales de la pharmacie en Europe, *Entreprises et Histoire,* 33, pp. 76–90.

Chauveau S. (2021), L'industrie française est dominée par des grands groupes transnationaux, *Le Monde,* 5 février.

Cour des comptes (2021), Le financement de la recherche publique dans la lutte contre la pandémie de Covid-19, *Audit Flash*, Juillet.

Coutinet N., Abecassis P. (2008), Une approche descriptive des stratégies de F&A et d'alliances des firmes pharmaceutiques, *Journal d'économie médicale,* 26, pp. 317–330.

Dagorn G. (2021), Covid-19 : comment fonctionnent les futurs vaccins, *Le Monde,* 2/2/2021.

Deroy X. (2008), Le secteur pharmaceutique et l'histoire du contrôle de l'innovation, *Revue française de gestion,* 188–189, pp. 175–183.

Deleersnijder H. (2021), *Les grandes épidémies dans l'histoire,* Mardaga.

Dillemann G., Michel M.-E. (1984), La réception des pharmaciens en France de la Révolution à l'application de la loi du 21 Germinal an XI (1791–1813), *Revue d'histoire de la pharmacie,* 260, pp. 42–61.

Dosi G., Teece D.-J., Winter S.-G. (1990), Les frontières de l'entreprise : vers une théorie de la cohérence de la grande entreprise, *Revue d'Économie Industrielle*, 51, pp. 238–254.

Doz Y.-L., Wilson K. (2018), *Ringtone: Exploring the Rise and Fall of Nokia in Mobile Phones*, Oxford.

Feldman M.-S, Pentland B.-T. (2003), Reconceptualizing organizational routines as a sources of flexibility and change, *Administrative Science Quarterly*, *48*(1), pp. 94–118.

Feldman M.-S., Pentland B.-T., D'Adderio L., Lazaric N. (2016), Beyond Routines as things: introduction to the special issue on Routine Dynamics, *Organization Science*, *27*(3), pp. 505–513.

Galambos L., Sturchio J.-J. (1996), The pharmaceutical industry in the twentieth century: a reappraisal of source of innovations, *History and Technology*, *13*(2), pp. 83–100.

Gaudilière J.-P. (2007), L'industrialisation du médicament : une histoire de pratiques entre science, techniques, droit et médecine, *Gesnerus*, 64, pp. 93–108.

Ibrahimi M., Taghzouti A. (2014), Quelles leçons peut-on tirer de la fusion Sanofi-Aventis ?, 23ème Conférence Internationale de Management Stratégique.

IRI (2020), The 2020 EU Industrial R&D Investment Scoreboard, European Commission.

Kyle M., Perrot A. (2021), Innovation pharmaceutique. Comment combler le retard français ?, *Les notes du Conseil d'Analyse Économique*, 62.

Krafft J., Quatraro F., Saviotti P.-P. (2014), Knowledge characteristics and the dynamics of technological alliances in pharmaceuticals: empirical evidence form Europe, US and Japan, *The Journal of Evolutionary Economics*, *24*(3), pp. 587–622.

Kuchler H., Abboud L. (2021), Les géants pharmaceutiques ont perdu la course aux vaccins, *Courrier international*, 8/2/2021.

Labrouche G., Kechidi M. (2016), La stratégie d'innovation ouverte de Sanofi, *Journal de Gestion et d'économie médicales*, 34, pp. 65–86.

Lafont O. (2003), L'évolution de la législation pharmaceutique des origines à la loi Germinal an XI, *Revue d'histoire de la pharmacie*, 339, pp. 361–376.

Lanciano-Morandat C. (2019), *Le travail de recherche. Production de savoirs et pratiques scientifiques et techniques*, CNRS Éditions.

Laperche B. (2007), Knowledge capital and innovation in multinational corporations, International Journal of Technology and Globalisation, *3*(1), pp. 24–41.

Laperche B. (2017), Enterprise Knowledge Capital, Iste Wiley, London.

Laperche B. (2020), Mutation des trajectoires des entreprises et innovation : capital savoir et opportunités financières, Marché et Organisations, n° 39, pp. 91–110.

Lazaric N. (2000), The role of routines, rules and habits in collective learning: some epistemological and ontological considerations, *European Journal of Economics and Social Systems*, 14, 2, pp. 157–171.

Lenzen G., Magné R., Gomard E., Guillet J.-G., Lévy J.-P., Meulien P. (1993), Induction of virus-specific T lymphocytes in vivo by liposome-entraped mRNA, *European Journal of Immunology*, vol. 23, n° 7, pp. 1719–1722.

Leonard Barton D. (1992), Core Capabilities and Core Rigidities: A Paradox in Managing New Product Development, *Strategic Management Journal*, 13, pp. 111–125.

Levitt B., March J.G. (1988), Organizational learning, *Annual Review of Sociology*,14, pp. 314–338.

Lucas H.-C., Mein Goh J. (2009), Disruptive technology: how Kodak missed the digital photography revolution, *The Journal of Strategic Information System, 18*(1), pp. 46–55.

L'affaire Labaz (1979), *Courrier hebdomadaire du CRISP*, 863, pp. 1–36.

Malerba F., Orsenigo L. (2001), Innovation and market structure in the dynamics of pharmaceutical industry and biotechnology: toward a history friendly model, DRUID Nelson and Winter Conference, Aalborg, 12–15 juin.

Malerba F., Orsenigo L. (2015), The evolution of the pharmaceutical industry, *Business History*, *57*(5), pp. 664–687.

Montalban M. (2010), La financiarisation des big pharma. De l'insoutenable modèle blockbuster à son dépassement, *Savoir/Agir*, vol. 2, n° 16, pp. 13–21.

Montalban M., Sakinc M.-E. (2013), Financiarization and productive models in pharmaceutical industry, *Industrial and Corporate Change*, vol. 22, n° 4, pp. 981–1030

Moulin A.-M. (1996), *L'aventure de la vaccination*, Fayard.

Moulin A.-M. (2007), Les vaccins, l'État moderne et les sociétés, *M/S Médecine Sciences,* 23, pp. 428–434.

Nelson R., Winter G. (1982), *An Evolutionary Theory of Economic Change*, Cambridge, Harvard University Press.

Penrose E. (1959), *The Theory of the Growth of the Firm*, Oxford University Press, Oxford.

Rasmussen A. (2004), Les enjeux d'une histoire des formes pharmaceutiques : la galénique, l'officine et l'industrie (19e–début du 20e siècle), *Entreprises et histoire,* 36, pp. 12–28.

Ruffat M. (1995), La recherche historique sur l'industrie pharmaceutique en France et à l'étranger, *Revue d'histoire de la pharmacie,* 305, pp. 187–195.

Teece D.-J., Rumelt R., Dosi G., Winter S. (1994), Understanding Corporate Coherence. Theory and Evidence, *Journal of Economic Behavior and Organization,* 23, pp. 1–30.

Teece D.-J., Pisano G., Shuen A. (1997), Dynamic Capabilities and Strategic Management, *Strategic Management Journal*, vol. 18, n° 7, pp. 509–533.

Torny D. (2009), Politiques vaccinales, https://halshs.archives-ouvertes.fr/halshs-00436994

Yuzawa T. (2018), The digital revolution and Business Behaviour: the case of Kodak versus Fujifilm, *Entreprises et Histoire*, 90, pp. 37–50.

Postface

Pierre Lamard
Laboratoire FEMTO/RECITS, Université de technologie de Belfort-Montbéliard, Comue UBFC

Si l'ambition première de cet ouvrage est de questionner au travers d'exemples significatifs le délicat concept de l'innovation considérée comme un processus clef de nos dynamiques socioéconomiques, y compris d'ailleurs pour les adeptes de la décroissance ou les fans des technologies low-tech, alors l'objectif est atteint. Cet ouvrage instruit tant du point de vue de l'épistémologie du processus, que des appareils méthodologiques mobilisés pour parvenir à décrypter les dynamiques des schèmes opératoires comme les inerties normatives ou routinières, voire les résistances de tous ordres. Les études de cas présentés qui se succèdent du début du XIXe siècle à nos jours appréhendent soit des réussites industrielles exceptionnelles comme de piteux échecs, soit des perspectives inédites issues du quotidien et du banal. Tous soulignent chacun à leur manière l'impératif d'une approche systémique. Les conditions socioculturelles territoriales de la connaissance, les aptitudes cognitives des acteurs, les études et les mises au point techniques des procédés ou des produits prennent leur part sans exclusive dans la compréhension ou l'interprétation d'une trajectoire innovante. Il s'agit non seulement de considérer les éléments dans leur ensemble les uns vis-à-vis des autres mais également dans leur rapport à cet ensemble pour tendre vers une analyse fine du phénomène étudié. La dimension transversale des approches s'avère fondamentale pour révéler l'innovation comme point de concours, ou de confluence de données multiples ; celles-ci ne présentant pas forcément de prime abord des logiques concourantes immédiates ou des effets fonctionnels entre elles. Dans la trajectoire des entreprises Seguin… à la course au vaccin de Sanofi, s'affirment certes le caractère protéiforme de l'innovation, mais également la réalité de synergies « nourries » par des facteurs relevant de trois cadres essentiels.

En effet, l'ensemble de ces trajectoires passées souligne en premier lieu l'importance des contextes socio-économiques, susceptibles de garantir un environnement propice à la créativité ou au design et à la structuration d'écosystèmes, c'est-à-dire de relations pertinentes entre des acteurs et une activité. Les études de cas présentés qui s'enracinent dans la réalité matérielle et culturelle des territoires interpellent dans un second temps sur l'importance des temporalités techniques, commerciales, institutionnelles… il existe une dimension conjoncturelle indéniable qui éclaire la complexité des agencements factuels et stratégiques. Enfin, l'anticipation des attentes sociétales conscientisées ou non, formulées ou implicites, peut également s'ériger en clef de voûte d'une nouvelle modernité sous l'impulsion d'une grappe d'innovations. Le défi qui se pose alors à l'entrepreneur est de penser la conception d'un produit ou d'un procédé pour répondre aux futures appétences des marchés tout en minimisant tant que faire se peut les coûts induits, pour rester concurrentiel.

Mais au-delà de l'attention portée à ces trois dimensions primordiales, au-delà des informations tirées des retours d'expérience toujours fort instructives, le regard rétrospectif présente d'autres vertus. La plus lisible par les acteurs voire d'un grand public reste symboliquement, incarnée aujourd'hui par le label « Patrimoine vivant », véritable atout historique sur lequel capitalise bon nombre d'entreprises, au nom de la formule « oxymorale » de « patrimoine d'avenir ». Le prestigieux « Living Heritage Company » relève du concept de culture immatérielle, et prend tout son sens aujourd'hui constituant une source de résilience et d'inspiration face aux grands défis contemporains que représente la mondialisation, notamment avec son corollaire très actuel à savoir la relocalisation des activités, et les enjeux liés à la question du développement durable. Au-delà des stratégies entrepreneuriales respectives, les espaces territoriaux n'hésitent plus à s'emparer de ce label, comme une opportunité d'attractivité et de développement.

S'il n'existe pas de caractère mécanique et linéaire du processus passant de l'invention, à l'expérimentation puis à l'innovation, qui faciliterait une réplicabilité bienvenue, en revanche, il existe bel et bien des discontinuités et une instabilité des systèmes sociotechniques due à des interactions entre certaines composantes inhérentes à ces ensembles constitués. Les secteurs d'activités abordés dans cet ouvrage démontrent qu'il n'y a pas seulement des facteurs de production qui entrent dans ces combinaisons génératrices de changement. L'open innovation est une réalité décentrant les lieux de créativité, là peut-être où on ne les attend pas, y compris dans le phénomène de « constitutivité » technique, c'est-à-dire dans la co-construction entre développements techniques, usages et activités sociales. S'emparer ainsi de la délicate question des relations entre dispositifs technologiques, connaissances et dynamiques sociales, c'est avant tout s'inscrire dans un travail interdisciplinaire mobilisant sciences de l'homme et sciences de la nature, où les identités disciplinaires ont tendance à s'estomper. Et l'histoire des sciences et des techniques trouve parfaitement sa place au sein des problématiques actuelles dans la construction pluridisciplinaire des savoirs, bien au-delà du simple « exercice » technique de rétroconception. Les historiens, mais pas seulement, trouvent une légitimité à être convoqués quant à travailler soit à l'analyse des trajectoires d'innovation sur le temps long soit à l'innovation technologique en cours de déploiement, démontrant que des connaissances passées ont valeur contemporaine.

Derrière cette réalité d'ensemble, une certitude s'impose : le verbe innover ne se conjugue pas à l'impératif même si l'injonction à l'innovation reste permanente. La démarche relève davantage de « l'alchimie » que d'une recette préétablie et parfaitement paramétrée. Mais, d'autres enjeux connexes se profilent en toile de fond liés au concept de démocratie technique. C'est-à-dire d'une part cette capacité citoyenne à exercer une expertise démocratique pouvant prendre part à la question brûlante de choix technologiques… potentiellement innovants, que l'on réfère à la montée en puissance des controverses sociotechniques ; d'autre part contribuer plus directement à la vitalité de la créativité et de la médiation technique sous des formes très diverses (FabLab, Living lab, Tiers-lieu, Manufacture de proximité…). Sans entrer dans la robustesse de l'argumentaire appelant pour la démonstration à la déclinaison d'autres études de cas, il s'agit de s'interroger quant au rôle de la formation en général pour exercer une « citoyenneté technologique » qui ne relève pas du dogmatisme mais davantage du regard critique garant d'une émancipation de la pensée. En resserrant la focale, un plaidoyer s'impose en direction de la place de l'histoire des sciences et des techniques dans les dispositifs de formation à l'ingénierie. Jusqu'à une période récente, bien souvent les élèves-ingénieurs étaient mobilisés sur l'acceptabilité sociale du changement technique en contradiction avec une conception de la technologie comme résultante d'un processus social. Il ne s'agit plus de viser à l'adaptation des profils d'ingénieurs à un environnement social prédéfini mais plutôt de leur donner des outils conceptuels et méthodologiques pour participer de manière active à imaginer et concevoir des situations à venir inconnues et qui leur permettent d'acquérir une posture critique dans la constitution de nouveaux objets sociotechniques. Il s'agirait donc de dépasser l'horizon de l'efficacité pratique et de l'observable social. Ces élèves-ingénieurs alors « affranchis » d'un impensé technologique peuvent être tout à la fois : des concepteurs nourris d'une perméabilité raisonnée avec les méthodes et les techniques de leur milieu, des promoteurs avertis d'avancées technologiques et des usagers éclairés de l'innovation.

Aujourd'hui, les sciences humaines et sociales sont en capacité de revêtir une dimension directement opératoire et leur intervention dans les programmes de recherche sciences pour l'ingénieur (SPI) se nourrit d'une connaissance des milieux techniques et de leurs dynamiques de changement. De plus en plus de chercheurs en SHS promeuvent un nouveau champ autonome de recherche, espace intermédiaire entre connaissance scientifique et science de l'action. Ce mouvement de fond en faveur d'une recherche différente appréhende l'évolution technique comme le résultat d'un système de confrontation variées conduisant à des formes de co-construction voire de co-conception plus ou moins asymétriques. Les écoles d'ingénieurs ne doivent pas faire preuve de cécité face à un tel apport car il existe bel et bien une approche originale de la technologie *via* et dans les SHS. À ce titre, le Département des humanités à la création de l'INSA de Lyon, devenu depuis simple centre, mérite d'être ressuscité dans toutes ses prérogatives et de renouer avec une capacité de recherche en SHS pour établir un dialogue constructif et essentiel entre SHS et SPI pour, dans un premier temps, une meilleure compréhension des mutations rapides du monde contemporain ; dans un second temps pour penser la technologie comme une science de l'agir créatif à condition de considérer le sens social des choix techniques au regard des grands défis sociétaux.

Dans cette perspective et d'un point de vue plus disciplinaire, l'histoire des sciences et des techniques n'abandonnant en rien la rigueur de ses questionnements intrinsèques, et s'appuyant sur des méthodologies rodées, peut apporter une part contributive non négligeable au décryptage de la complexité des interactions entre développements techniques, usages et activités sociales. À l'inverse, le fait technique, l'innovation, les ruptures technologiques restent autant « d'objets » de recherche susceptibles de profondément renouveler les problématiques de son champ d'action, comme celles de disciplines connexes.

Comité scientifique

Titres parus

Vol. 30 – Joelle Forest et Bertrand Bocquet (dir.), *Imaginer le futur à partir du passé*, 2023.

Vol. 29 – Manon Enjolras, Mauricio Camargo, Christophe Schmitt (eds.), *Innovation and Internationalization of Small and Medium Enterprises. A Crossroads Perspective*, 2022.

Vol. 28 – Samuel-Jacques Priso-Essawe, *Intégration régionale « appropriée » en Afrique. Éléments juridiques d'effectivité*, 2021.

Vol. 27 – Vincent Herbert (dir.), *Tourisme et Territoires. Espaces d'innovations*, 2021.

Vol. 26 – Jean-Alain Héraud et Nathalie Popiolek, *L'organisation et la valorisation de la recherche. Problématique européenne et étude comparée de la France et de l'Allemagne*, 2021.

Vol. 25 – Stéphanie Lachaud-Martin, Corinne Marache, Julie McIntyre, Mikaël Pierre (eds.), *Wine, Networks and Scales. Intermediation in the Production, Distribution and Consumption of Wine*, 2021.

Vol. 24 – Verónica González-Araujo, Roberto-Carlos Álvarez-Delgado, Ángel Sancho-Rodríguez (eds.), *Ethics in Business Communication. New Challenges in the Digital World*, 2020.

Vol. 23 – Didier Caveng, *L'éthique dans la finance. Les banques genevoises à l'épreuve des faits*, 2019.

Vol. 22 – Andre Tiran et Dimitri Uzunidis (dir.), *Libéralisme et protectionnisme*, 2019.

Vol. 21 – Dominique Desjeux, *The anthropological perspective of the world. The inductive method illustrated*, 2018.

Vol. 20 – Benoit Bernard, *Management Public. 65 schémas pour analyser et changer les organisations publiques*, 2018.

Vol. 19 – Dimitri Uzunidis (dir.), *Recherche académique et innovation. La force productive de la science*, 2018.

Vol. 18 – Jean Vercherand, *Le marché du travail. L'esprit libéral et la revanche du politique*, 2018.

Vol. 17 – Dominique Desjeux (dir.), *L'empreinte anthropologique du monde. Méthode inductive illustrée*, 2018.

Vol. 16 – Sophie Boutillier, *Entrepreneuriat et innovation*, 2017.

Vol. 15 – Arvind Ashta, *Microfinance. Battling a Wicked Problem*, 2016.

Vol. 14 – Jean Vercherand, *Microéconomie. Une approche critique : Théorie et exercices*, 2016.

Vol. 13 – Reseau de Recherche sur l'innovation, Blandine Laperche (dir.), *Géront'innovations. Trajectoires d'innovation dans une économie vieillissante*, 2016.

Vol. 12 – Societe Internationale Jean-Baptiste Say, Dimitri Uzunidis (dir.), *Et Jean-Baptiste Say… créa l'Entrepreneur*, 2015.

Vol. 11 – Faiz Gallouj, Francois Stankiewicz (dir.), *Le DRH innovateur. Management des ressources humaines et dynamiques d'innovation*, 2014.

Vol. 10 – Charlotte Fourcroy, *Services et environnement. Les enjeux énergétiques de l'innovation dans les services*, 2014.

Vol. 9 – Remy Herrera, Wim Dierckxsens, Paulo Nakatani (eds.), *Beyond the Systemic Crisis and Capital-Led Chaos. Theoretical and Applied Studies*, 2014.

Vol. 8 – Reseau de Recherche sur l'Innovation, Sophie Boutillier, Joelle Forest, Delphine Gallaud, Blandine Laperche, Corinne Tanguy, Leila Temri (dir.), *Principes d'économie de l'innovation*, 2014.

Vol. 7 – Michel Santi, *Capitalism without Conscience*, 2013.

Vol. 6 – Arnaud Diemer, Jean-Pierre Potier, Léon Walras. *Un siècle après (1910-2010)*, 2013.

Vol. 5 – Sophie Boutillier, Faridah Djellal, Dimitri Uzunidis (Reseau de Recherche sur l'Innovation) (dir.), *L'innovation. Analyser, anticiper, agir*, 2013.

Vol. 4 – Aurelie Trouve, Marielle Berriet-Solliec, Denis Lepicier (dir.), *Le développement rural en Europe. Quel avenir pour le deuxième pilier de la Politique agricole commune ?*, 2013.

Vol. 3 – Sophie Boutillier, Faridah Djellal, Faiz Gallouj, Blandine Laperche, Dimitri Uzunidis (dir.), *L'innovation verte. De la théorie aux bonnes pratiques*, 2012.

Vol. 2 – Faridah Djellal, Faiz Gallouj, *La productivité à l'épreuve des services*, 2012.

Vol. 1 – Abdelillah Hamdouch, Sophie Reboud, Corinne Tanguy (dir.), PME, *dynamiques entrepreneuriales et innovation*, 2011.

Printed by
CPI books GmbH, Leck

FSC
www.fsc.org
MIX
Papier | Fördert gute Waldnutzung
FSC® C083411

Kolibri 360 GmbH
Ferdinand-Jühlke-Straße 7
99095 Erfurt, Deutschland
produktsicherheit@kolibri360.de